3年後に必ず差が出る

20代から知っておきたい

経理の教科書

スッキリ × 図解

税理士 小島孝子

本書内容に関するお問い合わせについて

このたびは翔泳社の書籍をお買い上げいただき、誠にありがとうございます。弊社では、読者の皆様からのお問い合わせに適切に対応させていただくため、以下のガイドラインへのご協力をお願い致しております。下記項目をお読みいただき、手順に従ってお問い合わせください。

●ご質問される前に

弊社Webサイトの「正誤表」をご参照ください。これまでに判明した正誤や追加情報を掲載しています。

　　正誤表　https://www.shoeisha.co.jp/book/errata/

●ご質問方法

弊社Webサイトの「刊行物Q&A」をご利用ください。

　　刊行物Q&A　https://www.shoeisha.co.jp/book/qa/

インターネットをご利用でない場合は、FAXまたは郵便にて、下記"翔泳社 愛読者サービスセンター"までお問い合わせください。
電話でのご質問は、お受けしておりません。

●回答について

回答は、ご質問いただいた手段によってご返事申し上げます。ご質問の内容によっては、回答に数日ないしはそれ以上の期間を要する場合があります。

●ご質問に際してのご注意

本書の対象を越えるもの、記述個所を特定されないもの、また読者固有の環境に起因するご質問等にはお答えできませんので、予めご了承ください。

●郵便物送付先およびFAX番号

　　送付先住所　〒160-0006　東京都新宿区舟町5
　　FAX番号　　03-5362-3818
　　宛先　　　　（株）翔泳社 愛読者サービスセンター

※本書の内容は、平成26年4月1日現在の法令・基準等に基づいて書かれています。
※本書に記載されたURL等は予告なく変更される場合があります。
※本書の出版にあたっては正確な記述につとめましたが、著者や出版社などのいずれも、本書の内容に対してなんらかの保証をするものではなく、内容やサンプルに基づくいかなる運用結果に関してもいっさいの責任を負いません。
※本書に掲載されている画面イメージなどは、特定の設定に基づいた環境にて再現される一例です。
※本書に記載されている会社名、製品名はそれぞれ各社の商標および登録商標です。
※本書では、™、®、©は割愛させていただいております。

はじめに

「普通の会社で、経理業務をしているよ！」
　私がこの言葉を発したところ、同業の友人たちは驚きの表情を浮かべました。数年前、とある事業会社で経理業務をしていたときの話です。
　当時の私は、大学在学中から試験勉強を始め、会計事務所での業務や専門学校での講師を経て、税理士への道が見え始めていました。
「今さら、普通の会社で経理業務をするなんて、もったいないのでは？」
　友人たちはこのような感想を抱いたようでしたが、ここに私は、会計の専門家と経理の仕事との間に横たわる深い溝を感じてしまうのです。

　税理士や公認会計士といわれる会計の専門家は、多くの専門的知識を有しています。そのせいか、彼らの多くは本書で取り扱う「経理業務」を体験したことがないにもかかわらず、それを机上の論理で理解しがちです。「経理の入門書」といわれる書籍の多くは、こういった会計の専門家が執筆したものです。実体験に基づくものではなく、専門家が「こうあるべき」という理想を書いているものであり、日々の業務とは結びつきにくいものばかりです。その結果、読者は「経理業務は難しい」という感想を持ってしまうというわけです。

成長に合わせて「今これが知りたい！」を実現

　どの業種にもいえることだと思いますが、たとえ同業種であっても会社ごとに業務のやり方や社内のルールが異なります。
　また、業種によって費目や収益構造に特徴があり、それらを一般化することはできません。経理といえども自社の業務を理解するには、初めのうちは現場指導によるＯＪＴに頼らざるを得ないという現実があります。
　しかし、役職者を目指す時期になれば、外部との関わりも出てくるため、現場の業務だけでなく、会計そのものを理解することも重要となってきま

す。つまり、自身の成長に応じて、必要となる知識や注意すべきポイントにも違いが生じるということです。

　本書では、新人経理社員の成長に合わせ、新人の時期、社内の動きが理解できた時期、担当業務ができる時期、役職を目指す時期といった段階に合わせ、それぞれの時期に行う業務とその業務に必要となるポイントを解説しています。経理職員として勤務した私自身の経験を元に、職業会計人としての視点も加えています。

　また、各章の冒頭では上司と部下の会話形式で各章の学習内容のイメージをまとめています。

経理業務のバイブルとしても活用できます！

　専門分野での業務においては、専門書での学習が不可欠となりますが、内容を知らない項目を専門書で調べるには、経理や会計の用語は難しく、ハードルが高いといえます。

　本書では、退職給付会計や連結会計、M&A、IFRSなど、近年注目されている会計用語についても、エッセンスに留めて解説しています。本書で大まかな内容をとらえ、専門書で調べる際には辞書代わりとして何度でも繰り返しご活用いただくことをお勧めします。

　この書籍を手に取られた多くの経理マン（ウーマン）が、本書に登場する新人経理社員と同様にプロの経理として活躍し、いずれは会社を動かす存在に成長することを心から応援しています。

税理士　小島　孝子

CONTENTS
経理の教科書

第1章 経理の仕事の基礎について学んでおこう！

introduction	経理の仕事って、何？	2
会社と経理❶	会社はなぜ作られるのか？	4
❷	簿記と財務諸表の不思議な関係	6
❸	会社における経理の6つの機能	8
❹	情報収集と情報発信の機能とは？	10
❺	財務管理と資金調達の機能とは？	12
❻	年間スケジュールを意識しよう！	14
【コラム1】	私が経理職員を目指した理由	16

第2章 日々の業務を身につけよう！

introduction	毎日、どんな仕事をするの？	18
業務サイクル	会社の業務サイクルと利益	20
帳票作成❶	伝票や帳簿の種類と記帳の流れ	22
❷	会計システムによる記帳	24
❸	転記のルールと訂正方法	26
❹	仕訳ルールと勘定科目の法則	28
❺	請求書や領収書をもらった場合、発行する場合	30
❻	売掛金と買掛金の管理	32
預金周り❶	預金の種類と管理方法	34
❷	小切手と当座預金の仕組み	36
❸	小切手を発行する場合の注意点	38
❹	手形の仕組みと種類	40
❺	手形の取扱いに関する注意点	42
❻	銀行振込と海外送金の仕組み	44
業務管理❶	経理規程の目的と管理	46
❷	組織運営のための権限管理	48
❸	権限管理のための認可、押印のルール	50
経費管理❶	小口現金管理のルール	52
❷	社員立替の精算ルールと注意	54
❸	交際費と会議費	56
❹	支店や営業所での資金管理	58
【コラム2】	手形や小切手ってほんとうにあるの？	60

第3章 会計の基礎を理解して決算にチャレンジ！

introduction	決算業務って、何をするの？	62
業務管理	月間スケジュールを把握しよう	64
会計の基礎❶	振替伝票の作成とルール	66
❷	発生主義による会計の基礎	68
❸	期間損益と経過勘定のルール	70
❹	費用と収益の対応と費用配分の原則	72
❺	売上の計上基準	74
❻	仕入の計上と売上原価	76
❼	売上原価と仕入諸掛	78
決算業務❶	決算って何をするの？	80
❷	決算整理の主な項目と会計方針の選択	82
❸	減価償却の方法と考え方	84
❹	一括償却資産と少額減価償却資産	86
❺	棚卸資産の評価方法と評価減の計上	88
❻	債権の評価と各種引当金の計上	90
❼	費用配分と広告宣伝費	92
❽	租税公課と法人税	94
❾	財務諸表の種類と作成目的	96
❿	貸借対照表とは？	98
⓫	損益計算書とは？	100
⓬	単体決算と連結決算	102
⓭	会社の機関と決算開示のスケジュール	104
【コラム3】	経理の求人の要件が日商簿記検定2級になる理由	106

第4章 専門分野を作っていこう！

introduction	どうやって専門分野を作る？	108
労務担当の業務❶	労務担当の仕事とは？	110
❷	給与の計算	112
❸	給与計算の方法と仕訳処理	114
❹	給与の源泉徴収方法	116
❺	社会保険と労働保険	118
❻	年末調整の考え方とスケジュール	120
❼	源泉徴収簿と源泉徴収票	122

	❽	退職金の計算	124
	❾	報酬源泉の計算と支払調書	126
財務担当の業務❶		財務担当の業務	128
	❷	売掛債権の管理方法	130
	❸	手形の不渡りとファクタリング	132
	❹	債権の管理区分と貸倒引当金	134
	❺	信用リスクの管理	136
	❻	外貨建債権・債務の期末評価	138
	❼	株式の期末評価と減損処理	140
	❽	固定資産の評価と台帳の管理	142
原価管理❶		原価管理の目的と方法	144
	❷	原価費目の分類方法	146
	❸	原価差異の分析	148
業務連携		業務サイクルとシステム連携	150
【コラム4】		信用調査って何をするの？	152

第5章 経営管理について学んでいこう！

introduction		会社の管理業務にチャレンジ！	154
会計基準と監査❶		会計監査と企業会計原則	156
	❷	開示書類とは？	158
	❸	キャッシュ・フロー計算書による資金分析	160
	❹	監査の役割と重要性	162
	❺	四半期報告書と重要性の原則	164
税金と税効果会計❶		税務申告のスケジュールと税務調査	166
	❷	税務会計と法人税の仕組み	168
	❸	法人税と住民税の計算の基礎	170
	❹	事業税の計算とそのほかの税金	172
	❺	消費税の仕組みと計算	174
	❻	法人税と税効果会計	176
	❼	繰延税金資産の回収可能性の検討	178
連結決算❶		連結決算の対象法人と決算の手順	180
	❷	のれんの計上と持分法の適用	182
	❸	グループ法人と連結納税	184
管理会計の基礎❶		管理会計とは？	186
	❷	部門別損益計算で事業を細分化する	188
	❸	セグメント情報の開示と分析	190

	❹	損益分岐点の考え方	192
	【コラム5】	キャッシュ・フロー計算書は家計に置き換え理解する	194

第6章 経理の仕事を極めよう！

introduction		会社はどのように予算編成を行うの？	196
予算と分析 ❶		予算の作成と将来のビジョン	198
	❷	予算編成とガイドライン	200
	❸	経営指標分析と安全性の分析	202
	❹	付加価値の創出と生産性の分析	204
	❺	利益率と回転率で見る収益力の分析	206
資金繰りと調達 ❶		資金繰りの方法	208
	❷	資金調達方法と運転資金の改善	210
	❸	借入の種類と利用に関する注意点	212
	❹	債務保証と融資先の検討	214
	❺	増資や社債の発行による資金調達	216
判断の難しい会計手法 ❶		為替リスクのヘッジ	218
	❷	リース会計とリース契約の検討	220
	❸	退職給付会計と企業年金	222
	❹	M&Aの戦略と手法	224
【コラム6】		調査官と査察官は顔つきが違う！	226

第7章 会計プロフェッショナルの世界を知ろう！

introduction	会計のプロの世界とは	228
国際会計基準	国際的な会計処理とIFRS	230
情報とIT ❶	情報セキュリティマネジメントとプライバシーマークの取得	232
❷	経理業務を取り巻くIT化の流れ	234
【コラム7】	プロの経理の資質とは？	236

索引 ——— 237

本書の内容は、平成26年4月1日現在の法令・基準等に基づいて執筆しています。

第1章

経理の仕事の
基礎について学んでおこう!

この章のレベル ★☆☆☆☆

経理の仕事って、何?

会社の中にはさまざまな部署があります。その中で経理の部署はどのような役割を担っているのか。まずは基本から理解しておきましょう。

経理の仕事が決まったけれど…

「おはようございます! 新入社員の○○です。よろしくお願いします!」

「おはよう。これからよろしくね」

「先輩、私は経理の部署に配属されたんですけど、経理ってどんなことをする部署なんですか…」

「経理の部署というのは、一言でいうと、会社の心臓部みたいなものなんだよ」

　私たちが日々仕事をし、お給料をもらう会社という組織の中にはさまざまな人がいてさまざまな部署があります。
　商品の企画をする部署、それを製造する部署、広告をする部署、販売する部署…それぞれの部署が会社の利益や発展のために日々、目標を掲げ、汗水流し働きます。
　経理とは、これらの部署の中でも、会社という存在に非常に密接に結びついた存在なのです。

経理について理解するために、まずは会社について理解する

「大きな会社でも小さな会社でも、経理の部署は必ず存在す

ここでの目標

- ☑ 会社とはそもそも何なのか？　について学ぼう
- ☑ 帳簿や財務諸表は何のために作るのかを学ぼう
- ☑ これから行う経理の仕事について学ぼう
- ☑ 経理の1年のスケジュールを把握しよう

るんだ。会社が『お金』と密接に関わっている以上、お金に関する仕事をする経理は会社にとって、なくてはならない存在だからね」

「ふーん、そうなんですね。ちょっと面白そうですね」

「まずは、会社の仕組みについて勉強してみるといいと思うよ」

「会社の"仕組み"…ですか？」

　ふと振り返って見たときに、私たちが毎日足を運び、目標を掲げ、その達成のため膨大な時間や労力を費やす会社とはそもそもどういう存在なのでしょうか？
　第1章では、そもそも「会社とはどういうものか？」を学ぶことにより、経理の仕事をするみなさんが、会社から何を求められ、これからどういうスケジュールで仕事をしていくのかを学んでいきます。
　あくまでも、仕事のイメージが理解できれば大丈夫。リラックスしながら読み進めてみてください。

会社と経理❶

会社はなぜ作られるのか？

経理は会社そのものを表す数字を扱う仕事です。経理を学ぶ手始めに、そもそも「会社とは何なのか」を考えていきましょう。

● 企業理念の達成＝壮大な夢の実現！

「こんなものがほしいな…」「こんなところに行きたいな…」

私たちは日々さまざまな夢を持って生きています。その夢を実現するには「手段」が必要となります。

たとえば「エベレストに登頂したい！」という夢を持ったとします。この壮大な夢を叶えるには、コーチやガイド、医師など、さまざまな人の協力が必要です。

個人的な夢であっても、自分一人だけで実現できるわけではなく、多くの人が関わってチームを作ることで、初めて達成されるのです。会社とは、このような夢の発案者が発起人となり、社会から理解を得られるように作った組織のことです。会社ができることにより、個人的な夢が、組織の共通目的、企業理念へと変わっていくのです。

● 夢の実現にはお金も必要

夢を実現するために会社を作っても、現実にはお金がないと何もできません。

そこで、夢の実現にお金を出してくれる出資者（株主[01]）を探します。たくさんの出資者を得るためには、夢の実現にどれだけのメリットがあるのかを説明しなければなりません。出資者がお金を出すメリット、それが「もうけ」であり、会計用語でいう「利益[02]」です。

つまり、会社は人を集め、出資者を募り、目標の達成度合いを「利益」という尺度で報告し、賛同を得ることでさらなる企業理念の実現を追求していくのです。

01 株主
➡6ページ

02 利益
➡20ページ

第1章 経理の仕事の基礎について学んでおこう！

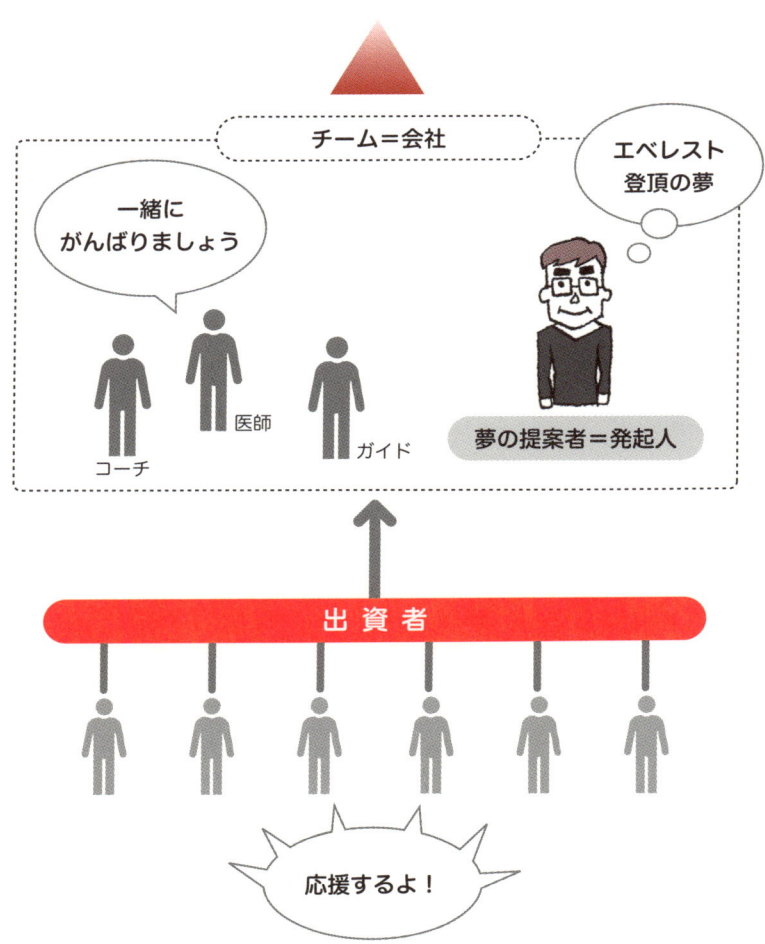

NOTE

株式会社の設立は、発起人が全額出資する発起設立と、発起人が一部を出資し、残りの株式を引き受ける者（引受人）を募集する募集設立の2種類があります。発起人は、株式会社の目的、商号、本店所在地、出資額などを記載した定款を作成し、発起人や引受人は、株式について出資を履行し、設立登記をし、株式会社が成立します。

会社と経理❷

簿記と財務諸表の不思議な関係

新聞などで見る財務諸表。勉強していても、いまいちピンと来ない……。
ここでは財務諸表と簿記の関係を探っていきましょう。

● 簿記とは会社の活動を記録する「日記」

あなたがある目標を達成するため、毎日努力をしているとします。目標に少しでも近づくには、日々の地道な活動の一つひとつについて、「何をした結果、どうなったのか？」を日記などに記録し、振り返ることで成果や改善点を発見し、次の努力につなげる必要があります。

会社の活動も同じです。会社が、よい成績（利益）を残し、企業理念を達成するためには、日々の営業活動について「何をした結果、どうなったのか？」を把握することが大切です。

会社の活動を記録する日記は、「金額」という尺度で記録しなければなりません。この金額という尺度を使った世界共通の記録方法が「簿記」なのです。

● 会社にも発表会がある！

「会社の経営がうまくいっているか？」これは出資を行った株主の最大の関心事です。会社は簿記というツールで活動を記録し、多くの挑戦や失敗を経た結果、うまくいっているのか（利益を出せているのか？）を年に1回株主に報告しなければなりません。

そこで株主総会[01]という株主への報告会を開き、結果を発表します。できるだけわかりやすく、正確に報告する必要がありますが、日記をそのまま見せるわけにはいきません。会社の成績を発表する世界共通のフォームがあります。それがB/SやP/Lを始めとする「決算書」、正式には「財務諸表[02]」といわれるものなのです。

---

01 株主総会
➡ 104 ページ

02 財務諸表
➡ 96 ページ

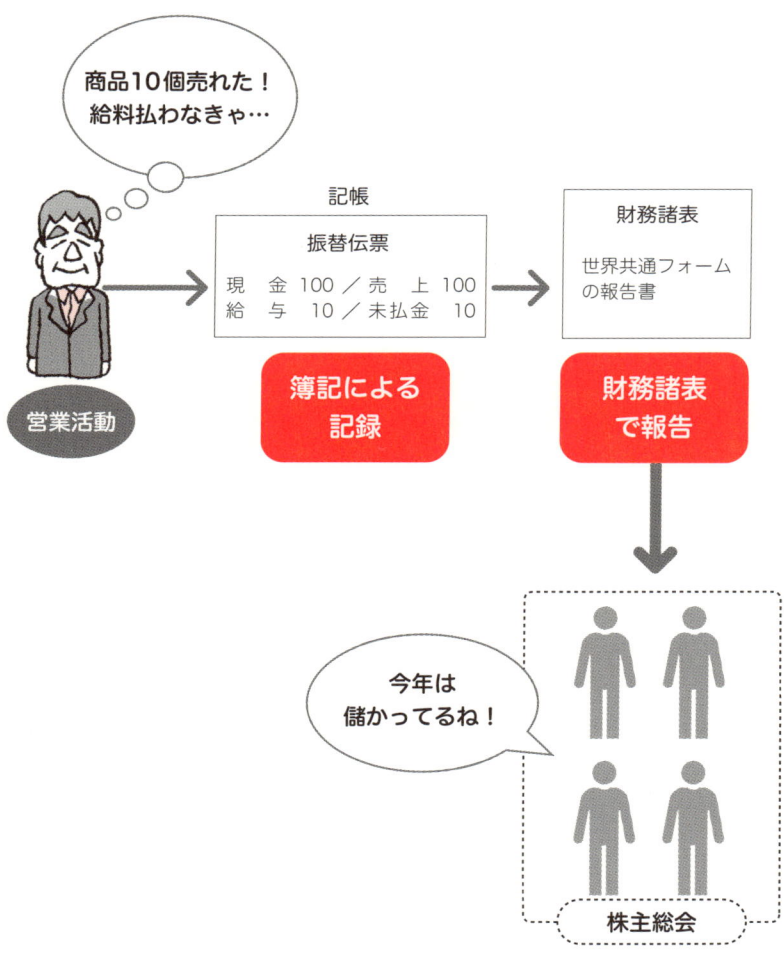

NOTE

「簿記」とは「帳簿記録」のことをいいます。共通フォームである財務諸表を作成するには、その元になる帳簿記録も一定のルールに基づき行う必要があります。このルールが簿記です。なお、財務諸表は貸借対照表（B/S）、損益計算書（P/L）、株主資本等変動計算書などの総称をいい、一般的には「決算書」といわれています。

会社と経理 ❸

会社における経理の6つの機能

経理は社内のデータセンターとしての機能を持ちます。その機能は大きく6つにわけられます。それぞれ、きちんと押さえておきましょう。

● 経理は会社のデータセンター

01 企業理念
➡4ページ

　会社が企業理念を達成するためには、日々の企業活動に関するデータを「取引」として集め、簿記により記録し、そこから成果や改善点を分析します。さらに、その活動の成果を発信するための財務諸表を作成し、株主総会を通じて株主に報告します。

　この一連のサイクルを1年のスケジュールを通じて行っていきます。経理は、このサイクルの中心となるべき存在です。すなわち、会社のデータセンターにあたるのです。

● 経理の仕事には6つの機能がある

　どんなにすばらしい企業理念を掲げ、すばらしい人材が集まっても、会社を運営していく資金がなければ、目標を達成することはできません。

　設立当時は十分な資金が集まっていたとしても、さらなる目標に挑戦するための追加資金や、日々の判断ミスによる損失補てん資金など、新たな資金需要に備えるための資金調達も経理の仕事です。

02 資金調達
➡210ページ

　また、これらの資金の適正額が保たれているのかを管理することも経理の役割です。

　以上をまとめると、経理には(1)**情報集積機能**、(2)**データ統治機能**、(3)**データ作成機能**、(4)**情報発信機能**、(5)**財務管理機能**、(6)**資金調達機能**という6つの機能があります。

　次のページからは、それぞれの機能についてお話ししていきます。

8

第1章 経理の仕事の基礎について学んでおこう！

経理の6つの機能

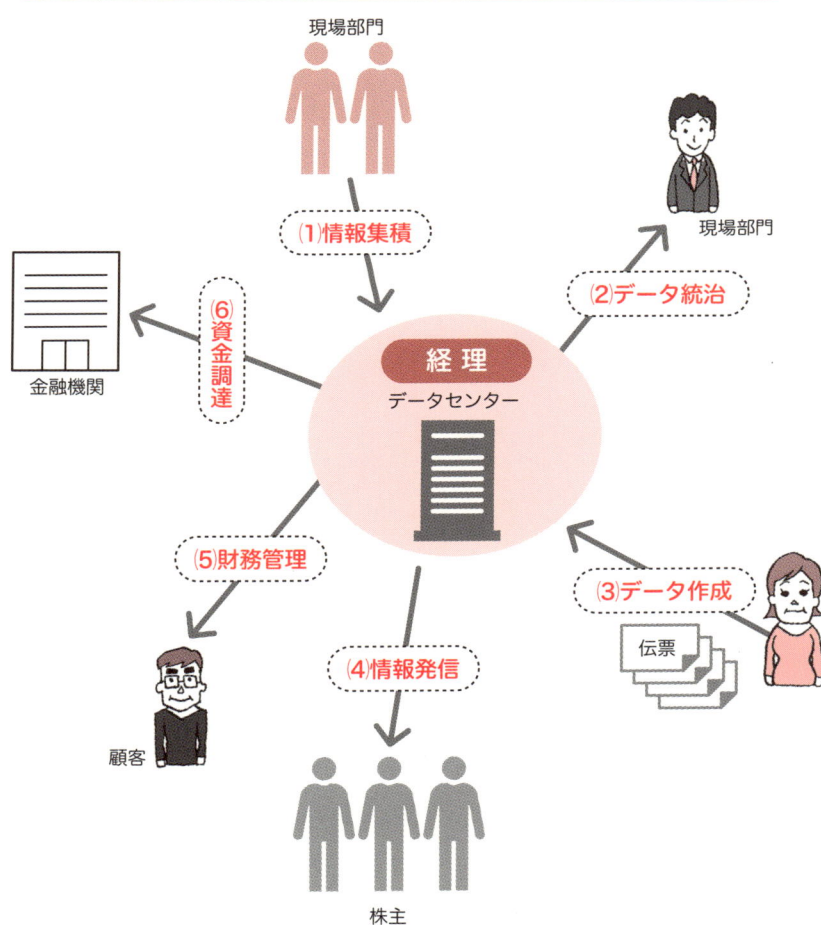

- 現場部門 →(1)情報集積→ 経理（データセンター）
- 経理 →(2)データ統治→ 現場部門
- 伝票 →(3)データ作成→ 経理
- 経理 →(4)情報発信→ 株主
- 経理 →(5)財務管理→ 顧客
- 経理 →(6)資金調達→ 金融機関

NOTE

会社は事業活動を事業年度で区切って、その期間における活動の成果を財務諸表にまとめます。事業年度は、設立時に定款（ていかん）に定めることにより、会社の実情にあわせて任意の期間を採用することができます。この事業年度に沿って、外部への公表などの日付が決まるため、経理ではそのスケジュールを厳守して日々の業務を行うことが重要です。

会社と経理❹

情報収集と情報発信の機能とは？

会社が成長するための戦略には会社の「情報」がカギとなります。情報に関する経理の機能をみていきましょう。

● 情報収集に関する2つの機能

(1) **情報集積機能**　会社が経営判断をするにあたっては、「今、どのくらい儲かっている？」といった、会社の各部署からの売上や経費に関する<u>タイムリーな情報</u>が必要となります。

　情報は、集積されてくるものだけでなく、現場の各部門とのコミュニケーションをとることで積極的に集めに行くことも重要です。

(2) **データ統治機能**　データは、正しいルールに基づき集積されたものでなければ、正しい分析ができず、経営判断も下せません。

　経理は、収集されるデータが適正なものとなるよう、社員が社内規程などの一定のルールに基づき業務を行っているかという統治を行います。

● 情報発信に関する2つの機能

(3) **データ作成機能**　経理に集積されたデータは膨大であり、整理しなければ経営判断の材料となる情報とはなりません。経理では、この膨大なデータを<u>会計基準</u>[01]という一定のルールに基づき<u>簿記</u>を使って整理します。

(4) **情報発信機能**　経理はさまざまな方法により分析した結果を発信します。財務諸表の作成など、外部に対する<u>情報発信</u>のための<u>財務会計</u>のほか、社内の<u>予算編成</u>[02]、<u>分析</u>など、各セグメント（部署）の判断に必要な情報を提供する<u>管理会計</u>などがあります。

01 会計基準
➡ 157 ページ

02 予算編成
➡ 198 ページ

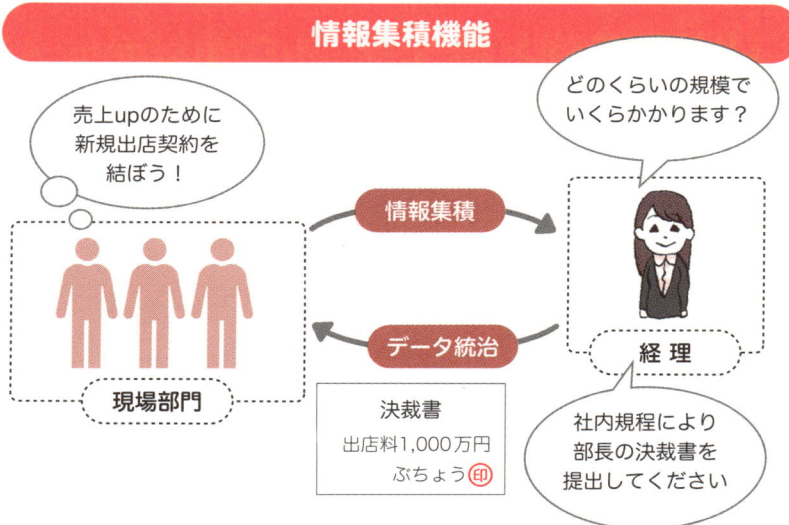

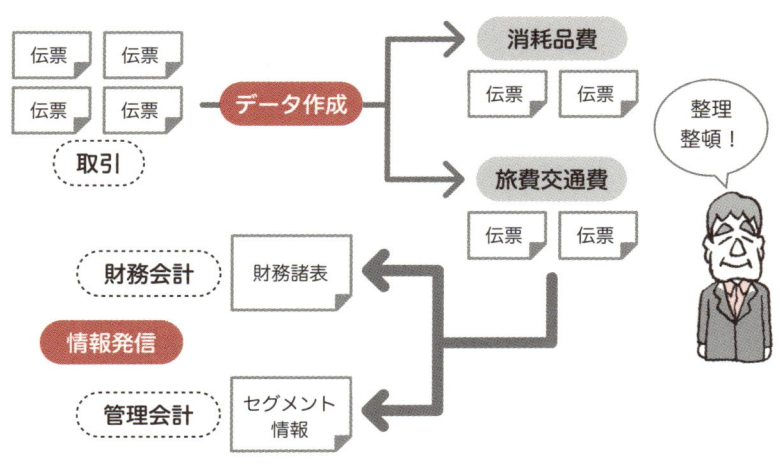

NOTE

会計には財務会計、管理会計という目的が違う2つの会計があります。財務会計は会社外部の利害関係者（株主等）に情報提供することを目的とするもの、管理会計は会社内部の意思決定や、部署や従業員の業績測定・業績評価に役立てることを目的とするものという違いがあります。

会社と経理❺

財務管理と資金調達の機能とは？

資金の不足は会社の倒産などの危機を招きます。会社に十分な資金が保たれるよう、管理、調達することも経理の重要な役割です。

● 財務管理と資金調達に関する2つの機能

(5) **財務管理機能** 会社を安定経営するためには、手もとに最適な資金があるかを管理する必要があります。

経理は現預金の入出金などの管理のほかに、会社の保有する資産の価値が目減りしないよう**資産評価**を行ったり、取引の相手先の支払能力を管理したり、債権の回収が滞らないよう、**与信管理**を行ったりすることにより会社の財務を管理します。

01 与信管理
➡ 136 ページ

(6) **資金調達機能** 新たな事業を行ったり、損失が生じたことによる資金不足を補ったりするなど、会社の経営に必要な**資金を調達**することも経理の重要な役割です。

借入、出資といった資金調達のための資料（有価証券報告書、資金繰り表、経営計画書）の作成から金融機関との折衝まで、会社を運営するための資金調達を行います。

02 資金繰り表
➡ 208 ページ

● 経理の機能と経理内部の組織構成

このような経理の機能は、小規模な会社であれば経理の一部署ですべて行われますが、大規模な会社であれば、日常取引に係る情報の収集や整理を行う**経理部署**、予算管理を行う**経営企画部署**、財務管理を行う**財務部署**などに細分化されます。

大規模な会社では取引先への売上の請求業務や日常生じる経費精算などの業務は営業部門や製造部門、広報部門といった現場部門が直接行い、取引の内容に関する精査や入出金管理のみを経理部署が行うよう、社内のルールが策定され、権限の管理が行われています。

03 製造
➡ 144 ページ

第1章 経理の仕事の基礎について学んでおこう!

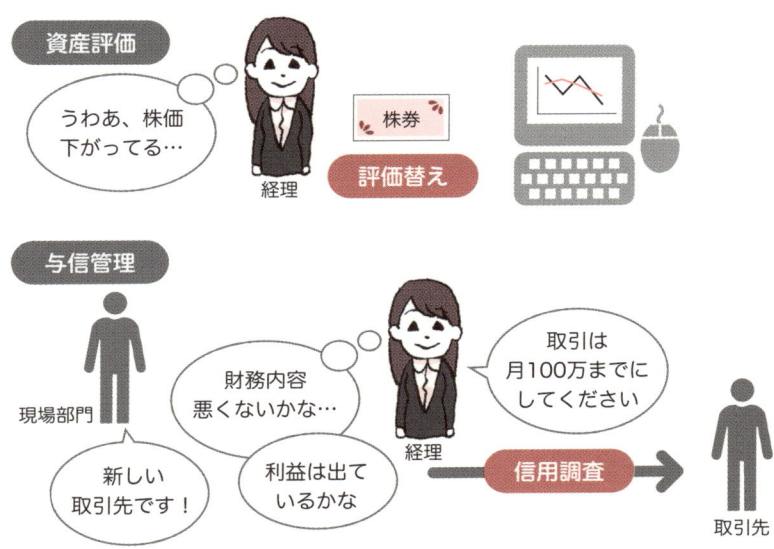

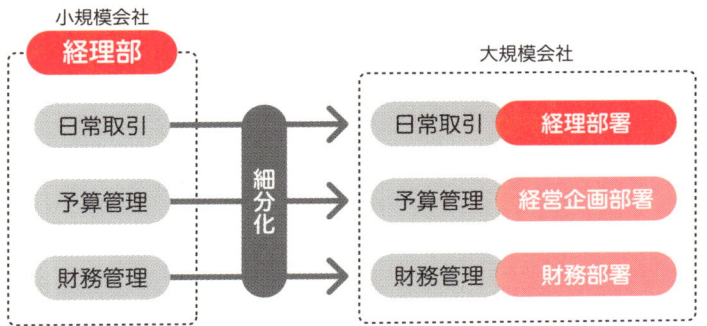

NOTE

取引先が倒産して、売上債権が回収できなくなることによる損失の恐れを「信用リスク」といいます。掛売上などの信用取引は、相手先から債権の回収ができないことにより、自社の支払いができず連鎖倒産を引き起こす原因ともなり得ます。そこで、どの段階まで取引が可能であるのかを見極める必要があります。これを「与信管理」といいます。

会社と経理 ⑥

年間スケジュールを意識しよう！

会社は1年を1事業年度として動いています。経理業務のサイクルを覚えるために、まずは年間スケジュールを押さえましょう。

● 基本スケジュールを知っておこう

経理が最も忙しくなる時期は「決算期」です。決算は会社の1年の締めくくりであり、すべての経理業務は決算における財務諸表作成や税務申告のためにあるからです。

また、会社法に基づく計算書類（財務諸表）の開示や、上場会社においては金融商品取引法に基づく有価証券報告書の開示、各種税法に基づく納税申告書の提出期限など、法律で義務付けられたスケジュールがあります。そのため、このスケジュールを把握しておくことで、今は何の仕事をする時期なのかが把握できます。

01 計算書類
➡ 104 ページ

02 有価証券報告書
➡ 158 ページ

03 納税申告書
➡ 168 ページ

● 四半期でスケジュールを把握する

上場会社では従来からの「半期報告書」に変わり、「四半期報告書」による四半期ごとの情報開示が求められていることから、経理のスケジュールは概ね3カ月ごとに区切って作成されます。

さらに、経理の仕事は決算業務や計算書類、有価証券報告書（経理の現場では「有報」と呼ばれます）の作成のほかに会計監査への対応や株主総会の開催など、会計に関する業務にとどまりません。

04 決算
➡ 80 ページ

また、税務に関する業務では各種税務申告書の作成や納税、労務に関する業務では年末調整や法定調書の作成などの源泉徴収に関する業務、給与、賞与の計算や労働保険の申告、社会保険の算定基礎届の作成などがあります。このように経理の仕事は、さまざまな分野に及ぶため、1年におけるスケジュールを把握し、日常の業務の中でもこれらの業務に係る資料収集ができるよう心がけましょう。

05 労務
➡ 110 ページ

06 年末調整
➡ 120 ページ

07 法定調書
➡ 126 ページ

08 源泉徴収
➡ 116 ページ

3月決算法人の場合の基本年間スケジュール

		会計業務	税務	労務その他
4月	↑ 本決算 ↓	決算業務 計算書類作成		
5月		有価証券報告書作成 会計監査	消費税の申告	
6月		株主総会	法人税等の申告	夏季賞与支給 配当金の支払
7月	四半期決算	四半期決算業務		労働保険の申告 社会保険算定基礎届提出
8月				
9月				
10月	↑ 中間決算 ↓	四半期（中間） 決算業務		
11月			中間申告	
12月			年末調整	冬季賞与支給
1月	四半期決算	四半期決算業務	法定調書作成 償却資産税申告	
2月				
3月				

NOTE

金融商品取引法により、上場会社では、従来の「有価証券報告書」及び「半期報告書」に加え投資家への適時開示のため、「四半期報告書」による3カ月ごとの情報開示が求められるようになりました。

コラム1

私が経理職員を目指した理由

　税理士を目指す人は、一般的には会計事務所に数年勤務し、その間、試験勉強を行います。これは、税理士の資格の付与に「実務経歴2年以上」の要件があるためです。資格取得後は独立するか、大手税理士法人のパートナー税理士として勤務することになります。
　かく言う私も、大学卒業と同時に会計事務所へ就職しました。
　そこで初めて目にする帳簿や申告書に、税理士の世界への憧れを抱いたものです。しかし、一般的な会計事務所で扱う案件は、中小企業が中心であり、誰もが知っている大企業の社名を目にすることはまずありません。取扱う規模も、大きくて売上高十数億というところでしょうか。ある程度業務に慣れると新鮮味もなくなります。あるきっかけで会計事務所を退職し、求人広告を眺めていたときに、ふと、「大きな会社の経理ってどうなっているのだろう？」という疑問が湧いたのです。
　いわばミーハー心理から、大手企業の経理部署の門を叩いたわけですが、日々行われている業務は会計事務所で見聞きしたものとは全く勝手の違うものでした。すべてがシステム化、規律化されており、初めは上がってきた書類を手順通りに処理していくという「作業」の連続です。社内にはたくさんの人がいて、誰がどこで打った伝票なのかもわからないという状況。それでも、慣れてくると記帳業務は仕訳件数以外、会計事務所のそれとなんら変わりがないということがわかります。大手と中小の違い、それはその帳簿が作成されるまでのプロセスの違いだけ。しかし、この違いこそ、本書で取り上げる権限、監査、管理という経理業務における重要なポイントだったのです。

日々の業務を身につけよう!

この章のレベル

毎日、どんな仕事をするの？

仕事を進めるには、この仕事にどんな意味があるのか、どこに注意すべきかを理解することが大切。経理のルールや仕組みをしっかり把握しましょう。

日々の業務に精一杯。こんなんで大丈夫？

「そろそろ仕事にも慣れてきた？」

「はぁ…。経理の仕事は覚えることが多くて、一つひとつ理解するのがとても大変です。ほかの部署の同期は、もう少しゆったり仕事をしているみたいなんですけど、何で私だけこんなに大変なんでしょうか？」

「まあ、その気持ちもよくわかるよ」

　経理の仕事は会社の組織全体を相手にしています。「社内の他部署がどのような動きをしているのか？」も理解できないと、日々の業務の正確な役割が理解できません。そのため、キャリアが浅い人ほどよくわからないまま日々の業務をこなすことにもなりかねません。

会社の組織を少しずつ理解していこう

「何しろ、初めて聞く言葉や初めて見る資料がたくさんあって、頭が混乱してしまうんです」

「最初から全部を理解できないのは当たり前。まずは、業務のポイントを知るところから始めるといいと思うよ」

ここでの目標

- ☑ 業務サイクルを理解し、自社の各部署の役割を覚えよう
- ☑ 各種帳票の取扱いや出納の仕組みを理解しよう
- ☑ 日常業務のチェックポイントを理解しよう
- ☑ 社内のルールのチェックポイントを理解しよう

　この章では、新人経理として押さえておくべき業務のポイントを解説しています。意味がわからなくても「何に注意して行うべきか？」を意識しながら読んでいきましょう。

　ただし、ある程度業務に慣れてきたら、少しずつその背景にある会社の仕組み自体を理解していきましょう。

　なぜって？　経理の仕事は全社、全部署を相手に行う仕事ですから「会社がどのような組織でどのように動いているのか？」がわからなければ、今かかえている業務の疑問点を「誰に聞いたらいいのか？」といった当たり前のことすらわからなくなってしまうからです。

ルールをチェックするのも経理の役目

「押印のルールや経費精算などのルールを理解することも重要だよ。経理では、他部署から上がってくる書類に不備がある場合には、その正しい方法を指導し、修正を求めることも仕事だからね」

「責任重大ですね！」

「新人だからといって、書類に不備があるまま処理してしまうのは言語道断。自分の担当業務を完璧にこなさないとね」

業務サイクル

会社の業務サイクルと利益

会社は物やサービスを企画、販売するまでの一定のサイクルを繰り返すことで、成長していきます。まずは、この業務サイクルを把握しましょう。

● 利益の正体とは？

すでに学習したように、会社は少しでも多くの利益を獲得するためにさまざまな努力や知恵を講じます。

この「利益」というものは、簿記を使い、日々記帳し、財務諸表にまとめることによって計算できる数値です。この計算により得られた数値の実態こそ、会社が生み出した「付加価値」なのです。

01 付加価値
➡204ページ

● 会社の活動を付加価値からとらえる

製造業を例にした場合、会社は「商品企画・開発」「材料の仕入」「製造」「販売」「代金の回収」「在庫」という一連のサイクルを繰り返します。サイクルを繰り返すことにより、鉄の板が車となり、鉄の板の何十倍もの付加価値を生み出します。

会社が発展し、大きな利益を生み出すということは、この付加価値が大きく評価されたことを意味します。

会社はこのサイクルをスムーズに動かすために、細分化した部署を作り、それぞれの部署が互いに連携することにより、さらなる付加価値を追求します。

02 データセンター
➡8ページ

会社のデータセンターとして、日々これらの部署をサポートする経理は、業務サイクルの各段階で、資金調達、管理などをサポートする役目を担います。

経理の仕事を効率的に行うために、業務サイクルを理解し、「自社のどの部門がどの業務を担うか？」「それぞれの部署からどういうデータを収集すべきか？」を把握しておくことが重要です。

第2章 日々の業務を身につけよう！

会社の業務サイクル

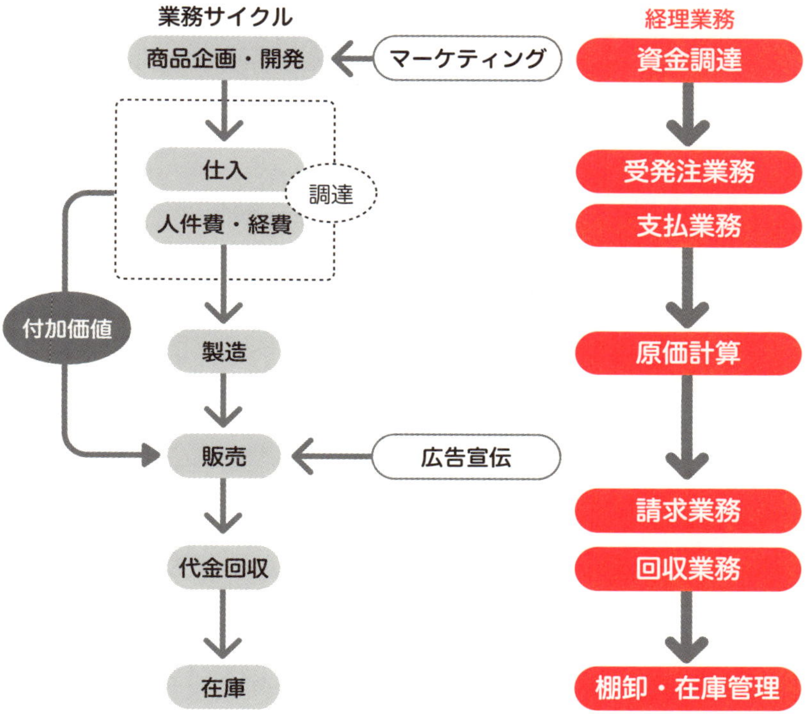

業務サイクル / 経理業務

- 商品企画・開発 ← マーケティング
- 仕入
- 人件費・経費
  （調達）
- 製造
- 販売 ← 広告宣伝
- 代金回収
- 在庫

付加価値

経理業務：
- 資金調達
- 受発注業務
- 支払業務
- 原価計算
- 請求業務
- 回収業務
- 棚卸・在庫管理

鉄の板（材料） ＋ 付加価値 ＝ 車（商品）

NOTE

一枚の請求書の背景には契約内容や取引先との関係性、社内における責任の所在など、確認すべきポイントが多くあります。帳票に記載されている内容だけでは判断できないことも多いため、現場担当者の役職関係や社内の部署の位置づけなどを理解し、現場部門との連携が図れるよう、積極的に行動することが重要です。

帳票作成❶

伝票や帳簿の種類と記帳の流れ

日々の業務の中で取扱うさまざまな帳簿や帳票について、種類や内容を早めに押さえておくことを心がけましょう。

● 証憑からデータを起票する

経理業務の主業務である記帳業務とは、日々の取引を会計データとして集計し、そのデータを元に会社の営業実態を表す財務諸表を作成する業務です。会計データが事実に基づくものでなければ、株主やその他の利害関係者[01]に正しい情報を伝えることはできません。そのため、会計データを生成する際は、領収書、請求書といった証憑を元に伝票[02]に起票します。

なお、伝票はその部署の決裁権[03]がある者の承認を受けたものでなければならず、会社ごとに定められた押印のルールなどに則り処理されていることを確認する必要があります。そのため、「誰にその権限があるのか？」を把握しておくことも重要です。

01 利害関係者
➡ 97 ページ

02 伝票
➡ 26 ページ

03 決裁権
➡ 48 ページ

● 伝票は帳簿に記帳し、元帳に転記する

経理における記帳業務は、近年においては会計システムに入力して行われます。この入力作業は手書きによる記帳をそのままシステム化したものなので、入力方法を理解するためには手書きによる記帳方法の流れを押さえる必要があります。

手書きによる記帳では、まず、各部署から集めた伝票を仕訳帳に記帳します。同時にすべての取引を総勘定元帳（元帳）に転記します。なお、取引回数が多く総勘定元帳に直接記載することが困難なものについては、初めに現金出納帳などの各種帳簿を使って集計し、その合計値などを転記します。また、総勘定元帳の項目を取引先等で詳細に分けた補助簿が作成される場合もあります。

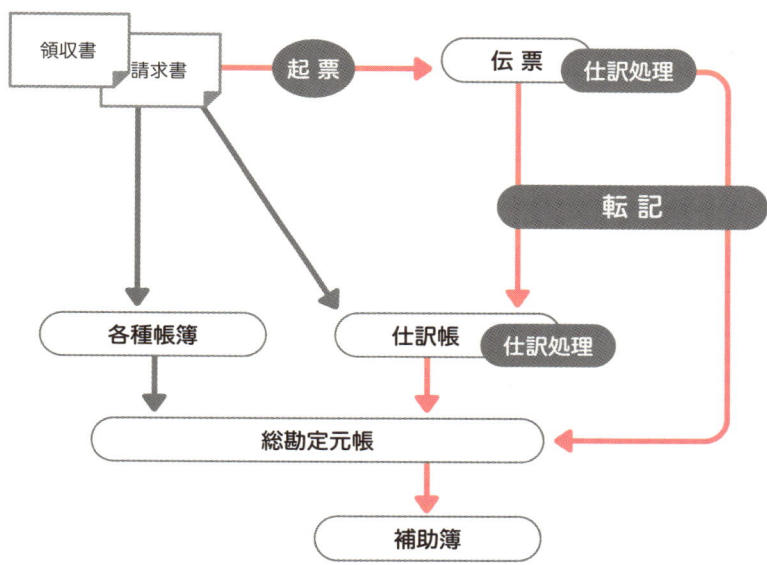

伝票と帳簿の処理の流れ

主な会計伝票等
- 売上伝票
- 仕入伝票
- 振替（仕訳）伝票
- 入金伝票
- 出金伝票
- 交通費精算伝票
- 出張精算伝票
- 請求書
- 領収書
- 納品書
- 製造指図書
- 出庫伝票
- など

主な会計帳簿
- 総勘定元帳
- 補助簿
- 小口現金出納帳
- 預金出納帳
- 固定資産台帳
- 手形台帳
- 製品受払台帳
- 有価証券台帳
- 銀行勘定帳
- など

NOTE

簿記におけるオーソドックスな処理では、一度伝票に起票したものを仕訳帳に記帳し、元帳に転記します。ただし、処理の多様化に伴い、領収書等の証憑類から直接仕訳帳に記帳することや、伝票から直接元帳に転記するケースなどもあります。

帳票作成❷

会計システムによる記帳

会計システムを使う記帳業務は、手書き伝票を書く作業と同じです。手書きの作業をシステム入力に置き換えてみていきます。

●手書きと同様にデータを入力する

　記帳業務は会計システムを使って行われることが一般的です。上場会社などの規模の大きな会社では、自社システムを開発し、使用しますが、一般的には汎用ソフトを利用します。

　入力方法は、一般的に手書きで起こしていた伝票を画面上に入力していく作業なので、手書き伝票の起票方法がマスターできていれば難しい作業ではありません。また、手書きの場合と同様、現金出納帳や仕訳帳などに直接入力するものもあります。販売や給与管理などの別のシステムから連携して仕訳処理されるものもあります。

●データ入力は権限管理に注意

　手書きの伝票と異なり、システム入力は手軽にできてしまうことから、同じデータを複数人で入力してしまうなど、誤ったデータが簡単に入力されてしまう恐れがあります。自社システムを採用している会社では、システム上入力データの種類ごとに入力権限が定められ、権限のない者は入力ができないよう制御されています。

　また、一度入力したデータが担当者レベルでは容易に変更できないよう制御されている場合もあります。汎用ソフトを利用する場合には、この権限による制御を経理内部の業務フローで策定しておく必要があります。具体的には証憑に起票者、確認者の押印を義務付けることや、金額や契約内容で制限を設け、重要な取引に関しては、役職者のみ入力できることとするなど、会社の実情に応じて「誰の責任により、誰が入力するのか？」を定めておくことが重要です。

01 証憑
→22ページ

会計システムによる起票と帳簿の処理の流れ

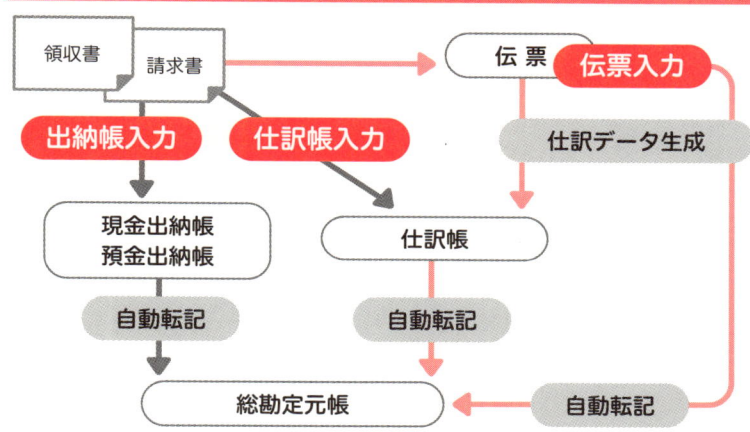

手書き伝票のシステム化の例

振替伝票

金　　額	借方科目	摘　　要	貸方科目	金　　額
380,000	地代家賃	事務所家賃7月分	普通預金	380,630
630	支払手数料	振込手数料		

↓

#	借方科目	補助科目	借方金額	貸方科目	補助科目	貸方金額	摘要
	借方部門	消費税	表記	貸方部門	消費税	表記	プロジェクト
	区分			区分			
1	地代家賃		380,000	普通預金		380,630	尾道不動産　事務所家賃7月分
2	支払手数料		630				尾道不動産　振込手数料
			30				
	課税売(5%)		内税				

※自動会計連動システム「ClearWorks（クリアワークス）」の例

NOTE

上場会社などでは、請求書の発行や納品書の管理などは現場部門で行うことも多く、汎用システムでは対応しきれません。自社システムを開発し、現場部門で生成された請求書などの証憑データを取り込んだり、在庫管理システムから在庫金額を取り込んだり等のデータ連携により自動仕訳を生成し、経理業務の効率化を図っています。

帳票作成 ❸

転記のルールと訂正方法

伝票作成は経理業務の基本となる部分です。正しい伝票の起票を学習しましょう。

● 手書き伝票の記載のさまざまなルール

会社が行うさまざまな取引は、証憑から伝票が作成され、伝票を元に各種帳簿に転記していきます。これらの伝票や帳簿をまとめて**帳票**といいます。帳票は改ざんされないよう、記入方法や訂正方法が厳密に定められています。システム化が進み、手書き伝票を書く機会が減っても、記入や訂正方法は経理業務の常識として残っています。早めにマスターしておきましょう。

● 帳票作成と訂正のルール

伝票の作成は後述する勘定科目を使って日付順に作成します。それぞれの伝票に押印欄が設けられ、各担当者が作成し押印した伝票は、**決裁権者**が**承認**し押印した後、帳簿に転記します。

この過程を省略すると、問題発生時に責任者が特定できなくなり、社内の**内部統制**[01]に関する問題が生じるため、必ず押印を行わなければなりません。なお、作成された伝票はすぐに帳簿に転記し、伝票のデータと帳簿のデータを常に一致させておきましょう。

帳票はすべてボールペンなどで記入しなければならず、修正液などでの修正は認められません。訂正事項が生じた場合は**二重線**で消した上に**訂正印**を押し、正しい内容を記載します。書き損じたからといって伝票を破棄してしまうと、監査などで[02]**粉飾決算**の疑いをもたれることになります。このため、伝票番号は必ず**連番**にします。

誤った内容の伝票を転記した場合でも伝票を破棄するのではなく、後で説明する**振替仕訳**[03]を入れて修正します。

01 内部統制
➡ 162 ページ

02 監査
➡ 156 ページ

03 振替仕訳
➡ 55 ページ

起票と転記

〈伝票や帳簿への数字の記入例と修正例〉

> **NOTE**
>
> 手書きで伝票を起票する場合には、市販されているものを利用します。なお、勘定科目などの文字を修正する場合には、修正するべき文字のみを二重線で消去し、訂正印を押して正しい文字を記載します。

帳票作成❹

仕訳ルールと勘定科目の法則

記帳業務はすべての取引を「仕訳」という方法で記録していきます。
経理で扱う数字はこの仕訳の集合体ですから、仕組みを理解しましょう。

● 仕訳とは原因と結果の双方から記録するツール

　会社は日々の営業活動について「何をしたために、どうなったのか？」を把握し、経営判断に生かすために記帳を行います。経理が行う記帳業務は、「何をしたために」（原因）と「どうなったのか」（結果）という取引の２面性を同時に記録しなければなりません。

　たとえば、預金が1,000万円増えたとします。「お金が増えた」わけですから一見するとよい「結果」です。しかし、「原因」が銀行から借入れをしたためだとすると、1,000万円の預金の増加は「返済のための資金繰りを考えなければならない」という経営判断を生じさせます。仕訳とは、一つひとつの取引を原因と結果の双方から「借方（左）」「貸方（右）」に分類して記録する方法です。

● 仕訳の貸借は必ず一致する

01 貸借対照表
→ 98ページ

02 損益計算書
→ 100ページ

　仕訳を行ううえでは、すべての取引について勘定科目を使い、貸借対照表に属する「資産」「負債」「資本（純資産）」と、損益計算書に属する「収益」「費用」に分類します。この５つは、仕訳の借方と貸方のどちらに置くのかというポジションが決まっており、仕訳を行う際は「科目の金額が増えれば正のポジション、減れば負のポジション（正の逆側）」に置きます。

　すべての仕訳は、左右同額の金額となるため、仕訳の結果作成される帳簿や、最終目的である貸借対照表や損益計算書は、常に貸借一致した金額となります。なお、この貸借一致を確認するための表を残高試算表といいます。

貸借対照表と損益計算書の基本ポジションと残高試算表

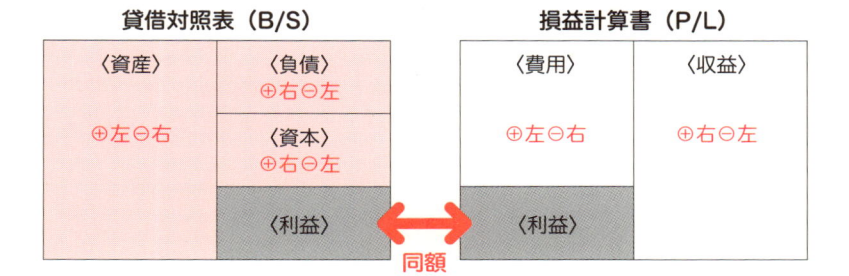

貸借対照表（B/S）

〈資産〉 ⊕左⊖右	〈負債〉 ⊕右⊖左
	〈資本〉 ⊕右⊖左
	〈利益〉

損益計算書（P/L）

〈費用〉 ⊕左⊖右	〈収益〉 ⊕右⊖左
〈利益〉	

同額 ↔

残高試算表（T/B）

〈資産〉	〈負債〉
	〈資本〉
〈費用〉	〈収益〉

〈仕訳の例〉

　　　　　　　資産の⊕　　　　　　　　　　　負債の⊕

（借）預　　　金　1,000万円 ／（貸）借　入　金　1,000万円

〈結果〉お金が増えた　　　　　〈原因〉お金を借りた
　　　→資産の増加　　　　　　　　→負債の増加

NOTE

「残高試算表（Trial Balance）」は、貸借対照表や損益計算書といった財務諸表を作成する前に、帳簿に仕訳が正しく転記されているかをチェックするために帳簿上のすべての勘定科目残高を一つの表にまとめたものです。経理の現場では「試算表」と省略した言い方を用いるのが一般的です。

帳票作成 ⑤

請求書や領収書をもらった場合、発行する場合

経理初心者の仕事として挙げられるのが請求書や領収書の処理です。外部との取引に関する書類なので、正確な取扱いを押さえましょう。

● 請求書をもらったら…

　商品の購入やサービスの提供を受けて、代金の精算がその場で行われない場合には、請求書を受け取ることになります。

　他社から請求書を受け取った場合には、その請求内容に誤りがないかを確認します。商品の納品を伴うものに関しては、必ず現物と照合し、間違いがある場合にはすぐに発行者に連絡し、返品の処理や請求書の再発行の指示を行います。請求書を受け取る前に発注書の発行がある場合には発注書の内容とも照合しましょう。請求内容に誤りがなければ、伝票を起票し、支払権限者の承認を得て、支払担当者に支払いの指示を行います。支払業務は会社で定められた締日に合わせて毎月決められた時期に行われます。取引先に請求書の発行を依頼する際も締日を意識して依頼しましょう。

● 請求書や領収書を発行する

　自社の請求書は、取引が完了した後、遅滞なく発行します。サービス業などの請負業務では、取引の完了確認後に請求業務が行われますので、現場部門に確認し、請求漏れがないようにしましょう。

　また、決済条件も確認し、請求書に明記します。代金の支払いを受けた場合には、領収書を発行します。領収書は印紙税法の規定により、受取金額に応じて収入印紙を貼らなければならないため、印紙の必要金額を確認し、貼り漏れがないようにしましょう。なお、銀行振込の場合には、振込記録で確認が取れることから、取引先との条件により領収書の発行が省略される場合もあります。

01 印紙税
➡ 94 ページ

02 銀行振込
➡ 44 ページ

請求書、領収書の記載例

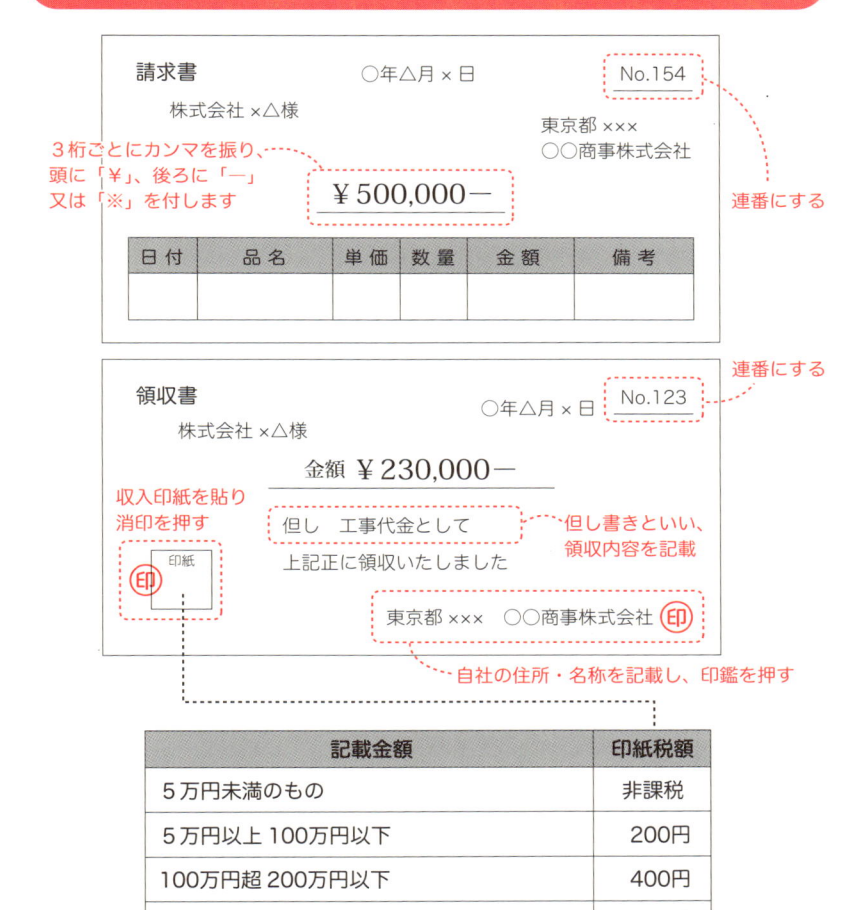

請求書　　　　〇年△月×日　　　　No.154

株式会社 ×△様

　　　　　　　　　　　　　　東京都 ×××
　　　　　　　　　　　　　　〇〇商事株式会社

¥500,000—

- 3桁ごとにカンマを振り、頭に「¥」、後ろに「—」又は「※」を付します
- No.154 → 連番にする

日付	品名	単価	数量	金額	備考

領収書　　　　〇年△月×日　　　　No.123

株式会社 ×△様

金額　¥230,000—

但し　工事代金として

上記正に領収いたしました

東京都 ×××　〇〇商事株式会社㊞

- 連番にする
- 収入印紙を貼り消印を押す（印紙㊞）
- 但し書きといい、領収内容を記載
- 自社の住所・名称を記載し、印鑑を押す

記載金額	印紙税額
5万円未満のもの	非課税
5万円以上100万円以下	200円
100万円超200万円以下	400円
200万円超300万円以下	600円
300万円超500万円以下	1,000円
500万円超1,000万円以下	2,000円

NOTE

印紙税は、印紙を文書に貼り、消印することで納税される税金です。消印とは、押印又は署名することで使用済み（＝支払済み）であることを示すものです。印紙を貼り忘れた場合には過怠税が徴収されますので注意が必要です。

第2章　日々の業務を身につけよう！

帳票作成⑤

売掛金と買掛金の管理

代金を後から決済することを前提に商品の売買を行うことを掛売りといいます。これらの管理は会社の資金繰りに影響する重要な仕事です。

● 信用取引と管理の重要性

　現金決済を行うような業態以外では、売上代金の決済は「掛（かけ）」によることが一般的です。この掛取引は、商品の引渡しがあった時点では代金回収がないことから、取引相手に対する信頼関係がカギとなるため、信用取引ともいわれます。

01 信用取引
➡ 68 ページ

　代金の回収がなければ、仕入代金や経費の支払いもできないことから、売上があっても倒産のリスク（いわゆる黒字倒産）があります。適正な入金サイトで回収されているかの管理は重要な仕事です。

● 売掛金や買掛金の管理方法

　売掛金は取引先ごとに「売掛金元帳」という補助簿を作成し、売上が生じた都度記入します。代金の回収があった場合には、いつの請求分の入金であるかを確認する「入金消込」という作業を行います。請求額と入金額に差異がある場合にはその差異の原因を追求します。入金が滞っている取引先には営業部門などに、回収の依頼をするなどの対策を講じる必要があるため、正確な残高を把握することが重要です。

02 入金消込
➡ 130 ページ

　これとは逆に、商品代金の支払いが掛による場合には買掛金という債務を負うことになります。買掛金も取引先ごとに「買掛金元帳」で管理し、支払期日に決済が正しく行われているかを確認します。振込手数料の負担や材料の有償支給の際の相殺など、支払条件を確認し、支払額に誤りがないよう処理しましょう。

売掛金元帳の記入例

㈱小野寺電気 … 取引先ごとに作成

月	日	相手科目	摘要	借方	貸方	残高
			繰越			100,000
4	15	現金	2月分回収		80,000	20,000
4	30	売上	4月分売上	50,000		70,000
4	30	諸口	3月分回収		20,000	50,000

…相手科目が2以上ある場合は「諸口」でまとめる

買掛金元帳の記入例

菅原商会㈱ … 取引先ごとに作成

月	日	相手科目	摘要	借方	貸方	残高
			繰越			300,000
4	12	現金	2月分支払	230,000		70,000
4	30	仕入	4月分仕入		150,000	220,000
4	30	諸口	3月分支払	150,000		70,000

…相手科目が2以上ある場合は「諸口」でまとめる

売掛金から振込手数料が差し引かれている場合の仕訳

（借）預　　　金　　9,370円　／　（貸）売　掛　金　10,000円
　　　支払手数料　　　630円

…振込手数料部分を「支払手数料」勘定で計上し、入金差額を消す

NOTE

入金消込により請求額と入金額に差がある場合とは、①請求先が入金額を誤って入金した場合、②振込手数料などが差し引かれて入金された場合、③売上の計上金額が誤っている場合があります。これらは初めのうちは見つけにくいのですが、慣れるとどこを修正すべきかの勘所がわかります。地道な作業ですが根気よく続けていきましょう。

預金周り❶

預金の種類と管理方法

売上や仕入の代金の入出金の大半は預金口座を通して行われます。
預金の管理は会社の資金繰りにおいて最も重要な業務です。

● 預金の種類を覚えよう

会社は用途に応じてさまざまな預金口座を保有します。**普通預金**のほかに、決済用口座である**当座預金**[01]、運用目的である**定期預金**、一時的な資金の留保を行う**通知預金**、納税資金の積み立てのための**納税準備預金**などがあります。

預金には期間の経過に応じて通常、利息がつきますが、当座預金にはつきません。預金利息は金融機関から支払われる際、**源泉税**[02]が天引きされますが、納税準備預金は非課税です。

01 当座預金
→ 36 ページ

02 源泉税
→ 126 ページ

● 当座預金を中心とした資金繰り

当座預金は、手形や小切手の**決済口座**であり、振出人の経済的な信用が必要であることから、口座の開設には銀行の審査があります。

審査がとおり**当座勘定取引契約**を結ぶと口座が開設されます。また、契約した極度額の範囲内で銀行が不足額を貸し付けて決済をしてくれる**当座借越**[03]契約を締結することもできます。

会社は、通常何種類かの預金を用途に合わせて使い分けますが、入出金の流れは経理処理上、一定のルールを設けて行います。たとえば、売上の入金を普通預金で受け、まとまった金額を引出して当座預金に預け入れ、仕入代金などの決済に回します。さらに、余剰資金がある場合には普通預金から定期預金に振り替え、資金を留保します。預金の管理はこの流れを押さえることで管理しやすくなります。また、口座ごとの**補助簿**を用意するなどし、預金残高と帳簿残高を常に一致させておくようにしましょう。

03 当座借越
→ 212 ページ

預金の種類

普通預金	・預金の出し入れは個人口座と同様にできる ・利息は一般的に年2回（2月、8月） ・預金通帳が発行され、金融機関によってはキャッシュカードが取得できる ・インターネット専業銀行などでは通帳が発行されず、サイト上でタイムリーに入出金を確認できる
当座預金	・小切手、手形を振り出すことができる ・通帳は発行されず、当座勘定照合表が発行される ・利息がつかない ・会社の資金繰りの用途として使われる
定期預金	・一定期間引出しが不可能 ・他の預金よりも利息は高めに設定されている ・満期前の引出しは普通預金と同様の利息となる
通知預金	・最低7日間の預け入れが必要 ・まとまった資金を短期間預けることに使用する ・預金を引き出す際は2日前までの通知が必要 ・引出しは解約による一括引出しのみ
納税準備預金	・納税資金を預け入れるための預金 ・利息は源泉所得税や住民税が非課税 ・引出しは原則として税金の支払い時のみ

資金繰りの一例

顧客 →（売上の入金）→ 普通預金 →（振替）→ 当座預金 → 定期預金（資金留保）
　　　　　　　　　　　　　　　　　　　　　　　　　　→ 小切手による支払
　　　　　　　　　　　　　　　　　　　　　　　　　　→ 振込による支払

NOTE

当座預金は普通預金と異なり、キャッシュカードや払戻伝票で現金を引き出すことはできません。当座預金から現金を引き出す場合には、自社名義の小切手を発行し、金融機関に持ち込み現金化します。

第2章 日々の業務を身につけよう！

預金周り❷

小切手と当座預金の仕組み

小切手は仕入代金や経費の決済手段として使用される有価証券です。換金が容易に行えることから取扱いには注意が必要です。

01 小切手
➡ 38 ページ

02 手形交換所
➡ 42 ページ

● 小切手と手形の違い

　小切手も手形も仕入代金などの決済手段として用いられる有価証券です。どちらも手形交換所を介して、振出人と受取人の代金のやり取りを行いますが、その最大の違いは決済日です。

　小切手は、受取人が金融機関に呈示した後、すぐに現金化される一覧払いという決済方法を取るため、支払期日は定められていません。これに対し、手形は振出人が指定した支払期日（通常１カ月以上半年以内）にならないと現金化されません。小切手は資金繰りを行ううえでは扱いやすいともいえますが、反面、紛失等の際に不特定の者に換金されるリスクがあります。「いつ誰にいくらの小切手を発行したのか？」という管理を厳密に行う必要があります。

● 小切手の管理と当座預金の処理

　小切手帳には小切手の左側に小切手と同じ番号が付された「耳」と呼ばれる控え欄があるので、振出日、金額、渡し先、摘要をメモしておきます。小切手の決済口座である当座預金は、ほかの預金と違い通帳は発行されず、入出金は月ごとに金融機関から送付されてくる当座勘定照合表で行います。そのため、月中は当座預金出納帳を作成し、耳に控えた内容を記帳します。小切手は発行しても、受取人が金融機関に持参しなければ当座預金から引き落とされないため、「未達取引」による残高の差異が発生します。当座勘定照合表を入手した際は銀行勘定調整表を作成し、残高の差異原因を調べるとともに、未達小切手の残高管理をしておく必要もあります。

小切手を発行した際の処理

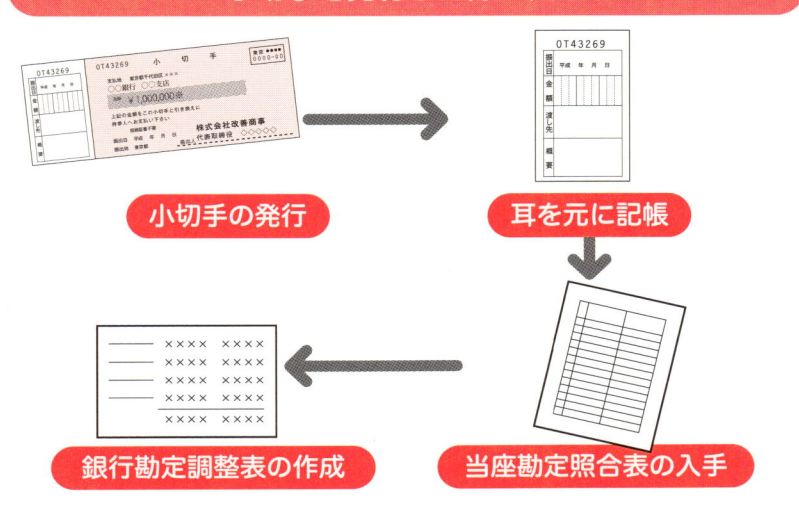

小切手の発行 → **耳を元に記帳** → **当座勘定照合表の入手** → **銀行勘定調整表の作成**

銀行勘定調整表の作成

銀行勘定調整表		（単位：円）
	出納帳	照合表
9/30 残高	900,000	950,000
	出納帳	照合表
加算 時間外預入		20,000
売掛回収未記帳	10,000	
未取立小切手		30,000
計	910,000	1,000,000
減算 引落未達	5,000	
未取付小切手		95,000
残高	905,000	905,000

照合表に残高を合わせるのではなく、帳簿に漏れている照合表の取引を加えた残高を正しい残高として調整します。

NOTE

銀行勘定調整表は、書き方に決まりがあるわけではなく、実際はエクセルなどで集計し、残高が一致することさえ確認できれば問題ありません。加減算の調整方法に慣れてきたら、照合表そのものに不足事項をプラス、マイナスで表記しておく程度でも代用できます。

預金周り❸

小切手を発行する場合の注意点

小切手は記載事項が漏れなく記載されていなければ決済できません。発行する場合や受け取った場合の注意点を学習しましょう。

● 小切手を安全に利用するための注意点

01 当座勘定取引契約
➡ 34ページ

　小切手は当座勘定取引契約を結んでいる銀行から小切手帳の発行（通常有料）を受けることで発行できます。小切手帳は控え部分の耳と小切手の本体がミシン目でつながった用紙の束であり、1枚目から連番で番号が振られています。

　小切手は、拾われ、換金されるリスクがあるため、書き損じが生じたものも手もとに保管し、発行していない小切手の番号がわかるようにしておきましょう。金額は改ざんされないようチェックライターを用いるか漢数字で記載します。

　また、紛失のリスクを防止するために小切手の肩に二本の平行線を引く、「線引き」という方法があります。この線引きを行った小切手を「線引小切手」といい、受取りを銀行口座への振込に限定することができるため、受取人を特定できます。また、二本の平行線の間に銀行名を記載した「特定線引小切手」は、受取りを記載された特定の銀行の口座のみに指定できるので、さらに安全です。

● 小切手を受け取った場合の注意点

02 手形交換所
➡ 42ページ

　小切手を受け取った場合は、振出日の翌日から10日以内に支払人である銀行に呈示します。この期間を支払呈示期間といいます。期間内に支払人の銀行に持ち込めば、線引きがあるものを除き、すぐに換金できます。受取人の口座がある銀行に入金してもらうことも可能ですが、手形交換所を経由するため、入金まで2〜3日かかります。小切手は呈示する前に裏に署名と押印をしておきます。

小切手の記載例

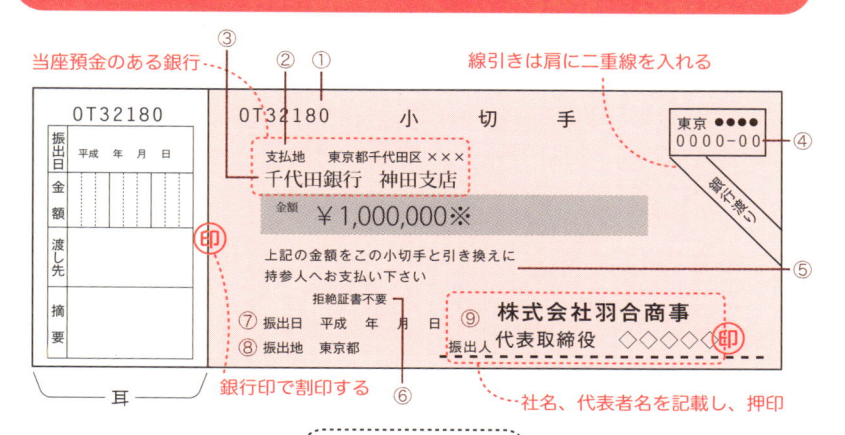

- 当座預金のある銀行 … ③
- ② ①
- 線引きは肩に二重線を入れる

```
OT32180          OT32180     小　切　手        東京 ●●●●
                                                0000-00  ─④
                 支払地　東京都千代田区×××
振出日 平成 年 月 日   千代田銀行　神田支店
金額              金額  ￥1,000,000※
渡し先            上記の金額をこの小切手と引き換えに
                 持参人へお支払い下さい                    ⑤
摘要             拒絶証書不要        ⑨ 株式会社羽合商事
                 ⑦ 振出日 平成 年 月 日   代表取締役 ◇◇◇◇◇ 印
                 ⑧ 振出地 東京都      振出人
        耳
```

- 銀行印で割印する
- ⑥
- 社名、代表者名を記載し、押印

小切手の記載内容

①小切手番号　②支払地　③支払人　④整理番号　⑤支払委託文句
⑥拒絶証書不要　⑦振出日　⑧振出地　⑨振出人

〈金額の書き方〉

金額は改ざんを防ぐためにチェックライターで印字するか、漢数字で記載します。

チェックライターを使う場合

￥300,000※　←3桁ずつカンマで区切り、金額の前に「￥」、後ろに「※」を付す

漢数字で記載する場合

金弐拾伍萬参千円也　金額の前に「金」、後ろに「円也」を付す

NOTE

小切手には、振出日よりも先の日付を記載した「先日付小切手」もあります。これは、記載された日付以降に呈示することを求めていることから、実質は手形の振り出しと変わりません。ただし、金融機関では記載された日付よりも前に呈示されたとしても拒絶できないため、先日付で振り出す場合には、受取人との合意をとっておくことが重要です。

第2章　日々の業務を身につけよう！

預金周り④

手形の仕組みと種類

金額が大きな取引で用いられることが多い手形は、管理が重要。手形の仕組みと管理方法をしっかりマスターしましょう。

● 2種類の手形がある

　小切手と違い、振出す相手を指定して振出せるのが手形です。手形には約束手形と為替手形の2種類があります。約束手形は手形の振出人が手形の期日に、記載された金額を受取人に支払うことを約束した証券です。為替手形は振出人が自分以外の者を支払人として指定し、その手形の期日に、記載された金額を受取人に支払うことを支払人に依頼する手形です。手形は小切手と同様に金融機関から有料で手形帳の発行を受け、その決済は当座預金で行われます。

● 受取手形の裏書、割引とその管理

　受け取った手形（受取手形）は、金融機関に呈示し、取り立て依頼を行った後、期日まで待って入金を確認しますが、手形を金融機関に呈示せず、有価証券として取引先の支払いにそのまま充てることができます。これは、手形の裏側に受取人を指定して記載することから「裏書手形」と呼ばれます。

　また、期日前の入金を待たずに、金融機関に手形の代金を担保として資金を融通してもらうこともできます。この場合には金融機関に依頼した日から手形の期日までの金利分を割り引いた形で支払いを受けることから「割引手形」といわれます。

　裏書手形も割引手形も期日に振出人が支払いを行えなかった場合には、裏書や割引を行った者に受取人から手形代金の請求をされますので、支払期日が来るまで受取手形とは別に残高を把握しておく必要があります。手形の管理は、受取手形記入帳で行います。

01 裏書手形
➡ 42ページ

02 割引手形
➡ 42ページ

小切手・約束手形の決済の仕組み

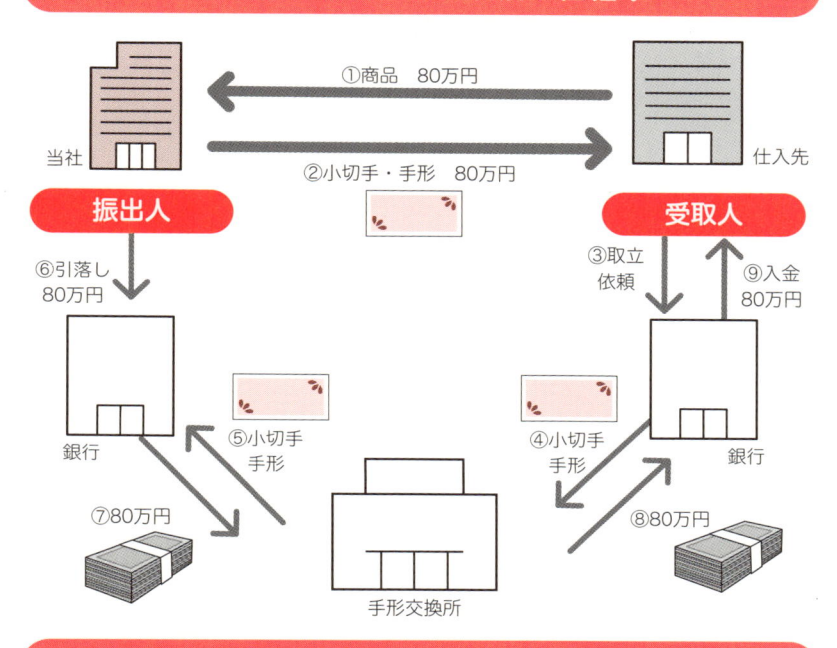

当社 ←①商品 80万円— 仕入先
当社 —②小切手・手形 80万円→ 仕入先

振出人
⑥引落し 80万円
銀行
⑦80万円
⑤小切手 手形
手形交換所
④小切手 手形
銀行
⑧80万円
受取人
③取立依頼
⑨入金 80万円

受取手形記入帳の記載例

受取手形記入帳

××年 月 日	手形 種類	手形 番号	摘 要	支払人	振出人 または 裏書人	振出日		満期日		支払場所	手形 金額	てん末	
												日付	摘要
7 3	約	6	売 上	A商店	A商店	7	3	10	28	箱根銀行	6,000	10 28	決済
10	約	8	売掛金	C商店	C商店	7	11	9	17	寒川銀行	7,500	7 25	裏書

NOTE

手形の割引の際、額面金額から差し引かれる割引料部分は、「支払利息割引料」という科目を使い、利息と同様の性質を持つとされていました。平成13年以降は、「金融商品に係る会計基準」により「手形売却損」という科目で処理されることとなりました。手形の裏書や割引が売却に該当するものと会計処理の基準が改められたためです。

預金周り⑤

手形の取扱いに関する注意点

手形の取扱いは厳密なルールがあるので、取扱い方法を正確に知ることが重要です。

● 手形を受け取った場合の注意点

手形は、手形の期日を含む3営業日以内の支払呈示期間までに金融機関に取り立ての依頼を行わないと無効となってしまいます。そのため、期日の管理を正確に行うことが重要です。通常は支払銀行に直接持ち込むことはなく、取引のある金融機関に持ち込み、手形交換所を経由して取り立てを行います。金融機関に持ち込む際には、余裕を持って持ち込みましょう。

また、手形を裏書する場合には、裏面の記載欄に「被裏書人」として、渡す相手の名称等を記載し、記名、押印をします。裏書は何度も行えることから、裏書されたものを受け取った場合には、裏書人と被裏書人が連続していることを確認します。また、手形を割引く際は、持ち込む金融機関により金利が異なるため、条件を確認し、有利な条件で現金化できるように検討する必要があります。

01 裏書
➡ 40ページ

02 割引
➡ 40ページ

● 手形を発行する際の注意点

手形帳も、小切手と同様に当座預金を開設している金融機関から有料で発行を受けることができます。手形は、右ページの記載内容がすべて記載されていないと成立しないので、注意が必要です。

また、手形金額が10万円以上である場合には収入印紙が必要となります。印紙は、金額を割って複数枚に分けて発行するなどにより節約できます。当座預金の残高がなく、決済ができない「不渡り」の状態が二度続くと、銀行取引停止処分になります。銀行との取引が行えず、実質的に倒産となることも覚えておきましょう。

03 当座預金
➡ 34ページ

04 収入印紙
➡ 94ページ

約束手形の記載内容

```
                    ①              ②
                    約束手形  AB12345
         株式会社倶知安商店    殿                    ⑥
 収入                                              東京1301
 印紙   金額                                        0582-102
 400円  ￥1,230,000※              ③ 支払期日  平成18年9月30日
  印                               ④ 支払地    東京都新宿区
       上記金額をあなたまたは指図人へこの約束手形と引換えにお支払いいたします
                                   ⑤ 支払場所  足立銀行
       平成25年9月30日                              綾瀬支店
    ⑦ 振出地   東京都新宿区 町1丁目1番1号
    ⑧ 振出人   株式会社紋別建設
             代表取締役 紋別太郎 印
```

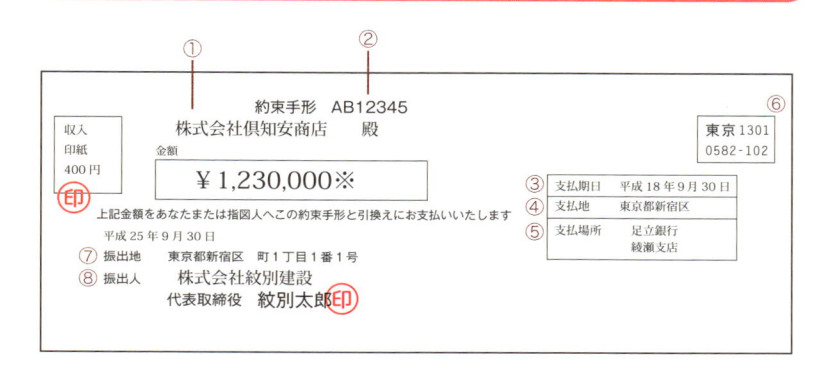

約束手形の記載内容

①手形受取人（名宛人） ②手形番号 ③支払期日 ④支払地
⑤支払場所 ⑥手形交換所名 ⑦振出地 ⑧振出人

裏書の記載例

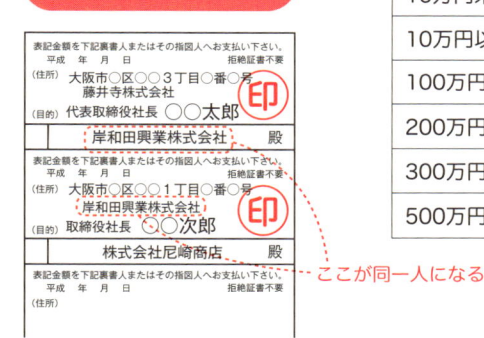

```
表記金額を下記裏書人またはその指図人へお支払い下さい。
  平成　年　月　日           拒絶証書不要
 (住所) 大阪市○区○○3丁目○番○号
       藤井寺株式会社
 (目的) 代表取締役社長 ○○太郎 印
       岸和田興業株式会社   殿

表記金額を下記裏書人またはその指図人へお支払い下さい。
  平成　年　月　日           拒絶証書不要
 (住所) 大阪市○区○○1丁目○番○号
       岸和田興業株式会社
 (目的) 取締役社長 ○○次郎 印
       株式会社尼崎商店    殿

表記金額を下記裏書人またはその指図人へお支払い下さい。
  平成　年　月　日           拒絶証書不要
 (住所)
```
← ここが同一人になる

〈手形の印紙税額〉

記載金額	印紙税額
10万円未満	非課税
10万円以上100万円以下	200円
100万円超 200万円以下	400円
200万円超 300万円以下	600円
300万円超 500万円以下	1,000円
500万円超 1,000万円以下	2,000円

NOTE

手形交換所は、金融機関に預金や取立依頼のために持ち込まれた手形や小切手を、地域内の金融機関がその地域内で決済すべき手形類を持込交換したうえで、金融機関同士の債権債務の差額を計算して、互いに決済するために設けられた機関です。なお、この交換差額を交換尻といいます。

預金周り⑥

銀行振込と海外送金の仕組み

現金決済、小切手、手形と比べ安全な支払手段として、支払業務の中心を担う銀行振込。便利な反面、データ送信に関する注意が必要です。

● 銀行振込の仕組みを覚えよう

　代金の決済に利用する送金は「**為替**」といい、国内の銀行間で行われる**内国為替**（いわゆる銀行振込）と海外の銀行との間で行われる**外国為替**に分かれます。内国為替は、支払う側と受取る側の口座が同一の銀行のものであれば、銀行内の本支店間取引で決済できます。異なる銀行である場合には、中央銀行である**日本銀行**（**日銀**）に両行が開設している当座預金間の資金振り替えで決済されます。

　一方、外国為替では、決済機関がないことから銀行間で**コルレス口座**を開設し、資金を振替えます。ただし、送金先の銀行（**被仕向行**といいます）に送金元のコルレス口座があるとは限りません。口座がない場合にはコルレス口座を持つ他行と**コルレス契約**を結び、その銀行に立替払いを行い、コルレス口座での決済を依頼します。

● インターネットバンキングの活用と注意点

　送金事務は、金融機関に出向くことなく、**ファームバンキング**や**インターネットバンキング**のシステムを使い、社内のパソコンから送金指示を行うことが一般的となってきています。これらは利便性が高い反面、送信データが誤っていても原則変更はできないため、支払いの確定や送金データの作成は、データ作成者、その承認者とも慎重に確認しなければなりません。また、誤送金が起きないように振込先口座のマスター管理も重要です。

　もし、口座情報を誤って送信してしまい、送金できなかった場合には、金融機関に「**組戻し**」の処理を依頼しましょう。

銀行振込の仕組み

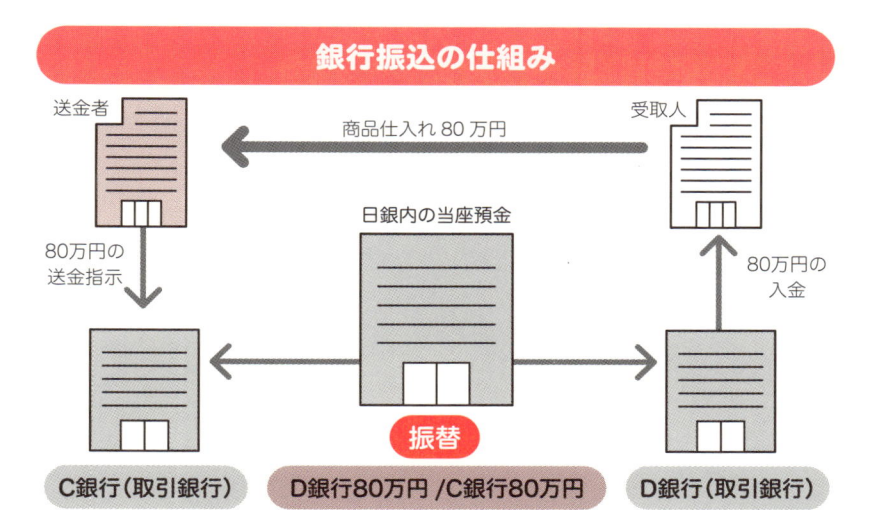

送金者 ←商品仕入れ 80 万円― 受取人

80万円の送金指示 ↓　　　　　　　　　↑ 80万円の入金

日銀内の当座預金

C銀行（取引銀行）　**振替**　D銀行（取引銀行）
D銀行80万円 /C銀行80万円

外国為替の仕組み

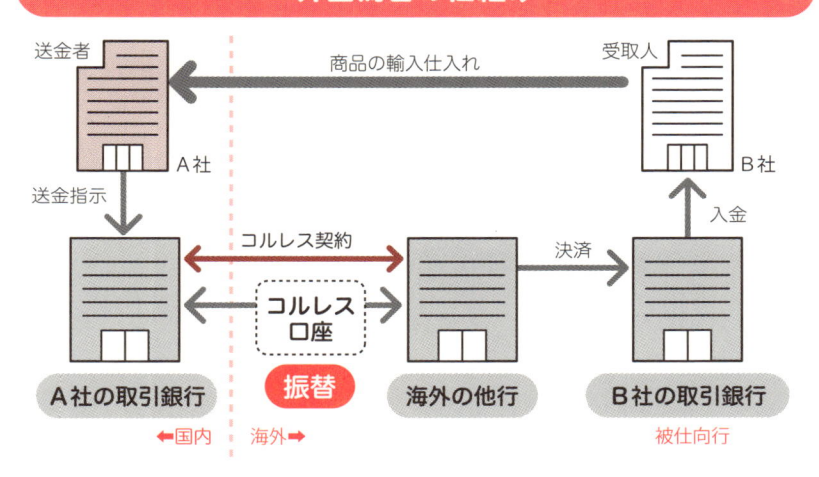

送金者 ←商品の輸入仕入れ― 受取人
A社　　　　　　　　　　　　　　B社

送金指示 ↓　　　　　　　　　　　　↑ 入金

A社の取引銀行 ←コルレス契約→ 海外の他行 ―決済→ B社の取引銀行

コルレス口座

振替

←国内　海外→　　　　　　　　　　被仕向行

NOTE

ファームバンキングは、通信回線に専用端末または専用ソフトがインストールされているパソコンを接続し、金融機関に直接送金データを送信したり、残高確認を行えるサービスで、インターネットバンキングはこれをインターネット経由で行うサービスです。インターネット環境が整備されてきた近年では、インターネットバンキングが一般的になりつつあります。

業務管理❶

経理規程の目的と管理

経理では会社が作成したさまざまな規程をルールとします。これらの規程を現場部門へ指示することも重要な仕事です。

● 会社にはさまざまな決まりがある

01 データ統治
機能
➡10 ページ

　経理の重要な機能として「データ統治機能[01]」があります。外部に公表する財務諸表は、経理がデータを収集する際、集められたデータが正しいデータでないと、正しいものができず、結果として利害関係者の判断[02]を誤らせてしまう恐れがあるからです。

02 利害関係者
➡97 ページ

　一方で会計処理は、法律上、ある程度の裁量があり、会社の実情に応じて選択していくため、社内に一定のルールブックが必要となります。

　また、経理の各業務に関して、担当者の独断で処理することがないよう手順を明確にし、業務において生じた資料の保管方法に至るまですべてをルール化しておかなければなりません。これらのルールを経理規程といいます。

● 経理規程の目的と注意点

　経理規程の目的には、財務諸表の信頼性を上げることや、業務効率を上げるための作業内容の平準化、会社法などの各種関連法令に則り会計処理を行うための法令遵守の徹底、ミスの発見や不正を防止するための内部監査機能[03]などがあります。

03 内部監査
➡162 ページ

　策定された経理規程は関連するすべての部署に周知させる必要があります。なお、会社の成長とともに、業務拡大や組織変更などにより、規程の改訂や新規作成といった手直しもされます。そのため、まずは経理部門が、策定された規程をしっかり理解し、現場担当者に指導できるようにならなければなりません。

経理規程の作成例

総則	目的、会計年度、会計単位、会計責任者
勘定及び会計帳簿	勘定科目、会計伝票、会計帳簿、保存期間
出納及び資金業務	金銭範囲、出納責任者、有価証券の評価基準
棚卸資産	種類、取得価額、管理責任者、棚卸方法
債権・債務	売上計上基準、仕入計上基準、残高確認
外国為替取引	取扱・管理、デリバティブ取引
固定資産	種類、取得価額、取得・処分、減価償却方法
原価計算	目的、区分、材料費・労務費・経費の分類・計算
(連結)決算	月次決算、中間・期末決算手続、決算書類、連結決算の範囲
予算管理	目的、会計期間、編成・実施・統制手続
内部監査	目的、対象、種類、区分、権限

NOTE

上場会社などでは、「その運用が正しく行われているのか?」という「内部統制監査」という監査もあることから、経理規程を遵守し、管理するのも経理の重要な責務です。

業務管理❷

組織運営のための権限管理

経理が取扱う取引は、社内のさまざまな部署の事案が基になっています。会社の決議の流れなど、その権限管理について知っておきましょう。

● 決裁書と稟議書（りんぎしょ）

　民主主義のルールでは、ある事柄の意思決定を行う際は、関係者で話合いを持ち、結論を導き出すことが一般的です。会社の規模が小さいうちは会議の回数も少なく、結論が出るまでに時間はかかりませんが、規模が大きくなり、一つの事案に対する関係者が多ければ、スケジュールを調整し、会議の場を設けることが困難なケースもあります。そこで、一般的な事柄については、決裁権者を定め、職責上、その権限者よりも下位の者の起案を採用するか否かは、その権限者の判断で決裁できるよう、あらかじめ決裁できる業務の範囲、金額などを定めた決裁規程が設けられます。

　起案者は決裁書を作成し、決裁権者に決裁を求めます。決裁権者が複数いる場合には、起案部署が稟議書（りんぎしょ）を作成し、複数の決裁権者に回覧し、押印をすることで承認を得ます。この場合、関係者の押印がすべてそろった段階で決裁されます。

● 会議により決裁される場合

01 予算
➡ 198 ページ

02 取締役会
➡ 105 ページ

03 株主総会
➡ 105 ページ

　決裁権者の権限は、主に年度予算[01]によって決まります。どの部署にいくらの予算を持たせるのかは、事業の方向を左右する重大事項です。そのため、通常各部署が作成した年度予算案を元に取締役会[02]などの上位機関の会議で検討します。これ以外でも、取締役の選任や定款の変更など、会社の経営に直接影響があるものは株主総会[03]の決議で決定されます。会議が行われた際は、必ず議事録が作成されるので、議案が承認されたかどうかを確認しましょう。

会社の決議機関と書面決定

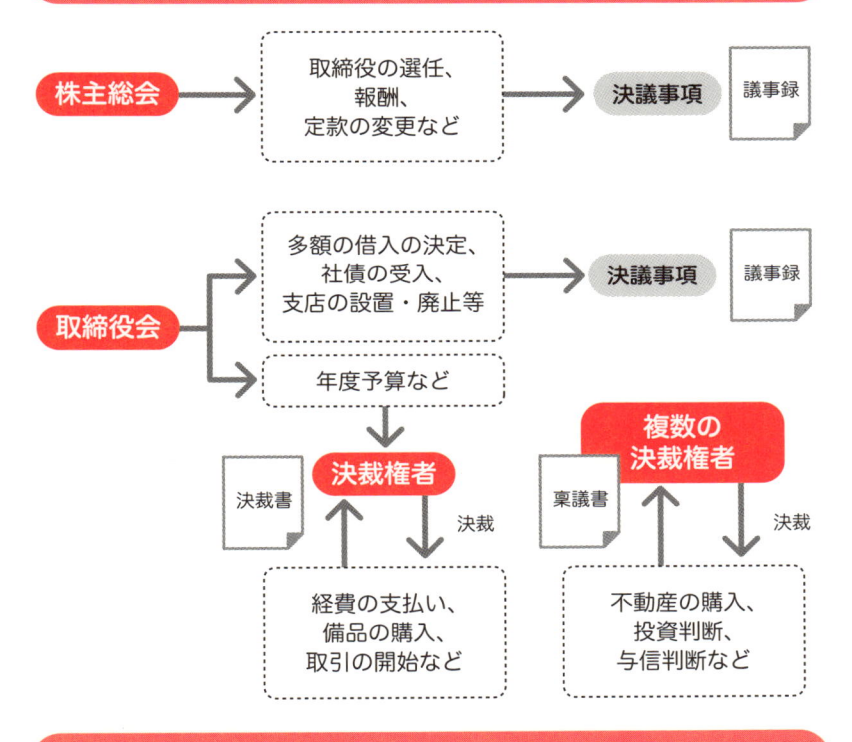

株主総会 → 取締役の選任、報酬、定款の変更など → **決議事項** → 議事録

取締役会 → 多額の借入の決定、社債の受入、支店の設置・廃止等 → **決議事項** → 議事録

取締役会 → 年度予算など

決裁書 → **決裁権者** → 決裁 → 経費の支払い、備品の購入、取引の開始など

稟議書 → **複数の決裁権者** → 決裁 → 不動産の購入、投資判断、与信判断など

決裁権限の例

職 責	経 費	備品購入	投資判断
課長	10万円未満	50万円未満	ー
部長	50万円未満	100万円未満	ー
事業部長	100万円未満	500万円未満	500万円未満

NOTE

株主総会の決議事項の一部は、会社法で定められており、これらは会社が任意に下位機関での決議で承認することは認められません。株主総会の決議事項は、会社法では主に登記事項に関することが定められています。

業務管理❸

権限管理のための認可、押印のルール

伝票を漏れのないように作成し、責任の所在を明確にしておくことは重要な責務です。また、そのための押印ルールの徹底は重要な業務です。

● 責任を明確にするための押印の徹底

01 決裁書、稟議書
➡ 48ページ

　前述のとおり、決裁書、稟議書などの証憑は、手続き上問題なく承認されていることを証拠として残すために、担当者や承認者の押印が不備なくされていることが重要です。これらの書類は、さまざまな部署や職責の人が関わるため、問題が生じた場合に押印が漏れていては責任の所在がはっきりしなくなります。

　また、問題のある証憑を元に経理処理がされ、問題が生じた場合、会計監査においても問題視されることになります。

02 会計監査
➡ 162ページ

● 経理処理に関する注意点

　経理が取り扱う伝票は、その元になる取引について、決裁権者の決裁が下りていることが重要です。社内の決裁規程を充分に理解し、決裁権者の決裁がとおっているもののみ経理処理しましょう。

　関係者の押印が確認できない場合には、決裁権者に事情を聞くなど、積極的に状況を確認することが重要です。会社の組織図を覚え、誰に確認すべきかを日頃から把握しておきましょう。また、決裁権限に基づき行われた取引であっても、伝票を作成する際には「起票→照査→承認」の順で押印を行い、承認印を得た伝票のみ記帳の対象とします。なお、会計システムにおいてＩＤ管理により電子承認のシステムを採用している場合もあります。この場合には、起票者が作成した伝票が最終承認者に承認されていないとデータが漏れてしまうため、起票者は起票したすべての伝票が承認されているのかを確認しましょう。

03 会計システム
➡ 24ページ

伝票などの押印欄の例

起票	照査	承認	入力
検 14.04.25 川島	検 14.04.28 内田	検 14.05.02 遠藤	検 14.05.08 本田

伝票の作成に関する押印ルールの例

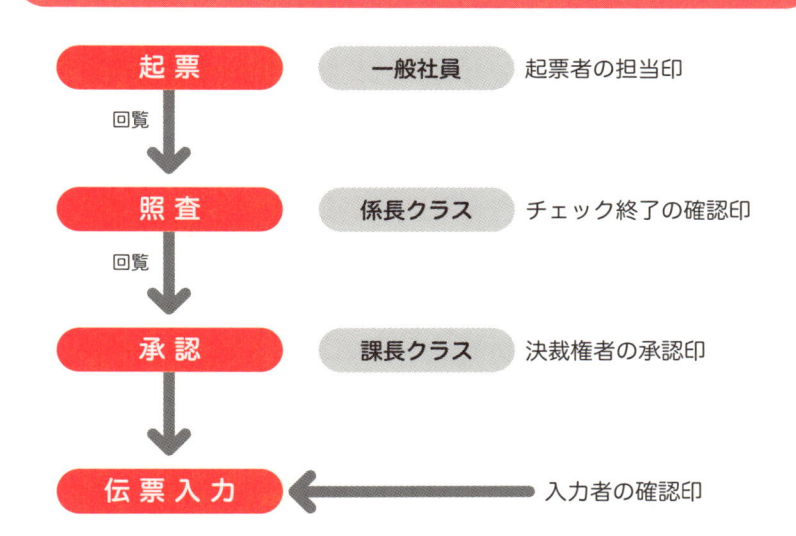

- **起票** ← 一般社員：起票者の担当印
  - ↓ 回覧
- **照査** ← 係長クラス：チェック終了の確認印
  - ↓ 回覧
- **承認** ← 課長クラス：決裁権者の承認印
  - ↓
- **伝票入力** ← 入力者の確認印

NOTE

押印は必ずしも「印鑑」でなくてもかまいませんが、押印をした日付を確認できることが望ましいです。受注生産で作成してもらえる日付入りの検印などを用意しておくといいでしょう。また、電子承認を行う場合には、IDやパスワードなどが他人に漏れないように注意しましょう。

経費管理❶

小口現金管理のルール

掛取引中心の会社であっても、日々の細々とした支払いは現金で行います。支払いのために用意した現金の管理方法を確認しましょう。

● 定額資金前渡制度とは？

日々の交通費や消耗品といった細々とした経費の支払い用として、社内に少額の現金を用意しておくことがあります。この少額の現金を「小口現金」といいます。小口現金は、一定額の資金を担当者に渡し、担当者はこの資金から支払いの都度伝票を作成し、週や月単位で経理処理や経費精算を行います。

経費精算では、経理は使用した経費の伝票と引き換えに、伝票の金額の合計と同額の現金を渡します。これにより、担当者の手もと現金と伝票の合計は常に一定金額となります。このような管理方法を定額資金前渡制度（インプレスト・システム）といいます。

01 インプレスト・システム
➡ 58ページ

● 小口現金管理の注意点

小口現金は、担当者が毎日現金の実査をし、支給される一定額と伝票の差額が1円の狂いもなく手もとに残っているかを確認します。支払額が間違っていたり、伝票を起こさず支払いを行ったことを忘れてしまったりなどの事情があれば、当然ながら現金に過不足が生じます。期間が空けばそれだけ原因究明が難しくなるので、必ず伝票と引き換えに出金し、日々実査を行うことが重要です。

現金は鍵つきの手提げ金庫などで管理し、担当者以外が現金を取り出すことがないようにしておくことも重要です。また、担当者は、金庫の開閉時には、席を離れないようにしましょう。金庫には切手や収入印紙、商品券、小切手など換金可能な金券等（現金同等物といいます）も同様に保管します。

02 小切手
➡ 36ページ

定額資金前渡制度の例

例）5万円の現金を用意する場合

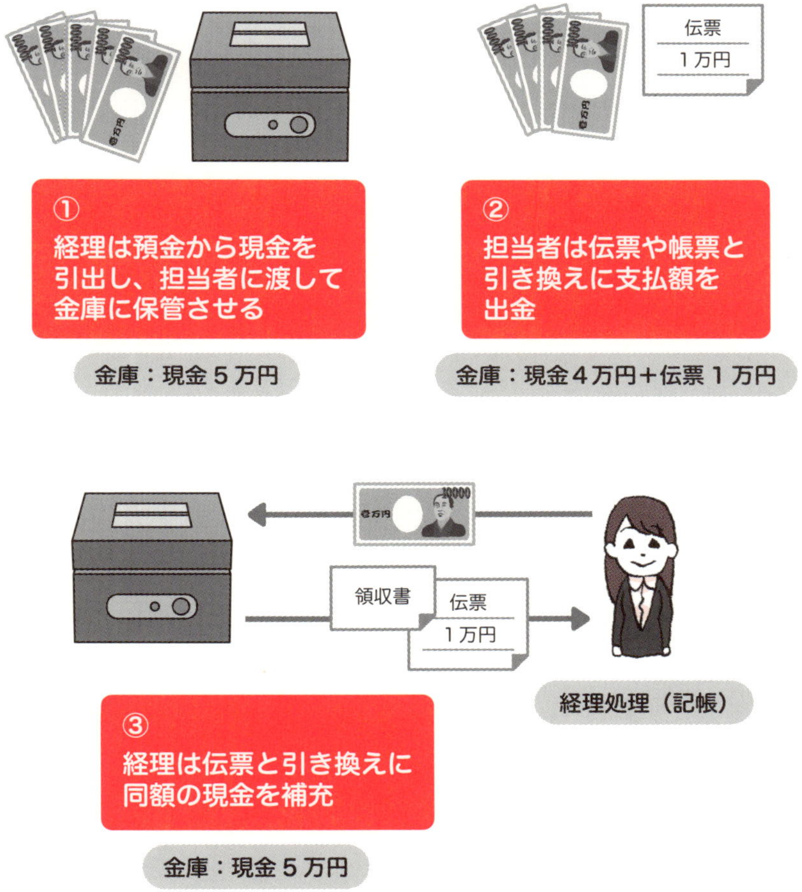

① 経理は預金から現金を引出し、担当者に渡して金庫に保管させる

金庫：現金5万円

② 担当者は伝票や帳票と引き換えに支払額を出金

金庫：現金4万円＋伝票1万円

経理処理（記帳）

③ 経理は伝票と引き換えに同額の現金を補充

金庫：現金5万円

NOTE

会計監査においては、現金実査は重要事項として必ず行われます。内部統制監査においても現金管理の方法を明確に定め、定められたとおりの処理が行われていることを求められます。現金の取扱いの適正さは、その会社の経理そのものを映す鏡であると認識しましょう。

第2章 日々の業務を身につけよう！

経費管理❷

社員立替の精算ルールと注意

経理業務の中でも初歩的な業務である経費精算。仕組みと処理方法をきちんとマスターしておきましょう。

● 経費精算の一般的な仕組みとチェック方法

　消耗品などの日々の細々とした支払いについて、小口現金で精算する場合もありますが、社員が一時的に経費の立替を行い、領収書などの証憑を元に立替えた金額の請求を会社に行い、給与支給時などに精算する社員立替の方法を採用している会社もあります。

　社員立替は、各社員に精算できる経費の内容や金額、精算のルールを理解させたうえで、経費精算規程で定められている権限の範囲内での精算を徹底させることが重要です。また、証憑に不備はないか、決裁権者の承認はあるのかを確認し、経理処理を行いましょう。

01 規程
➡ 46ページ

● 経費精算で使用する勘定科目と仕訳の修正方法

　経費精算の内容を仕訳する際は、主に「費用」に関する勘定科目を使用します。金額や科目にミスがないようにすることはもちろんですが、会社によっては仕訳処理の際、部門管理を行っている場合や、補助科目を使い、費目をさらに細分化している場合もありますので、これらを正確に振り分けることも重要です。

　また、誤った費用科目で仕訳をしてしまった場合には、科目振替の仕訳をします。科目振替とは、費用科目の場合、仕訳の借方に正しい科目、貸方に誤って計上してしまった科目をそれぞれ同額で計上することにより、誤った科目が減算処理され、正しい科目が再度計上されることで帳簿上正しい金額に修正できる仕訳のことです。一般的には、当初計上した仕訳をさかのぼって修正しませんので、この修正仕訳の方法を押さえておきましょう。

02 費用
➡ 28ページ

社員立替に用いる費用の科目

科目	内容
旅費交通費	営業等の移動交通費、出張旅費、出張宿泊代、航空券代、出張の際の日当、営業車などの駐車料金、高速代、ガソリン代など
消耗品費	文具、洗剤やティッシュペーパーなどの日用品など 10万円未満の備品の購入費 ※文具などに関しては「事務用消耗品費」という別の科目を設けている場合もあります
新聞図書費	書籍や雑誌の購入代、新聞の購読代など
交際費	社外の者との接待のための飲食代やゴルフプレー代、慶弔費、お中元・お歳暮等の贈答品代、親睦会等の会費など
会議費	会議の際の飲食代（1人あたり5,000円以下のもの）、会議時の茶菓・弁当代など

科目振替の仕訳

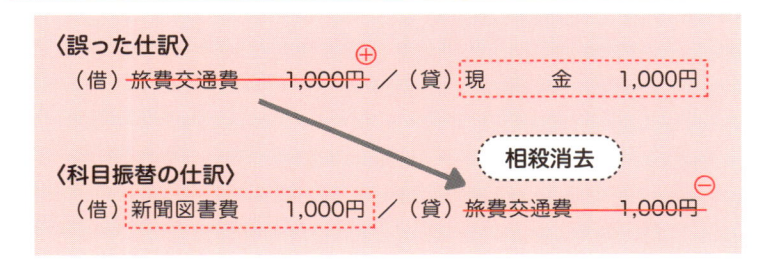

〈誤った仕訳〉
（借）旅費交通費　1,000円 ／（貸）現　　　金　1,000円　⊕

〈科目振替の仕訳〉
（借）新聞図書費　1,000円 ／（貸）旅費交通費　1,000円　⊖

相殺消去

NOTE

日当とは、出張時の昼食代等の負担や移動に伴う疲労などを考慮し、会社内の旅費規程などに基づき一定金額で支給する手当です。これは、出張時の実費補てんのための手当という意味合いが強いことから、税法上も給与とされません。

経費管理❸

交際費と会議費

交際費は勘定科目の中でも区分が最も難しいといえる科目です。
法人税の課税額に影響するのでしっかり理解しましょう。

● 交際費は費用であって費用でない！？

01 経費精算
➡ 54ページ

　経費精算で使用される科目のうち、**交際費**はもっとも注意すべき科目の一つといえます。業務を円滑に進めるための、飲食でのもてなしや、お中元、お歳暮といった贈答品の購入、冠婚葬祭時の慶弔費などさまざまなものがあります。しかし、これらの費用は個人的な付き合いのための支出と業務上の支出の区別がつきづらいという事情があります。そのため、会社が費用として計上した交際費でも

02 損金
➡ 94ページ

法人税の計算では企業規模に応じ、一部が費用（**損金**）として認められません。法人税が課税される金額が増えてしまわないよう、交際費となるものとならないものを明確に区別する必要があります。

● 交際費か会議費か？　それとも別の費用？

　法人税の計算において交際費に含まれるものは、「交際費、接待費、機密費等で、得意先などの**事業関係者**などに対する接待、供応、慰安、贈答のために支出するもの」とされるため、得意先などに対するものの中には交際費とされないものも含まれます。しかし、一般的には交際費とされないタクシー代などの費用であっても、法人税では接待の費用はすべて交際費であるため注意が必要です。

　一番判断が難しい費用が**会議費**です。外部の取引先等との飲食代等で一人あたりの金額が 5,000 円以下のものは会議費として交際費から除かれることとされています。飲食費の経費精算については**参加者全員の氏名**、**所属**、**日時**、**人数**を証憑に残すよう指導し、精算の際はこれらに不備がないかチェックするようにしましょう。

交際費のうち法人税法上の経費となる金額

資本金1億円超の法人	支出した交際費×50%
資本金1億円以下の法人	支出した交際費のうち、年800万円以下の部分

（例）交際費支出額 1,000万円（資本金1億円以下の法人）

法人税法上の経費	損金不算入額（経費とならない）
800万円	1,000万円

交際費とならない費用

福利厚生費	従業員に対する社内規程に従った世間一般の水準の慶弔費
広告宣伝費	不特定の者を募集対象とした景品やプレゼント代、カレンダー、手帳、扇子、うちわなどの一般的な広告宣伝のための贈答品代
取材費	新聞、雑誌等の編集するために行われる座談会など取材に通常要する費用
リベート	得意先に対する受注連動などにより契約上定められている範囲の現金の支給

NOTE

このほかに「渡切交際費」という、役員等に対する使途を決めない交際費もあります。これは、その役員の裁量により使用でき、精算も行われないことから、会社がこれを支給した場合にはその役員等に対する給与として取り扱います。

経費管理❹

支店や営業所での資金管理

支店を抱える会社の場合、本社の経理部門が支店の資金管理を行うことになります。処理の仕組みを把握しておきましょう。

● 本社を離れたら状況は把握しづらい…

　会社の規模が大きくなり、支店自体での経理処理が可能である場合には、支店独自の帳簿が作成され、日々の出納作業は支店において行われる、いわゆる**本支店会計**という制度が取られます。
　しかし、取引先との取引に関する役割のみの支店や営業所、店舗などでは、経理に関する専門性のある社員もいないことが多いため本社経理部門で出納管理をすることが一般的です。支店で行われている処理を本社経理で把握できるまでにはタイムラグがあることも考慮し、本社経理担当者は支店と密に連絡を取り、早めに行動を起こすことを心がけましょう。

● 現預金の入出金指示と小口現金の管理

　支店などのお金の管理は、銀行口座への入出金を原則とする仕組みが採用されることが多いです。現金で大金を保管することは盗難等のリスクもあるため、通常は支店業務用の口座を用意し、小口現金が必要な場合には、本社経理からその口座へ送金処理を行い、支店で現金を引き出します。支店での現金の取扱いは、金庫などに現金を保管し、前述の**インプレスト・システム**[01]を採用し、週に一度などのルールを決め精算します。なお、振込などによる支払いは、請求書等の証憑と支店等の担当者及び決裁権者[02]の押印済みの伝票を受取り、支払処理します。店舗など現金の取扱いがある場合には、銀行の夜間金庫の契約をしておき、その日のうちに売上金を銀行預入れしておくなど、現金の管理を徹底しましょう。

01 インプレスト・
　システム
➡ 52 ページ

02 決裁権者
➡ 48 ページ

第2章 日々の業務を身につけよう！

本支店間資金管理

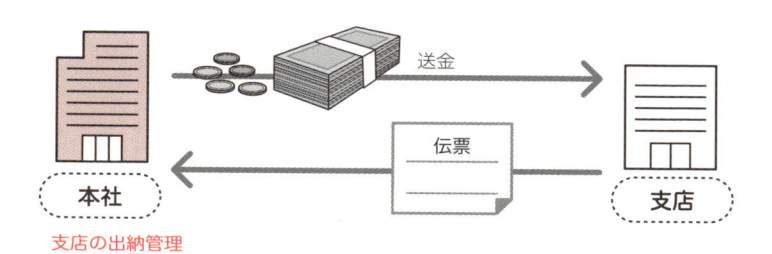

送金
伝票
本社 ← → 支店

支店の出納管理

現金売上の取扱い

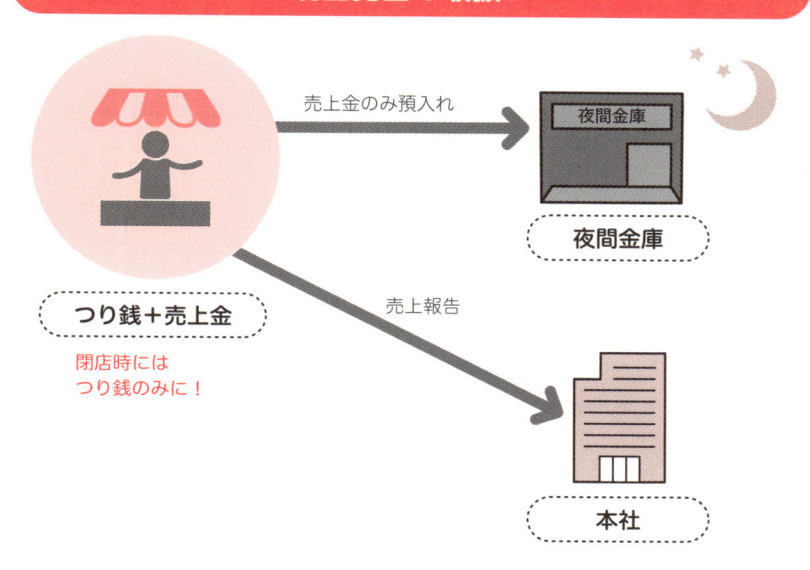

売上金のみ預入れ → 夜間金庫

つり銭＋売上金
閉店時にはつり銭のみに！

売上報告 → 本社

NOTE

支店や営業所、小売業や飲食店業などの店舗では物理的な距離があることから現金の管理が難しく、会計監査などにおいても資金の流れについては監査対象となるポイントです。支店の担当者と密に連絡を取り、漏れのないように処理するようにしましょう。

コラム2

手形や小切手ってほんとうにあるの？

　経理職員の多くが受験する簿記の検定試験で必ず出題される手形や小切手。本書でもその取扱いについて説明していますが、試験経験者の多くは「手形とかって、実際には使われてないし…」という誤った認識をしているようです。

　この文章を読んで「えーっ!? なんでそう思うの？」と疑問を持たれた方は、製造業の方でしょうか？ それとも建設業？

　某大手信用調査会社のデータによると、手形の利用が多い業種は製造業、建設業、卸売業といった古くからある業種に特定されます。これらの業種は、取引金額も大きく、また、業界の慣行として手形が利用されてきました。意外なところでは、広告業界においてもいまだに普及しており、某大手広告代理店の手形を小さなデザイン事務所が保有している…なんてこともあるくらいです。

　手形の利用が古くからある業界に特定される原因として、後で説明する「資金繰り」の問題があります。信用取引である手形や小切手は、運転資金のサイクルに影響するため、一度できてしまったサイクルを利便性だけで資金の動きの速い銀行振込にシフトすることが困難であるという事情があります。また、インターネットバンキングの普及していない地方においては、いまだ小切手が根強く利用されています。地方出身の私にとっては、小切手は身近にある支払決済手段として違和感なく受け入れられる存在だったのです。

　証券によるやり取りは、盗難などの危険も多く近年では電子手形という、手形の仕組みを利用した電子決済手段も作られています。しかし、電子に代わっても手形の仕組みを電子化しているだけなので、この先も手形の取り扱いを知っておく必要があるのです。

第3章

会計の基礎を理解して
決算にチャレンジ！

Introduction

この章のレベル ★★☆☆☆

決算業務って、何をするの？

経理の仕事にとって大きな山場の一つといえる決算業務。決算を迎えるにあたって知っておくべき知識やルールとは何か。じっくり学んでいきましょう。

経理はチームワーク！
そろそろ周りの仕事も理解しよう

「ずいぶん仕事にも慣れてきたね。そろそろ、周りの先輩の仕事の様子を見なければならない時期かもね」

「えっ？　どういうことですか？」

「経理の仕事は、経理の部署全体で会社のお金を管理していく仕事。だから、隣の先輩の全然関係がなさそうな業務が自分の業務にも関係があるかもしれないんだ」

「そうなんですね」

　たとえば「この先輩のこの仕事はこのデータが必要だから、自分がこの時期までに処理を終わらせないと先輩の仕事ができないのか…」といった関連性が見えるようになると、「よし、今月からデータを前倒しで整理して先輩が早めに取り掛かれるようにしよう」といったスケジュールが立てられるようになります。

　そのためには、月次ベースで経理全体がどのような動きをするのかを把握しておくことも重要です。「経理の仕事はチームワーク」。そろそろこれを意識して一人前の経理マン（ウーマン）を目指しましょう。

ここでの目標

- ☑ 月次業務のスケジュールを押さえよう！
- ☑ 決算業務の背景にある会計理論の基礎を学ぼう！
- ☑ 決算業務の具体的な内容を理解しよう！
- ☑ 決算後の業務について理解しよう！

決算は、まず会計を理解するところから…

「先輩、決算ってどんなことをするんですか？」

「決算について詳しく説明する前に、『会計理論』は知っているかな？」

「会計理論？」

「ここまで行ってきた業務は実は簿記のルールに則り処理してきたんだけど、簿記の背景にあるのは会計理論なんだよ」

　決算を行うには「なぜこのような処理をしなければならないのか？」、という会計そのものの考え方を理解する必要があります。それがわからなければ「何がどうなっていれば正しいのか？」が理解できないのです。会計理論は世界共通ルールですから、これがわかればどこに行っても何が正しいかの判断ができるスーパー経理になれます。この章では、決算を通じて日々の業務の意味を少しずつ理解していきましょう。

業務管理

月間スケジュールを把握しよう

社内の機関への書類の提出期限、社外の取引先、役所への費用の支払期限などの期日、これらを適切に把握しておきましょう。

●スケジュールを頭に入れて行動しよう

第1章で学習したように、経理では会社の動きに応じて年間スケジュールが定められていますが、月間ベースでも前月分のデータの締め、社員立替の精算、取引先への支払い業務、給与計算、源泉所得税の支払いなどのスケジュールが定められています。

月単位でのスケジュールを頭に入れ、「いつまでに何をすべきなのか？」を考えながら、早めに行動していくことが重要です。

●月次決算は正確さよりもスピードが命

月次の業務のうち、重要な業務は月次決算です。これは、取締役会などで会社の経営者が今後の経営に関する意思決定判断の材料として使う試算表を作成することが目的です。あくまでも現状が理解できればよいため、数千円、数万円といった細かい取引まで完全に網羅する必要もないのですが、金額の大きな取引は金額が確定していなくても概算値で計上しておく必要があります。

また、減価償却費など、決算整理に関する項目も月割りで入れておくなど、大まかな数字でも現状を反映できるようなものを素早く作成することがポイントです。

また、あらかじめ策定した月次予算と比較し、「達成はできそうか？」「差異はどの程度か？」、前年と比較し、「大きな変動はないか？」「変動がある場合はその要因は？」「営業資金に不足はないか？」など、経営陣が確認すべきポイントをあらかじめ説明できるように整理しておくことも重要です。

---

01 年間スケジュール
➡ 15ページ

02 取締役会
➡ 105ページ

03 試算表
➡ 28ページ

04 決算
➡ 80ページ

05 予算
➡ 198ページ

経理の月間スケジュール例

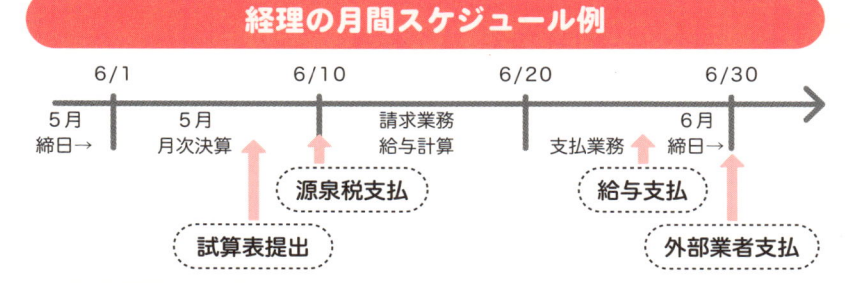

```
6/1        6/10         6/20        6/30
─┼──────────┼────────────┼───────────┼──→
 5月    5月      請求業務        6月
 締日→  月次決算  給与計算  支払業務 締日→
             ↑                      ↑
         源泉税支払             給与支払
   ↑                              ↑
 試算表提出                    外部業者支払
```

月次決算のスケジュール例

前月末	各種伝票等の締め	社員の立替精算や月次で計上する伝票などの締切日。ここまでの必要な伝票がすべて承認印のある状態でそろっているか確認する
1～2日	売上の確定	会計データと伝票、請求書、販売管理システムなどと突合し、計上漏れがないかチェックする
3日	在庫の確定、計上	販売管理システムで在庫金額を確認する。廃棄損や評価減などの計上ルールがある場合にはリストから処理すべきものがないかを確認し、在庫金額が確定したら会計システムに計上する
1～5日	各種伝票の記帳処理	各部署から集まってきた伝票を記帳処理する
3～5日	入金消し込み	確定した売上を元に売掛金の入金を確認。各取引先別の残高を確定させる
6～7日	仮締め、経過勘定、減価償却費の計上、見積計上項目の整理	決算整理項目以外の伝票がすべて処理されているのかを確認し、確認ができたら経過勘定の項目や減価償却費の計上など決算整理項目の処理を行う。金額確定のされていない重要取引がないかを確認し、必要であれば見積もり計上する
8日	経理締め、試算表の作成	計上すべきデータがすべて計上されているかチェックし、問題がなければ試算表を作成する

NOTE

上場会社では、決算情報を早期に開示することが求められ、決算速報にあたる「決算短信」を期末日後30日以内に開示することが望ましいとされています。そのため、経理が行う月次決算業務は概ね8営業日程度の日数で行われ、月次決算期間は繁忙期となることから、あらかじめ月次スケジュールを押さえて行動する必要があります。

会計の基礎❶

振替伝票の作成とルール

決算整理項目など、経理内部で処理する記帳処理は振替伝票を作成して行います。振替伝票作成の注意点をみていきましょう。

●借方、貸方の科目が決まっていない取引を計上する

もっとも単純な３伝票制の場合、「入金伝票」「出金伝票」「振替伝票（仕訳伝票ということもあります）」の３種類の伝票が用いられます。伝票作成方法はこの３つを押さえておけばよいでしょう。

このうち、「入金伝票」「出金伝票」は、相手勘定が現金となる取引についてのみ作成されますが、振替伝票は前述の振替仕訳[01]のほか、減価償却費の計上といった決算整理の項目など、経理内部で処理しなければいけない項目についても使用されます。経理においては最も頻度が高く、重要な伝票です。

振替伝票は、借方、貸方のそれぞれに記載する勘定科目が決まっておらず、１仕訳中に用いる科目の数も自由です。記載方法を押さえておかなければ計上ミスの原因となりますので、注意が必要です。また、処理内容が確認できる証憑[02]も添付しておきましょう。

01 振替仕訳
➡ 55ページ

02 証憑
➡ 22ページ

●勘定科目の個数は貸借バラバラでＯＫ！

振替伝票に記載する仕訳は、決算整理項目のほかに、右ページのように売掛金の入金時に振込手数料が引かれていたときの仕訳など、借方と貸方の科目数が一致しない場合にも用います。ただし、１枚の仕訳伝票の借方と貸方の金額は常に一致しますので、この法則だけは間違えないように意識しましょう。会計システムなどではこの貸借一致がされていない伝票については登録できないよう制御がかけられています。一致しない場合には入力すべき数字の読み間違えはないか、抜けている行がないかなどを確認しましょう。

振替伝票の記載方法

振替伝票 No.123456
26年5月28日

部長	課長	確認	起票
			印

科目数はいくつでもよい

金額	借方科目	摘要	貸方科目	金額
149,265	普通預金	売掛金の入金	売掛金	150,000
735	支払手数料	振込手数料		
150,000		貸借一致！		150,000

会計システムによる場合

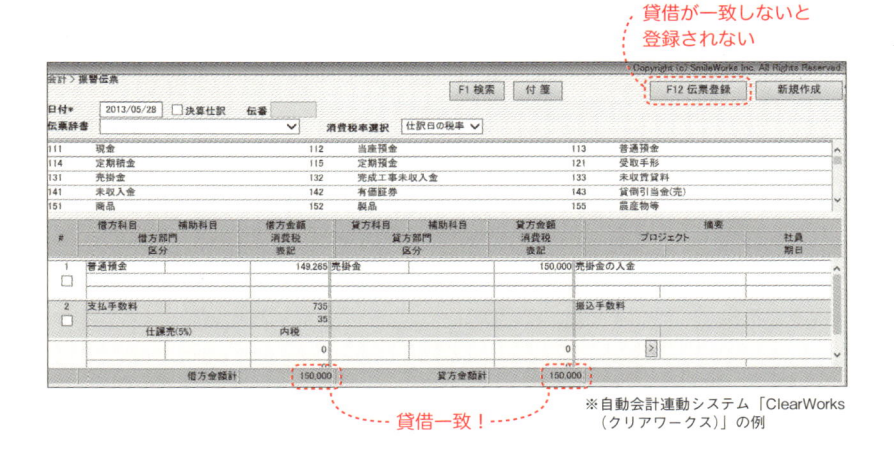

貸借が一致しないと登録されない

貸借一致！

※自動会計連動システム「ClearWorks（クリアワークス）」の例

NOTE

仕訳金額が貸借で一致しない際のよくある間違いは、金額の転記ミスのほかに、借方、貸方を逆に書いてしまうことです。この場合には、仕訳差額が、記載した仕訳金額の倍になっているので、貸借差額を出し、その金額を2で割って確認してみるのもチェック方法の一つとして有効です。

会計の基礎 ❷

発生主義による会計の基礎

お金の流れに着目しない発生主義の考え方は経理の世界での重要な考え方の一つ。その計上基準を押さえることは経理の基礎中の基礎です。

● お金ではなくモノやサービスに着目するのが発生主義

　会社の規模が小さなうちはすべての取引を現金決済のみで済ませても支障はありませんが、規模が大きくなるにつれ、手もとの現金ですべての取引を決済するのが難しくなります。

　そこで、掛で商品を購入したり、掛で商品を売ったりし、代金は後から決済する信用取引[01]が始まります。信用取引では、商品を売っても売った時点では現金入金がありません。だからといって、商品そのものは相手に引き渡されているわけですから、商品代金を受け取る権利が発生します。そのため、この権利が発生していることを帳簿に記さなければなりません。

　このように、お金の動きではなくモノやサービスそのものの動きに着目した経理処理を発生主義会計といいます。なお、これとは逆に現金の入出金に着目する経理処理を現金主義会計といい、これは会社の経理処理においては認められていません。

● お金が動かないと把握しづらい…

　発生主義会計では、商品を仕入れたり、販売したりした時点で代金は未払いや未収として処理します。そのため、売上の計上漏れがあり、その入金が不明入金となることや、仕入の計上がされていないことから代金の支払い漏れが発生する可能性もあります。

　また、損益計算書上に計上される利益は、現金の入出金を伴わない利益ですから、利益があっても実際には現金がないことも考えられます。そのため、管理には現金の動きにも着目しましょう。

---

01 信用取引
➡ 32 ページ

発生主義と現金主義

商品の引渡し　　　　代金の回収

発生主義 → モノやサービスの動きで売上を認識

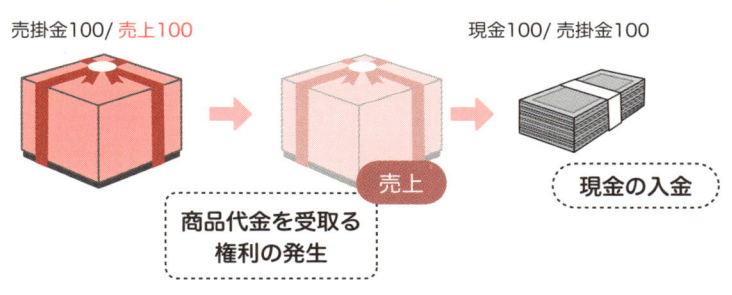

売掛金100/ 売上100　　　　現金100/ 売掛金100

売上
商品代金を受取る権利の発生

現金の入金

現金主義 → 現金の入金とともに売上を認識

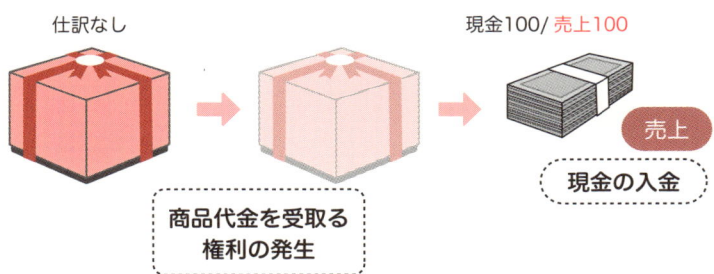

仕訳なし　　　　　　　　　　現金100/ 売上100

商品代金を受取る権利の発生

売上
現金の入金

NOTE

現金主義では、現金の入出金についてのみ着目するため、何年も使用できる車両の購入であってもすべて現金の出金として認識されます。したがって、「ストック」の認識ができないことから現金の動き以外の財政状態の認識ができません。

第3章　会計の基礎を理解して決算にチャレンジ！

会計の基礎❸

期間損益と経過勘定のルール

一会計期間の損益を計算する期間損益計算。お金の動きをその期の収益、費用に修正する経過勘定を使いこなしましょう。

● どの会計期間に属するの？

損益計算書は、会社の取引を**一会計期間**に区切って計算します。しかし、実際の業務には何年も継続するプロジェクトもありますし、決算処理中もその月の業務は動いています。つまり、会計期間とは、会社が存続する限り続く日々の取引を、損益計算書を作成するために一定期間で区切った期間のことをいうのです。このように一会計期間で区切って計算することを**期間損益計算**といいます。

実際の取引は向こう1年分の費用をまとめて支払ったり、サービスなどを受けていても代金の決済が翌月以降であったりすることも考えられます。そのため、会計期間をまたがって決済される取引を、どの会計期間に帰属させるのかを判断しなければなりません。

● 経過勘定を使いこなす

この期間損益計算に欠かせないのが、**経過勘定**といわれる特殊な勘定科目です。経過勘定は、「**前受収益**」「**前払費用**」「**未収収益**」「**未払費用**」の4種類があり、決算日の一時点において現金の流れと収益や費用の帰属を整理するものです。

現金の入出金があるのにサービス等の提供がないものを前受、前払で、現金の入出金がないのにサービス等の提供があるものを未収、未払で整理します。

このように期をまたぐ取引について、発生主義の下、どの会計期間に帰属するのかを、経過勘定を使って整理していきます。

---

01 期間損益計算
→ 80ページ

4種類の経過勘定

● サービス等の提供よりも現金の入出金が早い場合

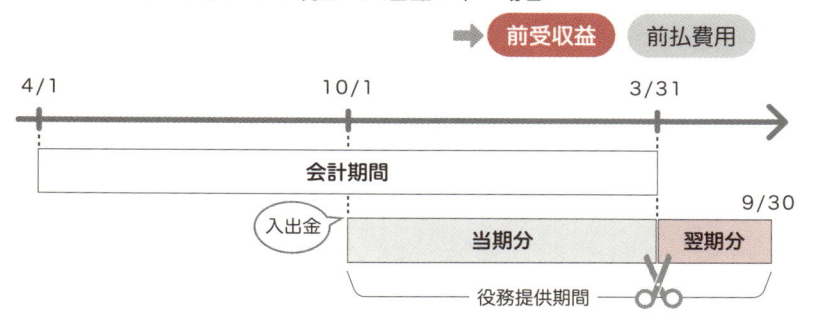

→ **前受収益**　前払費用

```
4/1            10/1           3/31
 |──────────────|──────────────|────────→
 │      会計期間              │       9/30
                  入出金   ┌─当期分─┬─翌期分─┐
                          └── 役務提供期間 ──┘
```

● 現金の入出金よりもサービス等の提供が早い場合

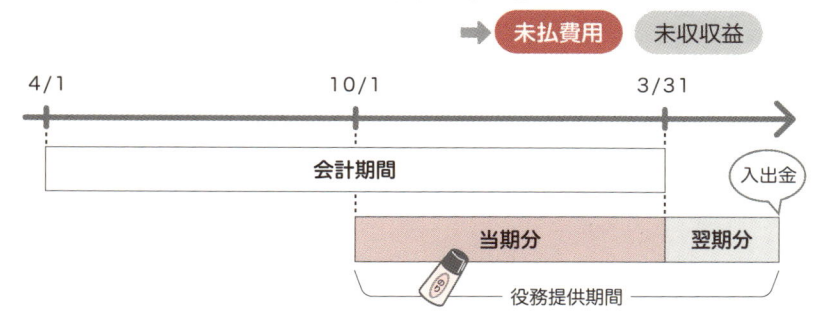

→ **未払費用**　未収収益

```
4/1            10/1           3/31
 |──────────────|──────────────|────────→
 │      会計期間              │       入出金
                  ┌─当期分─┬─翌期分─┐
                  └── 役務提供期間 ──┘
```

〈当期分の計算〉

$$\text{支払期間分の対価} \times \frac{\text{期末までの期間}}{\text{役務提供期間}}$$

NOTE

経過勘定は、売上や仕入といった営業に関する収益や費用では用いられません。たとえば売上代金の前払いを受けた場合には「前受金」を使用します。また、未払費用を用いるのは会計期間の末日までに支払期間の一部の役務提供が完了している場合であり、すべてが完了している場合には「未払金」を用います。

会計の基礎❹

費用と収益の対応と費用配分の原則

費用と収益は原因と結果でとらえ、P/L上誰が見ても関係がわかるように表示します。長期に使えるものは使用期間にわたり配分します。

● 費用があるから売上が発生する

　期間損益を考えるうえで、費用と収益を因果関係でとらえてみると、ある費用の発生に伴い、収益が生じるという法則が成り立ちます。たとえば、商品の販売による売上は、まず商品仕入という費用がなければ発生しません。このように、損益計算書上は、すべての収益（結果）をその発生原因となる費用（原因）と対応させることで、差額である利益の出どころを明らかにします。

　このときに、当期の収益と因果関係のない費用は、次期以降の収益に対応すべき費用となり、資産として貸借対照表に表示されます。この考え方を「費用収益対応の原則」といい、売上原価を考える際に重要な考え方となるのでしっかり押さえておきましょう。

01 費用収益
　対応の原則
➡ 73ページ

● 長く使えるものは配分する

　建物や車などの固定資産は、長期的に使える資産です。これらは、もともと何年も使うことを期待し、購入しています。しかし、代金の支払いは購入時のみです。

　このような長期にわたり使用されることが期待される支出は、一会計期間の費用とせず、その資産の使用可能期間にわたり、費用化されると考えます。これを「費用配分の原則」といいます。

02 費用配分の
　原則
➡ 82ページ

　これにより、配分が必要な資産の支出額のうち当期において費用に配分されない部分は資産として貸借対照表に表示します。このように、会計では「資産は次期以降の収益を獲得するためにプールされた費用である」という考え方がとられているのです。

費用収益対応による P/L の表示

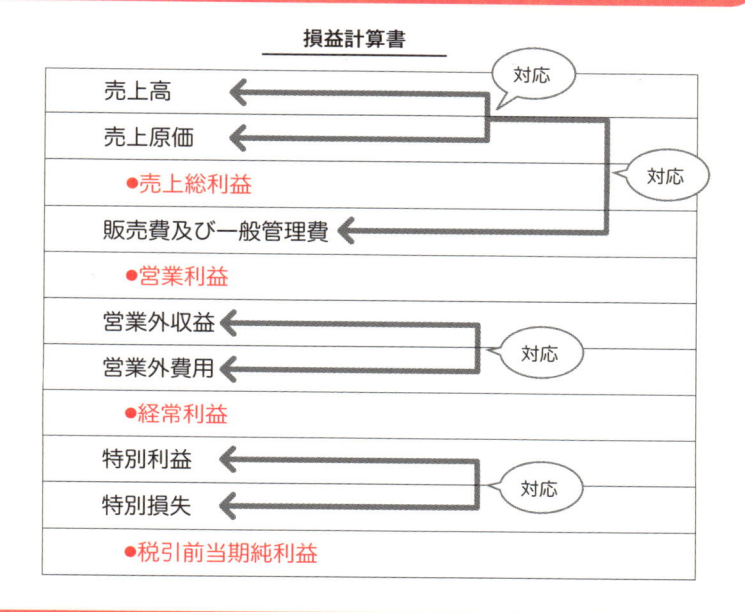

損益計算書

売上高 ←	対応
売上原価 ←	
●売上総利益	対応
販売費及び一般管理費 ←	
●営業利益	
営業外収益 ←	対応
営業外費用 ←	
●経常利益	
特別利益 ←	対応
特別損失 ←	
●税引前当期純利益	

費用配分の考え方

（例）使用可能期間3年の車両（1年目）

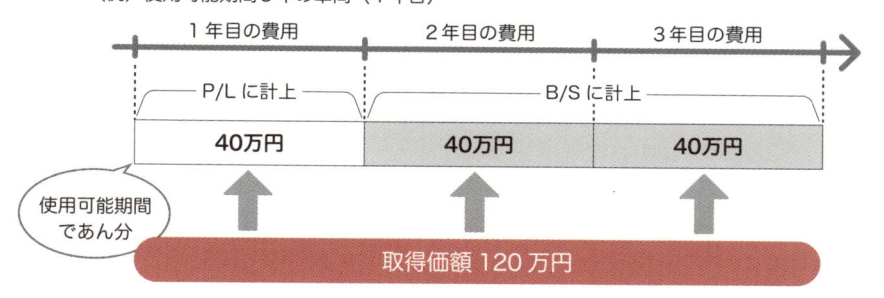

1年目の費用	2年目の費用	3年目の費用
P/L に計上	B/S に計上	
40万円	40万円	40万円

使用可能期間であん分

取得価額 120万円

NOTE

「費用収益対応の原則」は、企業会計原則という会計原則で定められたものです。企業会計原則は企業会計の実務を通じて慣習として形成されてきたものの中から、一般に公正妥当と認められる基準を要約したものとされています。

会計の基礎❺

売上の計上基準

売上は実現されるものだけを計上し、未実現のものは計上できません。
この実現主義に基づく計上基準を確認しましょう。

● 実現されるもののみが売上とされる

　売上の金額は会社にとってもっとも重要なものです。会社の経営は売上がなければ始まらず、売上の金額より経費の予算も決まります。売上の計上を誤ってしまうと、作成した予算がすべて実現不可能なものとなります。会計上では、これを**実現主義**という考え方でとらえ、**未実現**なものは計上してはならないこととしています。

● どの時点で実現されるのか？

　実現主義の考え方でとらえる場合に、発注から納品、サービスの提供までのどの過程で実現したものとされるかの基準として、右ページの４種類があります。これらは会社の実情に則し、任意に選択できます。ただし、毎期違う基準を採ってしまうと、年度による金額の比較ができなくなり、不確実な情報を株主などに与えることとなってしまうため、一度採用した基準は**継続して**[01]採用しなければなりません。

　自社がどの基準を採用しているのかを確認し、計上する際はそれぞれの計上基準を満たしているのかを確認するようにしましょう。なお、このほかにも**割賦販売**や、**委託販売**、**試用販売**、**予約販売**といったものや、建設業特有の**工事進行基準**[02]といった特殊な計上方法もあります。これらは、会計上このような基準で処理されていても税務上は要件が厳密に決められているので注意が必要です。なお、**国際財務報告基準**（**IFRS**）[03]では実現主義を厳格に求めるため検収基準での計上が求められています。

---

01 継続
➡ 156 ページ

02 工事進行
基準
➡ 75 ページ

03 国際財務
報告基準
（IFRS）
➡ 230 ページ

未実現のものを計上しない…

「取引先で100万円の注文を受けたよ！」

「本当に実現するの？」

4つの売上計上基準

受注 → 商品の出荷 → 商品の納品 → 商品の検収 → 代金の回収

どこで計上するかは選択可能

出荷基準	倉庫から商品を出荷した日	倉庫などの物流システムがある場合に、倉庫内での出荷データを元に売上を認識します
引渡基準	出荷した商品を相手先に引き渡した日	相手先に納品した日を基準とし、納品伝票の日付などを元に計上します
検収基準	引き渡した商品を相手先が検収した日	相手先との契約により、商品の品質や規格などが発注どおりであることを相手先の担当者が確認した時点で押す検収印などを元に計上します
回収基準	商品の代金を回収した日	小売業などの現金取引が中心の場合にPOSデータなどを元に計上します

NOTE

工事に関しては、完成、引渡し時点で売上計上をしますが、一般的には工事は長期間に及ぶことから、完成前の段階で工事の完成度合いに応じて収益を認識します。これを工事進行基準といいます。なお、この基準はソフトウェア開発においても用いられる基準です。

第3章 会計の基礎を理解して決算にチャレンジ！

会計の基礎❺

仕入の計上と売上原価

売上同様に仕入もさまざまな計上基準があります。また、仕入は売れた商品に対する売上原価を求めます。

● 仕入の計上基準も選択できる

　仕入業務は商品の発注から始まり、発注した商品が納品され、代金が決済されるまでの過程にさまざまな計上基準があります。これらは、売上と同様に右ページの4つの計上基準から任意に選択できますが、やはりその処理方法は**毎期継続**されなければなりません。

　倉庫などの物流施設を保有する場合には、発注部門と商品の受取りを行う部門が異なります。そのため、入荷時に受取部門が注文書を元に検品を行い、品違いや破損等のない正常な商品の受取りのみを仕入れとして計上する検収基準を採用することが一般的です。

● 仕入は売れたものと残ったものに分けて考える

　仕入の金額は、正しい計上基準で計上されても全額がそのまま費用となるわけではありません。前述のとおり費用収益対応の原則[01]により、売上に直接対応する部分の仕入しか費用として認められないからです。売上に対応する部分の仕入のことを**売上原価**といいます。

　たとえば、商品を3個仕入れたとします。このうち2個が当期に売れ、1個が期末に売れ残ってしまったとします。この売れた2個に係る仕入高は2個の売上に直接係る費用であるため、売上原価となります。売れ残った1個は当期の売上に貢献せず、手もとに現物が残っているわけですから次期の売上に貢献するものとして期末の**資産**[02]とされます。この仕入れた商品のうち期末に売れ残ってしまったものを**棚卸資産**[03]といいます。

01 費用収益
　対応の原則
➡ 72 ページ

02 資産
➡ 28 ページ

03 棚卸資産
➡ 88 ページ

4つの仕入計上基準

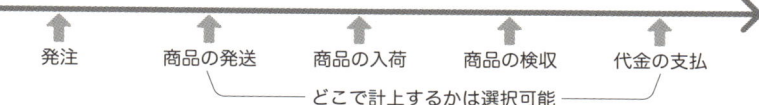

発注 → 商品の発送 → 商品の入荷 → 商品の検収 → 代金の支払

どこで計上するかは選択可能

発送基準	相手側が商品を出荷した日
入荷基準	商品が自社に入荷した日
検収基準	入荷した商品を担当者が検収した日
支払基準	商品の代金を支払った日

売上原価の考え方

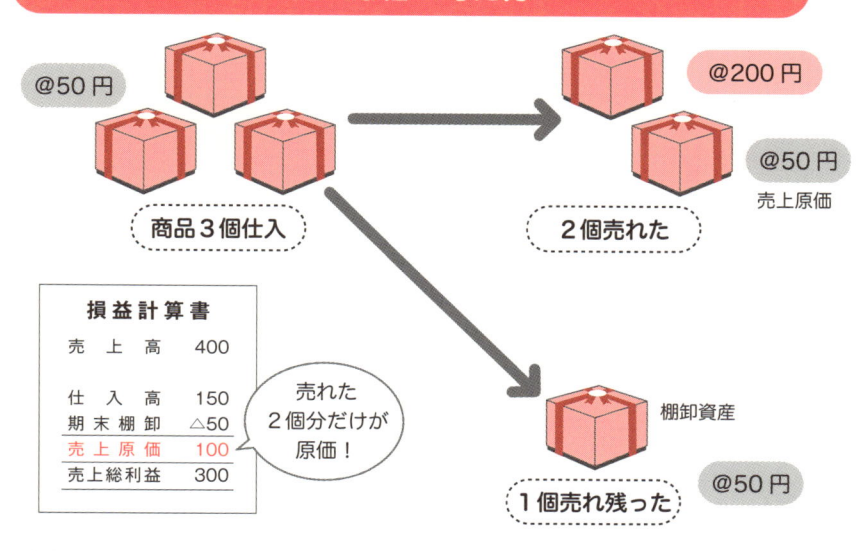

@50円　商品3個仕入 → @200円 / @50円 売上原価　2個売れた

棚卸資産　@50円　1個売れ残った

損益計算書

売上高	400
仕入高	150
期末棚卸	△50
売上原価	100
売上総利益	300

売れた2個分だけが原価！

NOTE

当期の仕入高のうち、期末棚卸資産の金額は「商品」として貸借対照表に表示されます。費用のうち、当期の期間費用として計上されない部分は必ず資産として計上されるという費用収益対応の原則は、決算業務において重要な考え方なのでしっかり押さえておきましょう。

会計の基礎❼

売上原価と仕入諸掛

売上原価の算定には運賃などの付随費用を含めなければなりません。
付随費用に該当するものの判断と取扱いを押さえましょう。

● 取得原価と物流費の関係

01 売上原価
➡ 76ページ

　売上原価を考える場合に物流費は大きな問題となります。たとえば、1個50円の商品Aと1個60円の商品Bのどちらの商品を仕入れるかという意思決定をしなければならない場合、商品そのものの性質にさほど差がないのであれば、通常はAを仕入れたほうが利益は多くなるでしょう。

　ただし、この商品の仕入に係る運賃が、Aは1個あたり20円、Bは1個あたり5円だとしたらどうでしょう？　商品そのものの単価のみで考え商品Aを選んでしまうと、5円の損をしていることに気づかず誤った意思決定をしてしまいます。そのため、商品の取得原価は、商品の取得に要する物流費（運賃や保管料）などの付随費用を含めて考えます。商品の取得に係る付随費用を**仕入諸掛費**といいます。

● 運賃は分類に注意する

02 販売費
➡ 101ページ

　商品の配送に係る運賃の支払いがあった場合には、その運賃が仕入時のものか売上時のものなのかを整理します。売上時運賃は、販売のための費用であり「**荷造運賃**」などの科目で**販売費**として計上します。仕入時のものは商品の取得原価に含めるため、「**仕入諸掛費**」などの科目で計上しますが、商品の仕入代金と同様に売上原価の算定時には、売れ残った商品に係る諸掛費を同様に期末の資産として計上しなければなりません。そこで、商品の仕入金額を元にあん分し、棚卸資産として計上すべき諸掛費を求めます。

仕入と物流費

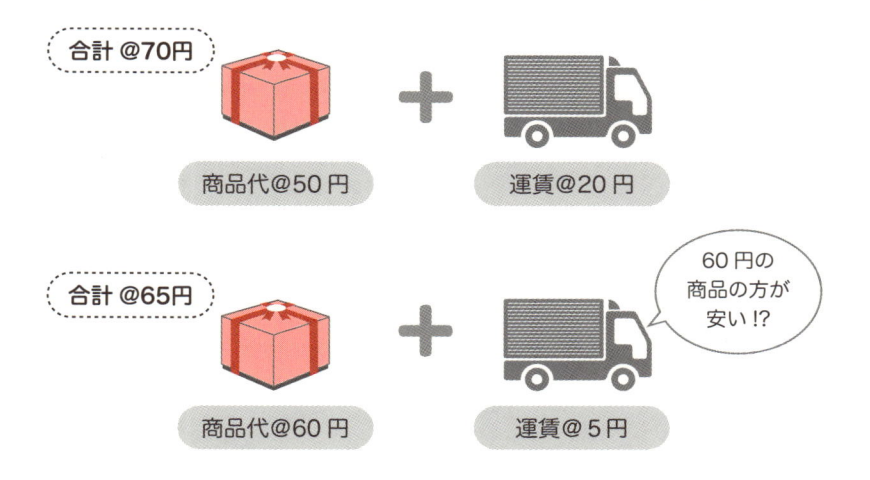

合計 @70円
- 商品代 @50円 ＋ 運賃 @20円

合計 @65円
- 商品代 @60円 ＋ 運賃 @5円

「60円の商品の方が安い!?」

仕入諸掛費のあん分計算

（例）総平均法の場合

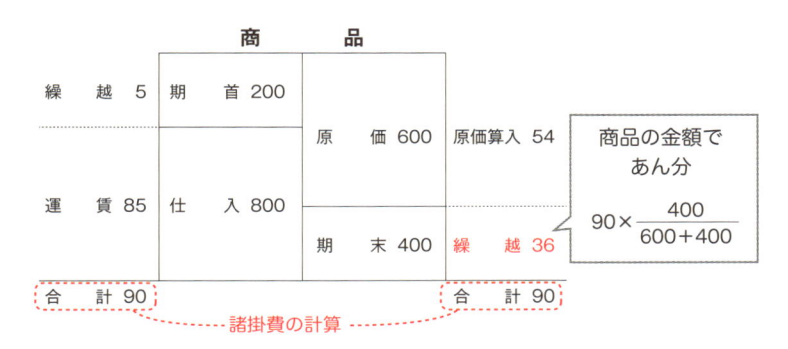

商　品

繰　越　5	期　首　200	原　価　600	原価算入 54
運　賃　85	仕　入　800	期　末　400	繰　越　36
合　計　90		合　計　90	

諸掛費の計算

商品の金額であん分

$$90 \times \frac{400}{600+400}$$

NOTE

仕入諸掛費は、運賃等の支払い時に「仕入」勘定に計上することで、「仕入諸掛費」として別勘定を設けなくても、後述する売上原価の計算を通じて棚卸資産に計上し、金額を求めることも可能です。

第3章　会計の基礎を理解して決算にチャレンジ！

決算業務 ❶

決算って何をするの？

基本的な考え方が一通り理解できたところでいよいよ決算業務です。決算は会計特有の考え方を使って「帳簿を整理する作業」です。

● 決算とは帳簿を整理する作業

01 中間決算
➡ 15ページ

02 四半期決算
➡ 15ページ

　会計期間が終了するとその期間での業績を確定させるために**決算**という作業を行います。上場会社では半期で行う**中間決算**のほかに3カ月に1度の**四半期決算**も外部に公表することが定められているため、最多で年に4回もの決算業務を行います。

　決算と一言でいっても具体的にこれをすることが決算である、というルールがあるわけではありません。では、決算とはいったい何をするのでしょうか？　一言で表現すると実は「**帳簿を整理する作業**」なのです。ただし、整理にあたっては、前述の**期間損益計算**という考え方に基づかなければなりません。

03 期間損益
　計算
➡ 70ページ

● 期間損益か資産、負債か？

　期間損益計算の考え方に基づく損益と資産、負債は表裏一体の関係にあり、当期の損益に含まれない金額の動きは資産、負債として計上します。また、前期の損益に計上されず当期に繰り越された資産、負債は当期の損益に含まれる部分を収益、費用として計上しなければなりません。このように期末に資産、負債の正しい金額を確定させることにより、期間損益を確定させる手続きが決算です。

04 減価償却費
➡ 84ページ

05 引当金
➡ 90ページ

　決算整理というと、**減価償却費**の計上や**引当金**の計上といった特殊な作業をするイメージを持つかもしれませんが、これらは**すべての資産を期末時点での適正な価値で計上する**ための作業です。帳簿の残高を整理し、債権債務の金額を正しい金額に修正することも重要な決算の作業なのです。

決算整理事項とは？

貸借対照表からのアプローチ

現金・預金	現金については**実査**を行い、預金については金融機関から**残高証明**を取得し、帳簿残高があっているのかを確認する
売上債権	**回収可能性**の判断を行い、債権の分類を行う。回収可能性の低いものは、**貸倒引当金**を計上する
仮払金・仮受金	計上されているものは内容を確認し、正しい勘定に振り替える。残高がゼロになっていることを確認する
棚卸資産	**実地棚卸**を行い、商品有高帳などの個数と一致しているのか確認する。個数に差が出た場合には「**棚卸減耗損**」の計上を行う。また、廃棄の対象となる**不良在庫**がないのか確認する
有価証券	帳簿上の有価証券の実査を行い、時価があるものについては、**評価替え**を行う
仕入債務	取引先ごとに漏れなく計上されているのか確認し、必要であれば取引先に**残高確認書**を送付し、確認を行う
未払法人税等	決算整理がすべて終わった時点で**法人税等（費用）**の計算を行い、**未払法人税等（負債）**を計上する
外貨建資産	期末レートで換算替えを行い、**為替差損益**を計上する

損益計算書からのアプローチ

売上高	請求の締め後に発生した売上がないかを確認し、**売上を確定**させる
売上原価	棚卸資産の金額を確定させ、**売上原価を算定**する
経過勘定	経費の内容を精査し、期間損益を確定させ、当期に当てはまらないものは**経過勘定**に振り替える
減価償却費	減価償却費を計算し、固定資産の**簿価を確定**させる
引当金の計上	退職給付引当金や返品調整引当金などの**引当金を計上**する

NOTE

決算業務は期間損益に基づき帳簿を整理する作業ですから、月次業務の際にすでにこれを行っている場合には、とりわけ何かを行わなければならないということではありません。日頃から帳簿残高を正しくし、月次ベースで入力漏れがないかを意識しておくことで、繁忙期の作業が少なくなるように意識していくとよいでしょう。

決算業務❷

決算整理の主な項目と会計方針の選択

決算整理の項目のうち重要な3つの項目は、さまざまな評価方法の中から会社の実情に合わせたものを継続して適用します。

● 決算整理の3大トリオをマスターしよう

決算の内容を理解したところで、具体的な決算整理事項の注意点についてみていきましょう。決算整理のうち、次の3つの項目は専門性を要する重要な処理です。さまざまな基準もあるので、それぞれの手順をしっかり押さえましょう。

01 費用配分の原則
➡ 72ページ

(1) **固定資産の減価償却** 費用配分の原則[01]に基づいて、固定資産の取得価額のうちその会計期間の費用に算入する金額を求めます。

02 棚卸資産
➡ 88ページ

(2) **棚卸資産の評価** 期末の棚卸資産の金額を一定の評価方法[02]で算定し、売上原価を確定させます。

03 貸倒引当金
➡ 90ページ

(3) **貸倒引当金の計上** 期末の債権金額の評価を行い、貸倒引当金[03]を計上します。

● 会計方針の選択と継続性の原則

減価償却の方法や棚卸資産の評価方法にはいくつかの決められた方法があり、会社の実情に応じて選択することが可能です。

04 継続性の原則
➡ 157ページ

ただし、一度選択した方法をすぐに変更してしまうと年度ごとの比較も難しく、また、利益調整の面から恣意性もあるため、企業会計原則では一度選択した会計方針を継続して適用することが定められています。これを継続性の原則[04]といいます。

05 法定償却方法
➡ 83ページ

なお、法人税の計算においては、これらの会計方針の選択を行うには事前に届出書の提出[05]を行う必要があり、提出がない場合には法定償却方法や法定評価方法[06]が採用されます。

06 法定評価方法
➡ 83ページ

各種会計方針

固定資産の 減価償却方法	定額法、定率法、生産高比例法 ※法定評価方法　法人の場合…**定率法** 　　　　　　　　個人事業者の場合…**定額法**
棚卸資産の 評価方法	●**原価法** （個別法、先入先出法、総平均法、移動平均法、最終仕入原価法、売価還元法） ●**低価法** （原価法のいずれかの方法と時価とを比較していずれか小さい方） ※法定評価方法は**最終仕入原価法**

継続性の原則

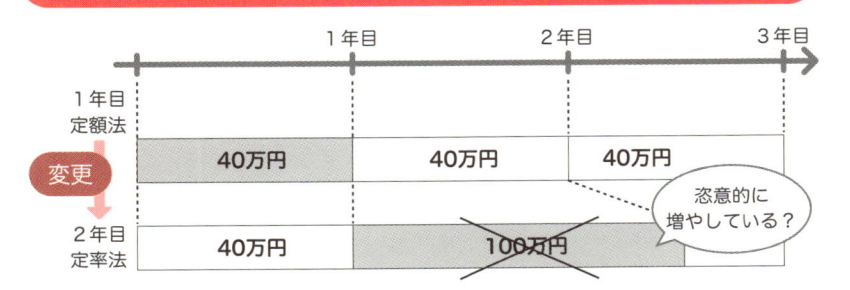

	1年目	2年目	3年目
1年目 定額法	40万円	40万円	40万円
2年目 定率法	40万円	~~100万円~~	

変更

恣意的に増やしている？

理由のない変更は原則認められません！

会計処理は毎期継続することで、年度ごとの比較ができるようになります。むやみに変更することは認められないのですね。

NOTE

会計方針の変更については、まったく認められないわけではなく、正当な理由があるときのみ認められます。たとえば、会計基準の変更時、会社の事業内容の変更、経営環境の変化などが挙げられます。

決算業務❸

減価償却の方法と考え方

決算整理の重要項目、減価償却費の計算をみていきます。定額法と定率法のそれぞれの特徴を押さえましょう。

● 減価償却とは？

01 費用配分の原則
➡ 72ページ

　固定資産は前述のとおり、費用配分の原則[01]に基づき、使用可能期間にわたって費用化されていくため、一度資産として計上し、その後「減価償却」という方法でその会計期間の費用の金額（償却額）を求めます。

　減価償却の方法は「定額法」と「定率法」という2つの方法があり、いずれか一方を使用します。「定額法」は資産の使用可能期間を元に定められている耐用年数に応じて、毎期一定金額を償却していく方法です。これに対し「定率法」は、耐用年数に応じて毎期一定割合を償却していく方法です。

● 資産の種類に応じた耐用年数と償却率

　減価償却費を求めるにあたり、必要となる耐用年数や償却率は、資産の種類や構造、用途により「耐用年数省令」で定められています。固定資産の購入があった場合には、これに従って該当する耐用年数を割出し、右ページの算式で計算した金額を減価償却費として計上します。減価償却費は取得価額をすべて償却費として計上できるわけではなく、必ず最後に1円を残さなければなりません。これは、備忘価額といい、その名のとおり、その資産を除却するまで忘れないように帳簿上残しておいた残高です。

　したがって、減価償却費は償却期間にわたって「取得価額－1円」までが減価償却費として計上できる範囲です。なお、この備忘価額は実際に資産を除却したときに費用化します。

定額法の計算

取得価額 50 万円　定額法償却率 0.2、耐用年数 5 年

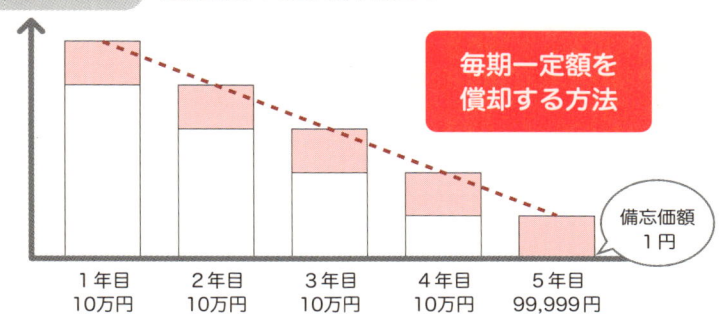

毎期一定額を償却する方法

1年目	2年目	3年目	4年目	5年目
10万円	10万円	10万円	10万円	99,999円

備忘価額 1 円

取得価額×定額法償却率＝減価償却費

定率法の計算

取得価額 50 万円　定率法償却率 0.5、耐用年数 5 年

毎期一定率で償却する方法

1年目	2年目	3年目	4年目	5年目
250,000円	125,000円	62,500円	31,250円	31,249円

備忘価額 1 円

（取得価額－前年までの償却額）×定率法償却率＝減価償却費

NOTE

減価償却の方法には、このほかに資産の使用割合に応じて償却費を計上していく生産高比例法があります。総利用時間が物理的に算出できる場合に適用できるものであり、車両や飛行機について適用されます。

決算業務❹

一括償却資産と少額減価償却資産

通常の減価償却資産とは取扱いの異なる一括償却資産や少額減価償却資産は該当取引の判定が重要です。要件を押さえましょう。

● 固定資産は、償却するものとしないものがある

01 貸借対照表
➡ 98 ページ

　貸借対照表[01]の固定資産の部には「有形固定資産」「無形固定資産」「投資その他の資産」の3種類の資産があります。このうち、「有形固定資産」は、建物や車両、備品など文字どおり形のある資産であり、定額法や定率法といった減価償却の対象となる資産です。

　なお、有形固定資産でも土地は減価償却の対象となりません。また、「無形固定資産」は、商標権や借地権などの法律上の権利や合併の際の営業権（のれん）などがあります。「投資その他の資産」は、投資有価証券[02]や出資金などがあり、償却する資産ではありません。

02 投資有価証券
➡ 140 ページ

● 固定資産かどうかは金額で決まる？

　会社の備品を考えた場合に、そもそも固定資産として資産に計上すべきかどうかは取得価額で決まります。取得価額10万円未満のものは重要性がないことから少額減価償却資産として全額購入時の費用とすることができます。10万円以上20万円未満のものは一括償却資産といわれ、3年間にわたって毎期1/3ずつ償却します。一括償却資産はその名のとおり資産を個別的に管理する必要はなく、この金額に該当する資産の取得価額の合計額をまとめて1/3償却します。取得価額20万円以上の有形固定資産が通常の減価償却の対象となる資産です。ただし、青色申告[03]を行う中小企業者等（概ね資本金1億円以下の事業者）については、取得価額30万円未満の資産は少額減価償却資産として、取得価格の合計額が300万円に達するまでの部分は購入時の費用とできます。

03 青色申告
➡ 170 ページ

固定資産の例

有形固定資産	建物、付属設備、建築物、機械装置、車両運搬具、工具器具備品、土地
無形固定資産	特許権、実用新案権、商標権、意匠権、著作権、電話加入権、借地権、漁業権、水利権、営業権
投資その他の資産	関係会社株式、出資金、長期貸付金、長期前払費用

一括償却資産と少額減価償却資産の判定

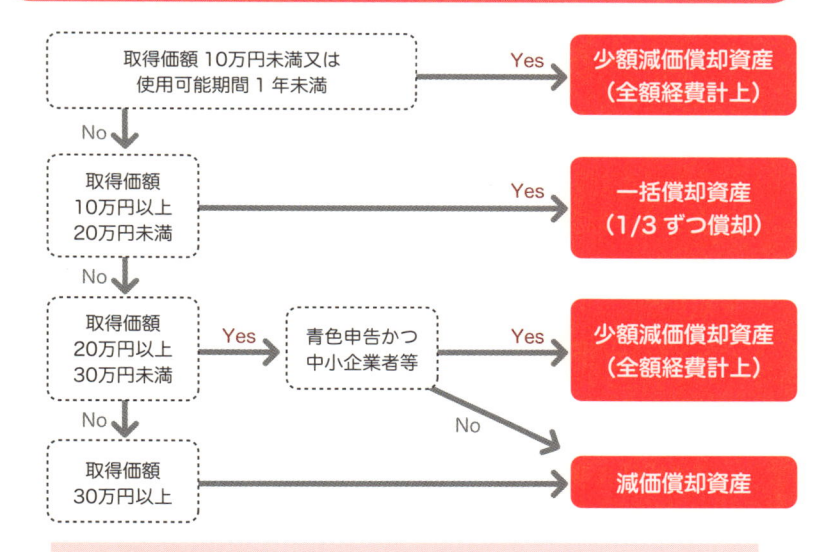

- 取得価額10万円未満又は使用可能期間1年未満
  - Yes → 少額減価償却資産（全額経費計上）
  - No ↓
- 取得価額10万円以上20万円未満
  - Yes → 一括償却資産（1/3ずつ償却）
  - No ↓
- 取得価額20万円以上30万円未満
  - Yes → 青色申告かつ中小企業者等
    - Yes → 少額減価償却資産（全額経費計上）
    - No → 減価償却資産
  - No ↓
- 取得価額30万円以上 → 減価償却資産

〈金額判定の注意点〉
・資産は1個あたりの金額で判定
・消費税の計算に税込経理方式を採用している場合は税込金額で、税抜経理方式を採用している場合には税抜金額で判定

NOTE

中小企業者等の少額減価償却資産の対象となった資産は、「償却資産税」（設備や備品に係る固定資産税）の計算上は固定資産に該当し、課税対象となります。なお、一括償却資産については、課税対象となりません。

決算業務 5

棚卸資産の評価方法と評価減の計上

棚卸資産の評価は売上原価に直接影響する大切な項目です。算定方法を押さえ、売上原価を正確に計上できるようにしましょう。

● 売上原価の算定と棚卸資産の関係

01 棚卸資産
➡ 76 ページ

　商品など販売するための資産を**棚卸資産**[01]といいます。商品とは、他社から仕入れたものを指し、棚卸資産にはほかに自社で製造した**製品**や**半製品**、**仕掛品**、**原材料**、**補助材料**、**貯蔵品**なども含まれます。

02 売上原価
➡ 76 ページ

　前述のとおり、これらの商品の購入代金は売上に対応する部分のみ売上原価として費用化されますが、期末に売れ残っている部分は資産として貸借対照表に計上します。**売上原価**[02]は、右ページの算式のとおり、期首棚卸資産の金額と期中の仕入高の合計から期末の棚卸高を差し引いて算定されるため、まずは、期末棚卸高の金額を算定しなければなりません。

● 期末棚卸資産の評価

　期末棚卸資産の金額は「**商品単価×在庫数**」で算定されます。このときに同じ商品でも仕入を行った時期が異なれば単価が異なることもあるため、商品単価をいくらで評価するのかが問題となります。

　棚卸資産の評価方法は、原価法を基本とします。原価法の計算方法には、**個別法**、**先入先出法**、**総平均法**、**最終仕入原価法**、**売価還元法**などがあります。これらは税務署にあらかじめ届出書を提出しておくことにより任意に選択できますが、提出しなかった場合には最終仕入原価法で評価しなければなりません。

　また、これらの原価法による評価額と時価による評価額を比較し、低いほうを採用する**低価法**もあります。これらの個数や金額は、**商品受払簿**などから把握します。

売上原価の算定

売上原価＝期首棚卸高＋当期商品仕入高－期末棚卸高

帳簿残高で把握：
- 期首 200
- 仕入 800

原価 600 ← 差額

期末 400 ← 期末に算定

期末棚卸資産の評価

- 期首 @200円×2個
- 1/10 @100円×2個仕入
- 3/31 @150円×1個仕入

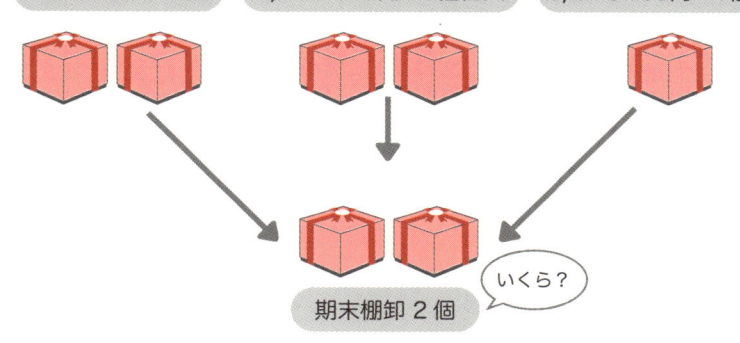

→ 期末棚卸 2個（いくら？）

総平均法　（@200円×2個）＋（@100円×2個）＋（@150円×1個）／5個＝@150円
期末棚卸高　@150円×2個＝300円

先入先出法　（3/31 仕入分　@150円×1個）＋（1/10 仕入分　@100円×1個）
期末棚卸高　250円

NOTE

棚卸資産は、大規模な会社ではデータベースなどを用いて受払いを管理しているため、通常はタイムリーに帳簿残高を確認することができます。しかし、小規模な会社では期末に実地棚卸を行うまで在庫数を把握できないことから、最終仕入原価法が用いられます。

決算業務❻

債権の評価と各種引当金の計上

債権は評価額に応じて損失に備え資金をプールしておく必要があります。
各種の引当金とその計上について学んでおきましょう。

● なぜ貸倒引当金を積まなければならない？

01 信用取引
→ 32 ページ

02 資金繰り
→ 208 ページ

　信用取引[01]は、取引の発生と現金の入金までにタイムラグがあるため、資金繰り[02]を考えたうえではリスクが高くなります。

　1カ月後に入金が予定されている売掛金の回収資金を次の仕入代金に充てようと考えたとします。このとき入金がなかったら、仕入の支払いができません。そのため、仮に売掛金の入金がなくても支払いが滞りなく行えるよう、お金をプールしておく必要があります。そのために行うのが貸倒引当金の計上です。

　貸倒引当金は、評価性引当金といい、債権の評価額を実際の取引金額より少なく見積もることにより、会社内部に利益をプールしておくものです。貸倒引当金は取引相手の信用度により必要金額を見積もります。したがって、回収の可能性が低い債権ほど引当金を高めに計上します。

● 将来の費用を蓄えておく引当金

　引当金の種類にはほかにも、将来に発生する費用をプールしておくために計上する負債性引当金として、賞与の支給に備えた賞与引当金、従業員の退職給付の支払いのために必要な資金を積み立てる退職給付引当金、翌期以降の返品を見越して計上する返品調整引当金、製品の保証期間中に発生する修繕費用を積み立てる製品保証引当金などがあります。これらは、貸借対照表上は、負債として計上します。なお、税務上は、貸倒引当金、返品調整引当金のみ計上を認められています。

貸倒引当金と資金のプール

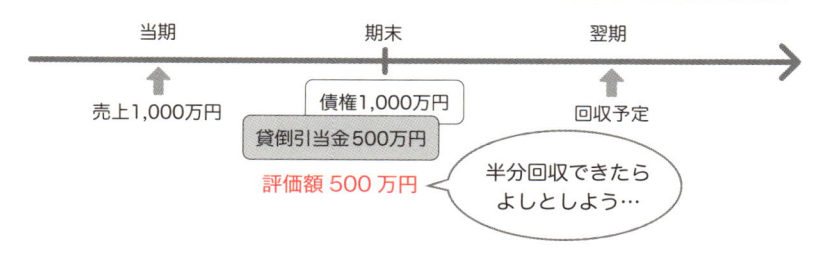

```
当期              期末              翌期
─────↑────────────┼────────────↑──────────→
  売上1,000万円  債権1,000万円   回収予定
                 貸倒引当金500万円
                 評価額 500 万円    半分回収できたら
                                   よしとしよう…
```

（当期末）引当金計上。資金は変わらず、利益は500万円減る

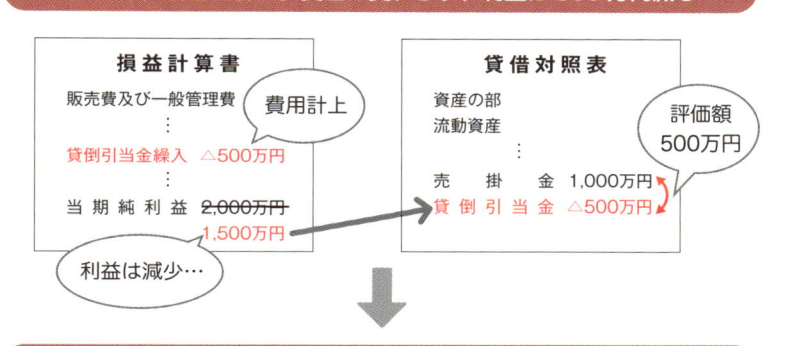

損益計算書

販売費及び一般管理費
…
貸倒引当金繰入　△500万円
…
当期純利益　2,000万円
　　　　　　1,500万円

（費用計上）
（利益は減少…）

貸借対照表

資産の部
流動資産
…
売　掛　金　1,000万円
貸倒引当金　△500万円

（評価額 500万円）

（翌期）債権を回収

〈1,000万円回収した場合〉
評　価　額	500万円
回　収　額	1,000万円
利　　益	**500万円**

前年の減少分は確保

〈500万円回収した場合〉
評　価　額	500万円
回　収　額	500万円
利　　益	**0万円**

前年減少分の損失確定

NOTE

返品調整引当金は、税務上は出版業や出版取次業、医薬品化粧品、レコード（CD）の製造業など、慣習的に販売先との間で買い戻し特約が付される業種に限定されています。これらは、販売時に無条件で返品を受けることが契約上定められていることから、あらかじめ翌期の利益の減少が見込まれるためです。

第3章 会計の基礎を理解して決算にチャレンジ！

決算業務❼

費用配分と広告宣伝費

期間損益計算において重要であり、わかりにくい広告宣伝費を通して、発生主義会計や期間損益計算の具体例をみていきましょう。

● 広告宣伝費はさまざまな取引が混在する

　会社が売上を伸ばすために、広告宣伝費は今や欠かせない費用となっています。宣伝の方法も昔ながらのチラシやパンフレットといったシンプルな方法にとどまらず、インターネットで多くの人に大量の情報を流すなど、同じ「広告宣伝」といってもさまざまな方法があります。しかし、広告宣伝は前述の発生主義や期間損益の考え方を正確にとらえられないと処理できない項目も多いため、これらの考え方をマスターしたうえで、取引が具体的に「いつ費用として計上されるのか？」を押さえておく必要があります。

● ものとサービスで取扱いが異なる

　広告宣伝費のうち、チラシやパンフレット、販促グッズ、試供品などの販促物は、商品と同様に期末において未使用のものがあればその部分は「貯蔵品」という科目で資産として計上します。

　テレビや新聞、雑誌の広告などは、一般的には掲載前に代金の決済が行われますが、掲載期間がどの会計期間に属するかにより「前払費用」として計上するものがないか注意します。看板などの屋外広告では、高額なものは固定資産となるため、その支払額が重要となります。また、最近ではインターネットによる広告が主流になっています。契約期間や内容に応じて費用への算入時期が異なりますので、契約書などの取引内容がわかる資料を確認し、処理するようにしましょう。

01 資産
➡ 72ページ

02 前払費用
➡ 70ページ

03 固定資産
➡ 86ページ

さまざまな広告宣伝費

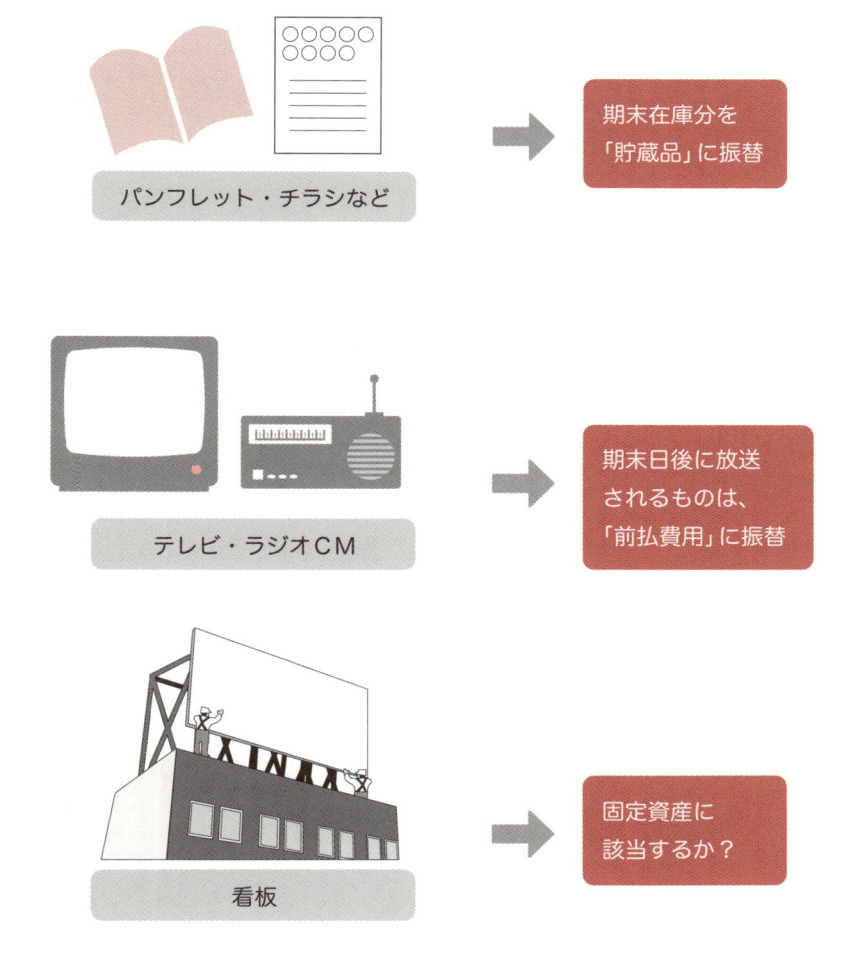

パンフレット・チラシなど → 期末在庫分を「貯蔵品」に振替

テレビ・ラジオCM → 期末日後に放送されるものは、「前払費用」に振替

看板 → 固定資産に該当するか?

NOTE

広告宣伝費は販管費の科目の中でもさまざまな契約内容の費用が計上されるため、一つひとつの契約内容を確認し、処理を確定させなければなりません。また、近年ではインターネットを通じて海外のサイトを利用した広告もあることから、消費税に関する処理にも注意が必要です。

決算業務 8

租税公課と法人税

会社が支払うさまざまな税金には販管費となるものと、ならないものがあります。会社が支払う税金についてみていきましょう。

● 法人税の計算における利益と所得の関係

01 法人税
➡ 168 ページ

会社の支払う税金の中でもっとも重要なものは**法人税**[01]です。法人税は、会社の一会計期間（税金の計算上は**事業年度**といいます）の利益（**税引前当期純利益**[02]）に課税されます。そのため、租税公課という科目で計上されるほかの税金と異なり、同じ利益課税としての性格を持つ**事業税**や**住民税**とともに「**法人税等**[03]」として、損益計算書の末尾に表示されます。

02 税引前
当期純利益
➡ 100 ページ

03 法人税等
➡ 170 ページ

法人税の課税対象となる利益は、会計上の利益をそのまま用いるのではなく、税法における利益（これを**所得**といいます）に修正して、計算されます。

04 交際費
➡ 56 ページ

交際費[04]に代表されるように、会社が経費として計上している費用の一部が法人税の計算上は費用（**損金**といいます）にならないものがあるなど、費用と収益、損金と益金（法人税の収益）にズレがあり、このズレを修正した所得に対して税金が課税されます。

● 会社が支払うそのほかの税金

そのほか、会社が支払う税金には、所有する不動産に課税される**固定資産税**、備品や設備に課税される**償却資産税**[05]、自動車を所有する場合に課税される**自動車税**、領収書や契約書などの一部の文書に収入印紙を添付して納付する**印紙税**、会社のフロア面積や従業員数など大規模な法人に課税される**事業所税**[07]などがあります。また、**消費税**[08]も商品の販売を行った事業者が納付する税金であるため、これも会社で申告書を作成し、納付しなければならない重要な税金です。

05 償却資産税
➡ 87 ページ

06 収入印紙
➡ 30 ページ

07 事業所税
➡ 172 ページ

08 消費税
➡ 174 ページ

利益と所得の違い

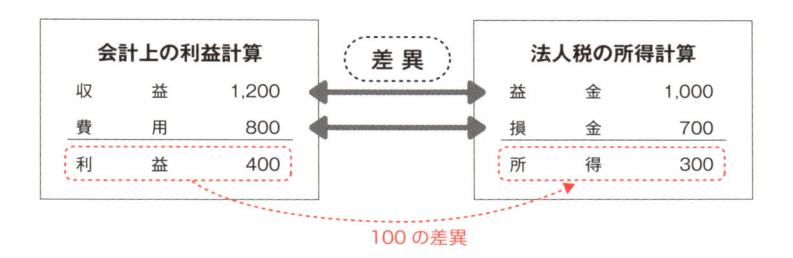

会計上の利益計算
- 収　益　1,200
- 費　用　　800
- 利　益　　400

差異

法人税の所得計算
- 益　金　1,000
- 損　金　　700
- 所　得　　300

100の差異

〈法人税の申告書〉

別表四（差異の調整表）

会計上の利益	400
収益の調整	△200
費用の調整	+100
課税所得	300

> 会計上の利益に差異項目の加減算を行い、所得を計算します

法人税の計算＝所得 × 法人税率

> 会社の支払う税金にはさまざまな種類があり、計算方法や納期限も違うので少しずつ押さえていきましょう！

NOTE

法人税の計算では、会計上の費用・収益の概念と損金・益金の概念にズレがあり、このズレの調整は法人税の申告の際の添付書類である「別表」で計算します。なお、収益や費用の計上に関し「税務上」という言葉を用いる場合は、法人税の計算上を意味します。

決算業務 ❾

財務諸表の種類と作成目的

決算の最終段階である財務諸表についてみていきます。まずは、それぞれの財務諸表の特徴を押さえていきましょう。

● 4つの表から会社の状態を把握する財務諸表

01 貸借対照表
➡ 98 ページ

02 損益計算書
➡ 100 ページ

03 キャッシュ・
フロー計算書
➡ 160 ページ

04 株主資本等
変動計算書
➡ 158 ページ

　これまでに出てきた「貸借対照表[01]」や「損益計算書[02]」は、会社の財政状態や経営成績を株主などの利害関係者に開示するための報告書類です。財務諸表は、一般的に上記2表に「キャッシュ・フロー計算書[03]」「株主資本等変動計算書[04]」を加えた4表で構成され、「決算書」という言い方もされます。

　財務諸表の作成は、すべての法人に対し、会社法で作成が義務付けられているだけでなく、投資家保護の観点から金融商品取引法、税金計算の観点から法人税法においても作成が義務付けられています。また、これらの表は同一の会社のものなので、当然のことながらすべての表が連動した数値で作成されていなければなりません。

● 財務諸表のそれぞれの書類の作成目的

(1) **貸借対照表**　その会社の期末日現在における、資産、負債、純資産（資本）といった財政状態を表した報告書です。

(2) **損益計算書**　一会計期間の経営成績（利益）を表した報告書です。損益計算書にはすべての収益と、その収益を獲得するためのすべての費用の差額が利益として記載されます。

(3) **キャッシュ・フロー計算書**　一会計期間の資金の動きを会社の活動区分別に表した報告書です。

(4) **株主資本等変動計算書**　一会計期間における純資産の動きを、株主資本の変動事由に着目して整理した報告書です。

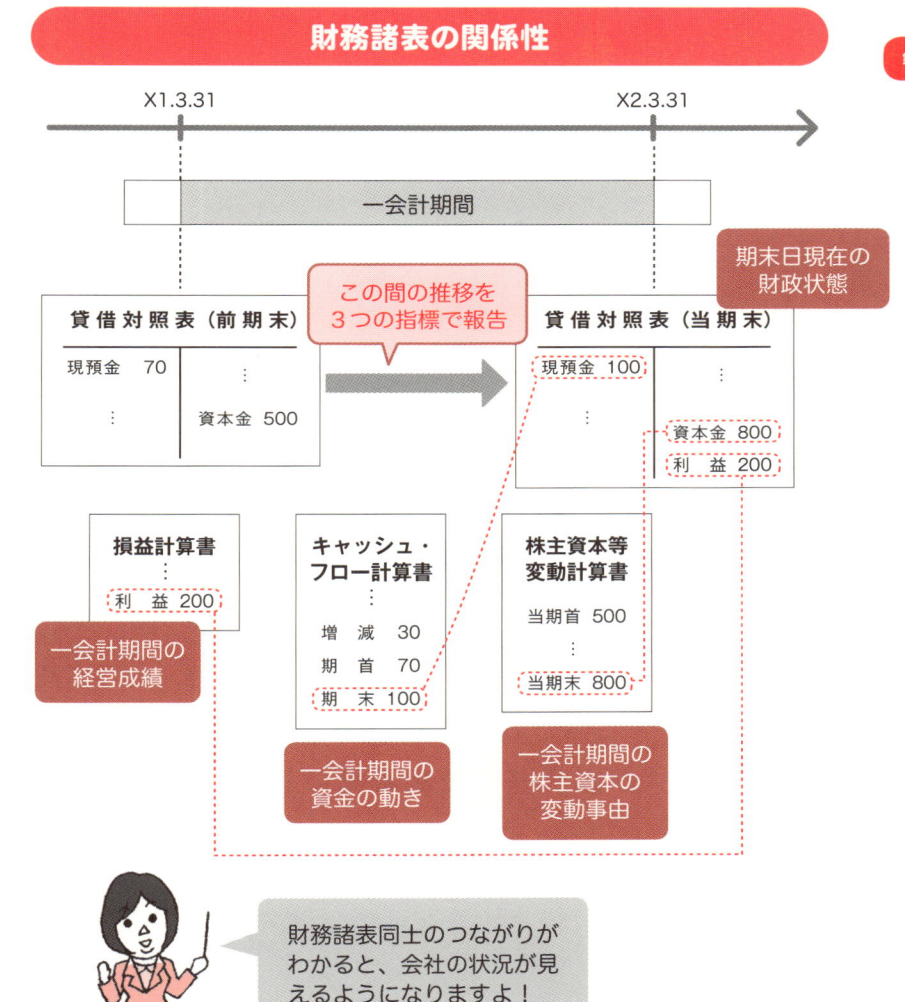

財務諸表の関係性

```
X1.3.31                              X2.3.31
├──────────────────────────────────────┤
         一会計期間
```

期末日現在の財政状態

貸借対照表（前期末）
- 現預金　70
- 資本金　500

→ この間の推移を3つの指標で報告 →

貸借対照表（当期末）
- 現預金　100
- 資本金　800
- 利　益　200

損益計算書
- 利　益　200

一会計期間の経営成績

キャッシュ・フロー計算書
- 増減　30
- 期首　70
- 期末　100

一会計期間の資金の動き

株主資本等変動計算書
- 当期首　500
- 当期末　800

一会計期間の株主資本の変動事由

> 財務諸表同士のつながりがわかると、会社の状況が見えるようになりますよ！

NOTE

利害関係者は、ステークホルダーともいい、会社にとって直接的、または間接的に利害関係を有する者をいいます。具体的には株主や債権者（金融機関）、顧客、取引先、従業員、行政などをいい、これらの者の意思決定を誤らせないようにするため、財務諸表の開示が行われています。

第3章　会計の基礎を理解して決算にチャレンジ！

決算業務⑩

貸借対照表とは？

財務諸表の中でも重要な貸借対照表は会社の財政状態を表します。
フォームを押さえ、並び方の意味がわかるようにしましょう。

●お金の入口と出口のバランスを示した表

　貸借対照表とは、会社の一時点での財政状態を示す表です。財政状態とはお金の調達源泉（入口）と運用形態（出口）を指します。たとえば、株主から100万円の出資を受け、50万円で備品を買ったとします。すると、資本金として調達された100万円が現金50万円と備品50万円という形で運用されていることが一目でわかります。さらに30万円を借りて備品を買い足せば備品が30万円増え調達源泉が借入金であることがわかります。調達された資金は何らかの形で運用され会社内部に留保されることから、貸借対照表では「資産＝負債＋純資産」となり、表の貸借は常に一致します。

●今すぐか、それともまだ先のことなのか？

　貸借対照表に並べられる資産、負債の各勘定科目は、並べる順序が決められており、資産であれば換金のしやすさにより「流動資産」「固定資産」「繰延資産」の順となります。このうち「繰延資産」は期間損益計算から外れた費用の繰延べ額であるため換金できません。「商品を仕入れ、販売する」という会社の通常の営業サイクルに必要な資産を優先的に流動資産の上位に計上（正常営業循環基準）し、それ以外の資産は1年以内の現金化の可否による基準（1年基準）により流動、固定に振り分けます。負債についてもこの2つの基準で同様に流動、固定を分類します。

　そのため、流動と固定のバランスでもその会社の現状が把握できます。

01 固定資産
➡86ページ

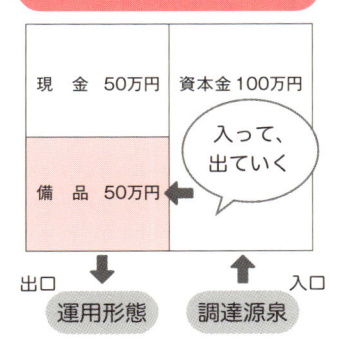

50万円で備品を購入

現　金　50万円	資本金 100万円
備　品　50万円	

「入って、出ていく」

出口　運用形態　　調達源泉　入口

30万円で備品を買い足し

現　金　50万円	資本金 100万円
備　品　80万円	
+30万	借入金　30万円

貸借対照表の基本フォーム

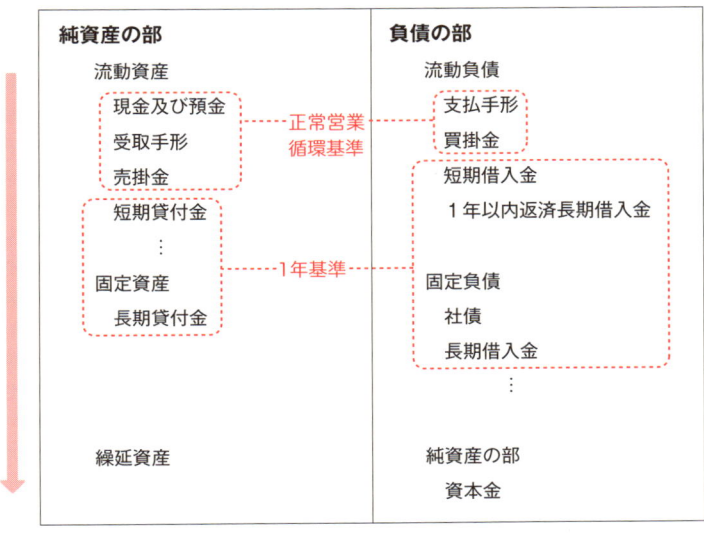

換金しやすい順に

純資産の部

　流動資産
　　現金及び預金
　　受取手形　　　——正常営業循環基準
　　売掛金

　　短期貸付金
　　　⋮　　　　　——1年基準
　　固定資産
　　長期貸付金

　繰延資産

負債の部

　流動負債
　　支払手形
　　買掛金

　　短期借入金
　　1年以内返済長期借入金

　　固定負債
　　社債
　　長期借入金
　　　⋮

　純資産の部
　　資本金

NOTE

貸借対照表を見る際の重要なポイントに「自己資本比率」があります。調達源泉のうち負債を他人資本、純資産を自己資本ととらえ、この合計のうちの純資産（自己資本）の割合を指すものです。この割合が低いと、資金調達を返済すべき他人資本に頼っていることから、資金繰りが悪くなる恐れがあり、借入の審査に影響を及ぼすこともあります。

決算業務⓫

損益計算書とは？

損益計算書は会社の経営成績を示す利益を算定するための財務諸表。
そのため、株主にとってもっとも重要な情報を開示しています。

● 損益計算書は経営成績を示すもの

　損益計算書とは、一会計期間における経営成績を示す表であり、収益とその収益を得るために要した費用の差額を利益として計算するものです。そのため、財務諸表の中でも株主がもっとも重視する表であるともいえます。

　損益計算書は右側に収益、左側に費用と利益を配置した「勘定式」と、当期純利益を算定するまでの過程を売上高から段階的に縦に並べた「報告式」があり、外部公表資料としては報告式で作成されます。

● 損益計算書は儲けを段階的に表現する

01 売上原価
➡ 78ページ

　会社が利益を得るためには何が必要でしょうか？　もっとも重要なものは売上高であり、これが一番始めに計上されます。次にこの「売上高」を得るために直接要した費用である「売上原価01」が計上され、2つの差額が「売上総利益（粗利）」となります。

　さらに売上総利益から「原価以外で販売のために必要な費用」を引いて、営業活動から生じた利益である「営業利益」が求められます。次にここから利息の受取りなど財務活動に係る損益を加減算したものが「経常利益」、さらに固定資産の売却損益など臨時的損益を加減算したものが「税引前当期純利益」となります。

02 法人税等
➡ 94ページ

　税引前当期純利益からその会計期間（事業年度）に支払うべき法人税等02を引いた金額が「当期純利益」となります。このように、損益計算書では収益と費用を段階的に表示し、当期純利益の内訳がわかるように記載していきます。

損益計算書（報告式）の基本フォーム

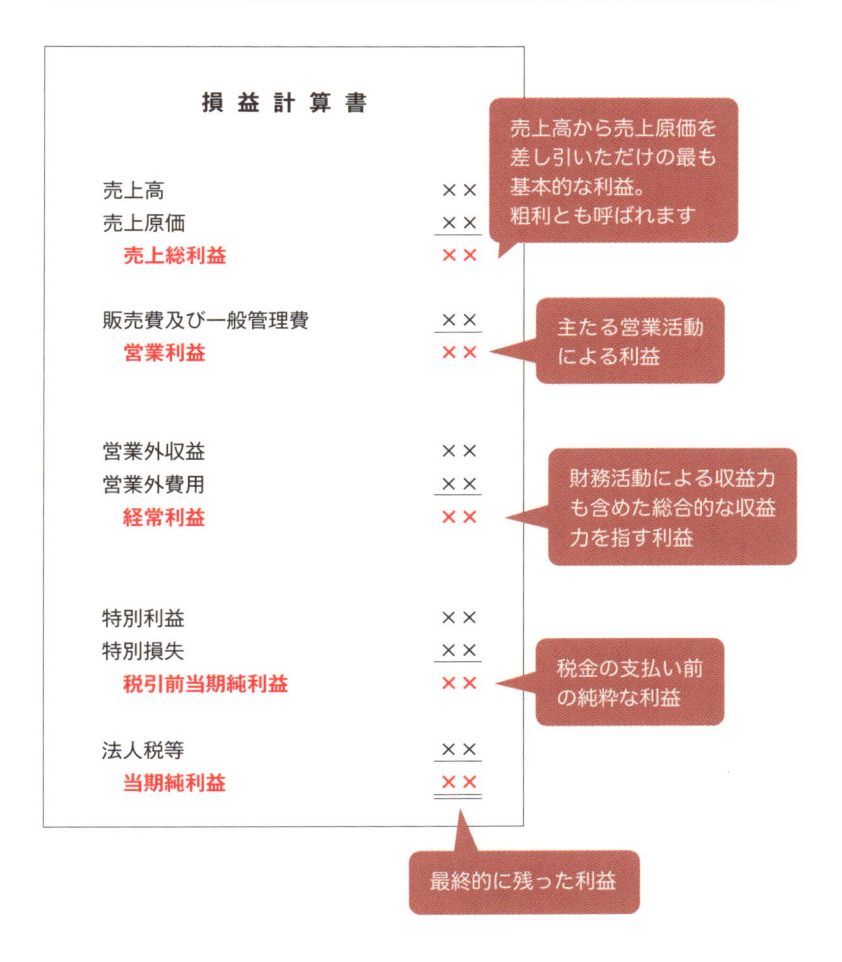

損益計算書

売上高	××
売上原価	××
売上総利益	**××**
販売費及び一般管理費	××
営業利益	**××**
営業外収益	××
営業外費用	××
経常利益	**××**
特別利益	××
特別損失	××
税引前当期純利益	**××**
法人税等	××
当期純利益	**××**

- 売上高から売上原価を差し引いただけの最も基本的な利益。粗利とも呼ばれます
- 主たる営業活動による利益
- 財務活動による収益力も含めた総合的な収益力を指す利益
- 税金の支払い前の純粋な利益
- 最終的に残った利益

第3章　会計の基礎を理解して決算にチャレンジ！

NOTE

財務諸表は、株主に公表されるほか、融資を受ける金融機関にも提出します。金融機関では借入の返済資金が毎期確保できるかが重要であるため、一般的に「営業利益」が重視されます。

決算業務⑫

単体決算と連結決算

企業グループ内では連結決算を行います。連結決算はグループ企業の実態を明らかにするため近年重要視されています。

● 親会社、子会社の関係性と連結会計

　ここまでの内容は単一企業内での決算の話でしたが、決算にはこのほかに連結決算といわれるものがあります。会社が成長し、行う事業の規模が大きくなってくると、資本提携などを行うことで他社を実質的に支配したり、他社に支配されたりという関係性が生じます。この会社間の支配従属関係の中で、支配する側を親会社、支配される側を子会社といいます。

　また、複数の子会社を作ることで親会社が企業集団[01]（グループ）を形成することがあります。グループ内部では、意思決定をグループ全体で行うことが多く、経済合理性からグループ全体での財政状態や経営成績の開示が求められるようになっています。これに応じて行われる連結財務諸表[02]を作成する作業を連結決算といいます。なお、これに対応し、グループに属するそれぞれの会社の決算を単体決算ということもあります。

01 企業集団
（グループ）
➡ 180 ページ

02 連結財務
諸表
➡ 180 ページ

● 企業集団と連結財務諸表の開示の重要性

　グループ法人では、事業ごとに子会社の統合を行ったり、資金調達や管理費の削減など、業務の効率化をグループ全体で考えることも多く、頻繁にグループ間取引が行われます。そのため、単体の決算を見ていても本来の利益がわかりにくいことから、これらのグループ間取引を排除して企業体の本来の財政状態や経営成績を開示するために連結財務諸表が作成されます。

企業グループと連結決算

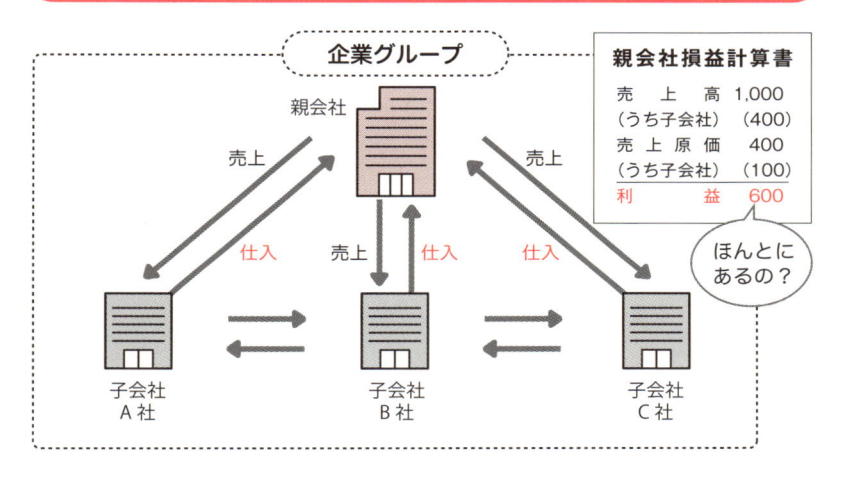

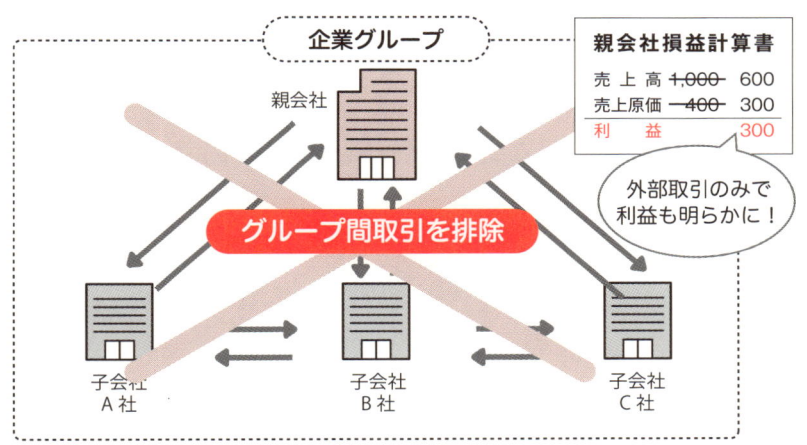

企業グループ

親会社 — 売上/仕入 — 子会社A社、子会社B社、子会社C社

親会社損益計算書

売　上　高	1,000
（うち子会社）	(400)
売上原価	400
（うち子会社）	(100)
利　　益	600

ほんとにあるの？

グループ間取引を排除

親会社損益計算書

売　上　高	~~1,000~~　600
売上原価	~~400~~　300
利　　益	300

外部取引のみで利益も明らかに！

NOTE

グループ法人では、親会社を子会社の管理業務を中心とする持株会社とし、意思決定を速めることができるよう子会社の株式をすべて親会社に集約させる持株会社制度を活用するものもあります。この場合、株式市場では持株会社であるHD（ホールディングス）のみを公開の対象とすることから、連結財務諸表がより重視されます。

第3章　会計の基礎を理解して決算にチャレンジ！

決算業務⑬

会社の機関と決算開示の
スケジュール

決算の学習の最後は決算後のスケジュールについてです。スケジュールを把握することは業務の予定を立てるうえで重要なことです。

● 会社の組織は会社法で定められている

01 株主総会
➡ 105 ページ

02 取締役
➡ 105 ページ

　会社の組織は、会社法で定められており、右ページのような機関を設置することが認められています。なお、会社法では、**株主総会**や**取締役**を必須機関とする以外は会社の実態に応じて、これらを任意に設置することができます。中でも**株主総会**は、会社の最高機関であり、年に1度開催される**定時株主総会**と必要なときに適時開催される**臨時株主総会**があります。決算から決算発表を行う定時株主総会までの時期は経理にとってもっとも重要な時期といえます。

● 株主総会までのスケジュールを把握しよう

03 計算書類
➡ 158 ページ

　上場会社などの公開会社では会計監査人による会計監査を行う必要があることから、決算日以降の業務日程はタイトに定められています。経理では、決算を行い、**貸借対照表**、**損益計算書**、**株主資本等変動計算書**、**個別注記表**の4つの**計算書類**と**事業報告**、これらの**附属明細書**を作成します。作成された計算書類等は**監査役**に提出され、会計監査が行われます。監査が終わると監査役は計算書類等と一緒に**監査報告**を**取締役会**に提出します。取締役会での承認が得られたら、すぐに株主に株主総会の**招集通知**を発送します。2週間の**備置**期間を置き、**定時株主総会**が開催されます。株主総会での審議を経て、可決承認されれば決算が確定されます。決算日から株主総会を開催するまでを概ね3カ月以内に行わなければならず、さらに、監査期間も1カ月程度は必要なため、計算書類の作成まで経理では繁忙期が続きます。

会社法による株式会社の機関

株主総会	株式会社の最高意思決定機関で、会社の組織や管理運営に関する最重要事項を決定する機関
取締役	会社の業務を執行する機関
取締役会	すべての取締役で構成される機関であり、会社の業務執行に関する意思決定を行うとともに、取締役の職務執行を監督する機関
代表取締役	会社の業務を執行し、会社の代表権を持つ機関。取締役から選出される
監査役	取締役の職務執行が適切に行われているかを監督する機関
監査役会	すべての監査役から構成される監査機関
会計監査人	会計監査を専門的に行う機関であり、公認会計士又は監査法人のみが就任できる
会計参与	取締役と共同し、計算書類の作成を行い、説明できる機関
委員会	大企業において機動的な経営と実効的な監督を可能にするために設けられた機関。指名委員会・監査委員会・報酬委員会からなる

定時株主総会までのスケジュール

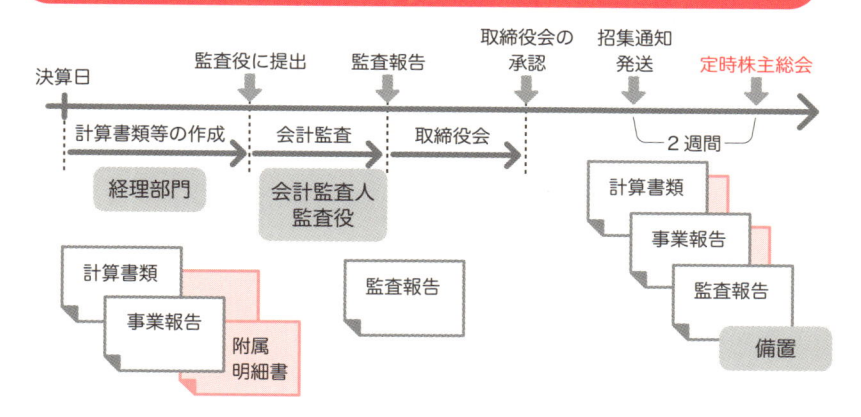

決算日 → 監査役に提出 → 監査報告 → 取締役会の承認 → 招集通知発送 → 定時株主総会

計算書類等の作成（経理部門）→ 会計監査（会計監査人・監査役）→ 取締役会

招集通知発送から定時株主総会まで2週間

計算書類、事業報告、附属明細書

監査報告

計算書類、事業報告、監査報告（備置）

NOTE

会計監査には、監査役が会社内部で行う監査と監査法人などの外部の会計監査人が行う会計監査人監査があります。会社法では、大会社及び委員会設置会社を会計監査人の設置義務のある会社としています。

コラム3

経理の求人の要件が日商簿記検定2級になる理由

　経理の求人によくある募集要件が「日商簿記検定2級以上」というものです。募集要件は職務経験によるのが一般的なのに、なぜ経理職員は資格試験の合格者という要件が必要なのでしょうか？

　ここで、日商簿記検定について補足しておきます。日商簿記検定は日本商工会議所及び各地商工会議所主催の簿記検定であり、簿記検定の中でも最もメジャーな試験であるといえます。日商簿記は4級からありますが、経理職を目指す簿記初心者は、通常3級から受験します。ただし、3級は個人事業の簿記をテーマにしており、会社における経理は2級以降の出題内容となります。経理の現場における新人職員の主な業務は記帳作業になりますので、この作業が無理なくできる程度の簿記知識として日商簿記の2級が基準とされるのです。

　日商簿記検定は同じ級でも回により難易度が異なり、試験に合格していないからといって、決して簿記の能力がないわけではありません。

　それでも募集要件に挙がる理由は、経理現場においてなるべく即戦力に近い人材を採用したいという採用側の意向があるからです。

　試験なんかで判断されても…と思う方もいると思いますが、大手の紹介会社などでは、多くの登録者からなるべく企業の条件に近いマッチングを行うために、保有資格などの登録データから該当者をピックアップすることも多く、一つの目安として選別しやすい資格であるというのも大きな理由です。簿記の資格など仕事とは無関係と思われるかもしれませんが、資格の有無で募集要件のハードルが変わるため、経理職においてはいまだ根強い人気資格なのです。

第4章

専門分野を作っていこう！

この章のレベル ★★★☆☆

どうやって専門分野を作る？

経理の知識も少しずつ深まってきたでしょうか。このあたりで、少しずつチーム内での役割や自分の専門分野について考えてみましょう。

専門分野を確立し、プロフェッショナルを目指す

　経理業務は多岐にわたり、一人がすべての業務に関する専門知識を理解するには相当の時間を要します。そのため、業務は何人かのチームで担当を決めたうえで行われます。担当業務を振られる段階になると、これまで以上に専門的知識が要求されます。

「仕事って深いですね。やればやるほど、覚えなければいけないことが増えていくし」

「そうだね。チームで仕事をするときには、ほかの人と連携する部分がある。だから、自分の業務の影響を考えて、問題点があるときは事前に指摘できなければいけないね」

　経理業務全体における担当業務の位置づけを理解し、自分の業務については、ほかの担当者や部署からの問い合わせに対しても即座に対応できるように、周辺知識をブラッシュアップしておくことも重要です。

労務は法律の知識、財務や原価管理は会計知識を深める

　この章で取り上げている専門分野は、労務、財務、原価管理といった比較的どこの会社でも行っている項目です。

> **ここでの目標**
> - ☑ 労務担当の仕事の内容を押さえよう！
> - ☑ 財務担当の仕事の内容を押さえよう！
> - ☑ 原価管理の仕事の基礎を押さえよう！
> - ☑ 各業務間の連携について理解しよう！

第4章 専門分野を作っていこう！

　労務については、税金や社会保険の知識が求められ、財務や原価管理はさまざまな会計基準による処理を把握しなければなりません。

　専門的な帳票も数多く出てくることから、いつまでにどのような帳票を用意する必要があるのかを、まずはしっかり頭に入れましょう。

「担当になったら、その分野における方向性を決める立場になるから、今以上に深い理解が必要になるんだ」

「ほかの担当の方に迷惑が掛からないようにしないといけないですものね」

「仕事をしていく中で、問題点を早めに発見できるように、マニュアルの整備や業務スケジュールの構築も自分でできるようにしていかないとね」

「がんばります！」

労務担当の業務❶

労務担当の仕事とは？

労務担当の業務は月々の給与計算のほか、従業員の税金や社会保険に関する業務、年末調整などの特殊な業務があります。

● 細心の注意を払って業務をしよう

　給与の計算や社会保険に関する業務は「労務」と呼ばれます。労務の仕事は、従業員一人ひとりの給与の金額や家族構成、人事情報など、個人のプライベートに関わる仕事です。帳票類の取扱いには細心の注意を払う必要があります。社内の人間といえども、個人のデータを別の者に見られることがないよう、帳票の保管方法などのルールを遵守するようにしましょう。

● 給与の計算や源泉徴収、社会保険に係る業務

01 源泉所得税
➡ 116 ページ

02 住民税
➡ 116 ページ

03 年末調整
➡ 120 ページ

04 退職金
➡ 124 ページ

05 給与計算
➡ 112、114 ページ

06 社会保険
➡ 118 ページ

　労務担当の仕事として、給与から天引きした源泉所得税[01]や住民税[02]の支払い、年末調整業務[03]、法定調書の作成業務、退職金[04]の計算など、毎月の給与計算[05]のほかに、従業員の給与等に関するさまざまな業務があります。

　給与の計算とともに、労務担当の重要な仕事が社会保険に関する業務です。社会保険[06]には、健康保険、厚生年金、雇用保険、労災保険の4つがあり、これらは規模を問わず、すべての法人に加入義務があります。労務担当者には、1年に1回保険料を算定するための手続きや従業員を採用した際の加入手続き、労災保険や健康保険に係る傷病手当等の各種給付金の受給手続き、従業員の退職時における資格喪失の手続きや離職票の作成など、定期的な手続き以外にもさまざまな手続きがあります。それぞれの場合にどのような手続きを行うべきなのか把握しておきましょう。

労務担当の年間スケジュール

1月
- 20日　納期の特例の場合の源泉所得税の納付（源泉所得税）
- 31日　第3期労働保険料納付（雇用保険・労災保険）
- 　　　法定調書合計表の提出（源泉所得税）
- 　　　給与支払報告書の提出（市町村）

7月
- 10日　被保険者報酬月額算定基礎届提出（健康保険・厚生年金）
- 　　　納期の特例の場合の源泉所得税の納付（源泉所得税）
- 　　　（6/1～）労働保険料申告（年度更新）手続き
- 　　　全期、第1期労働保険料納付（雇用保険・労災保険）

10月
- 31日　第2期労働保険料納付（雇用保険・労災保険）

12月
- 給与支給日まで　年末調整業務

〈毎月の業務〉
- 10日　源泉所得税（毎月納付）、住民税（特別徴収）の納付
- 月末　社会保険料（健康保険・厚生年金）の納付

第4章 専門分野を作っていこう！

NOTE

社会保険に関しては、6月から7月にかけて、税金に関しては12月から1月にかけて、1年に1度の申告や年末調整などの業務が生じます。これ以外にも従業員一人ひとりの事情による入社や退職の処理、給付の申請書類の作成などがあるため、労務担当はイレギュラーな業務が多いのも特徴です。

労務担当の業務❷

給与の計算

労務担当の月々の業務のメインともいうべき給与計算。ポイントは支給金額に含むものと控除されるものの2つです。

● 給与の基本的な取扱いと給与に含まれるもの

　従業員に支払う給与のうち、社内の事務や営業職などの一般職員に対するものは「給与手当」として販売費及び一般管理費に計上されます。他方、製品の製造に係る職員の給与は「賃金」と呼ばれ、製造原価として計上します。

　給与は、いわゆる基本給のほかに、通勤手当や役職手当、住宅手当、家族手当などの諸手当があります。通勤手当については、税務上は非課税とされるものの、社会保険の計算においては計算対象に含まれるので注意が必要です。税務や社会保険の計算上、金銭で支払われる給与のほかに、社内コンペの景品などのように物品を支給した場合や福利厚生施設などを無償や低額で賃貸した場合、低利で金銭の貸付けを行った場合の経済的利益、役員等の一部の者を対象とした社員旅行の代金なども税務上給与の金額に含まれます。右ページの非課税となる条件の枠を超えるものは、税金や社会保険の計算上支払額に含めて金額を算定します。

01 製造原価
→ 144 ページ

● 給与から控除されるもの

　給与からは従業員個人が負担すべき所得税や住民税、社会保険料（健康保険料、厚生年金、雇用保険料）が差し引かれます。これを「天引き」といい、給与明細上は控除欄に記載されます。また、このような法定控除額のほかに財形貯蓄制度による積立額や生命保険などに加入している場合の保険料、従業員持株会制度の投資額、社宅の家賃、社内規程などによる控除額などが天引きされます。

02 社会保険料
→ 118 ページ

給与に含まれないもの

内容	非課税となる条件
通勤手当	・1カ月10万円以内 ・交通機関を使用しない場合（自動車など）は距離に応じた一定額まで
食事の支給	・役員や従業員が食事の価額の半分以上を負担 ・1カ月あたりの金額が、 　食事の価額－役員、従業員の負担額≦3,500円（税抜）
社宅の家賃	・従業員から一定の算式で計算した賃貸料相当額以上を受け取っている場合
社員旅行、レクリエーション費用	・旅行の期間が4泊5日以内 ・旅行に参加した人数が全体の人数の50％以上
記念品	・5年以上の間隔で支給するもの

給与明細の一例

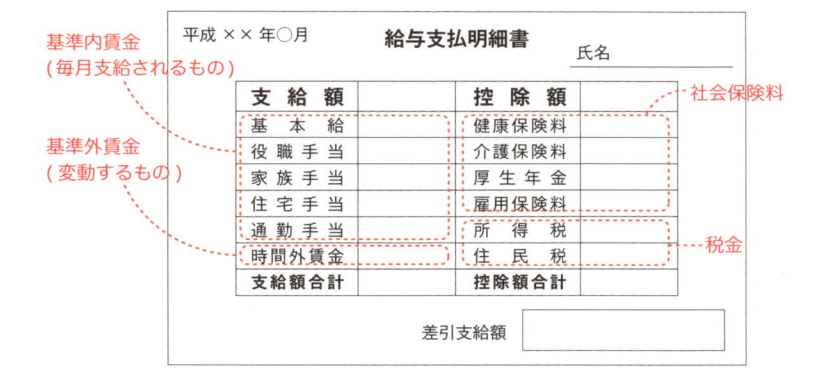

基準内賃金（毎月支給されるもの）
基準外賃金（変動するもの）

平成××年○月　　**給与支払明細書**　氏名_____

支給額		控除額	
基 本 給		健康保険料	
役 職 手 当		介護保険料	
家 族 手 当		厚 生 年 金	
住 宅 手 当		雇用保険料	
通 勤 手 当		所 得 税	
時間外賃金		住 民 税	
支給額合計		控除額合計	
	差引支給額		

社会保険料　税金

NOTE

基準内賃金という言葉は、それを定義する法律がなく、会社独自で定めるものです。そのため、基準内賃金が時間外労働の基礎賃金として用いられる場合もあれば、ボーナスの基礎賃金として用いられる場合もあります。なお、時間外賃金の基礎として使う場合には、算定基準に含まれない通勤手当や住宅手当は除いた概念となります。

労務担当の業務❸

給与計算の方法と仕訳処理

給与計算の具体的な方法を見ていきます。データ収集に始まり、仕訳処理までの流れを確認しましょう。

● 給与の計算はまず資料集めから

　給与計算はデータの入力前に、計算に必要なデータを揃えておく必要があります。昇給等による基本給や手当の変更の有無、タイムカードや出勤簿などを元に遅刻、早退、残業などの勤怠状況を確認します。有給休暇や代休の申請については、申請書が不備なく提出されているかの確認も必要です。社会保険や税金に関しては、金額の改定がないか確認します。これらの情報が集まったら支給額の計算や控除額の計算を行います。なお、残業や休日出勤がある場合には右ページの割増賃金率の計算にも注意しましょう。

● 役員報酬の取扱い、給与における仕訳処理

01 株主総会
➡ 105ページ

02 取締役会
➡ 105ページ

　役員報酬の報酬額については、株主総会や取締役会の決議により決定されます。税務上は「定期同額給与」といい、1年を通じて毎月同額を支給しなければなりません。期中で業績が大きく変動した場合でも、期首に確定した報酬額を変更することは原則として認められていません。ただし、税務署に届け出ることにより臨時的な支給が認められる「事前確定届出給与」や、上場会社などの同族会社以外の役員が一定の要件を満たした場合に適用される「利益連動給与」があります。

03 税金
➡ 116ページ

04 社会保険
➡ 118ページ

　給与の支払いは、給与計算の締日、支給日、税金・社会保険の支払日の3段階に分けて右ページのように仕訳処理を行います。社会保険料は、従業員の個人負担分と会社負担分があるため、支払日には会社負担分を法定福利費で計上します。

割増賃金率

下記の事由がある場合には、通常の時給に割増賃金率を乗じた金額を支給しなければなりません。

原則	時間外労働 （8時間を超える部分）	125%
	深夜労働 （午後10時〜午前5時まで）	125%
	休日労働 （法定休日における労働）	135%
重複	時間外労働で深夜労働の場合	150%
	休日労働で深夜労働の場合	160%
	休日労働で時間外労働	135%

給与の計上に関する仕訳例

締日

（借方）		（貸方）	
給与手当	250,000円	預り金（社会保険料）	30,000円
旅費交通費	10,000円	預り金（源泉所得税）	15,000円
		預り金（住民税）	8,000円
		未払金	207,000円

支給日

（借方）		（貸方）	
未払金	207,000円	現金預金	207,000円

税金等の支払日

（借方）		（貸方）	
預り金（社会保険料）	30,000円	現金預金	55,000円
法定福利費	25,000円		

（借方）		（貸方）	
預り金（源泉所得税）	15,000円	現金預金	23,000円
預り金（住民税）	8,000円		

NOTE

源泉所得税に関しては支払時に徴収するというルールから、給与の締日の関係上、月末までに支払いが行われない場合には、給与の締日に預り金を立てず、支給日に預り金を立てる処理をします。

第4章 専門分野を作っていこう！

労務担当の業務❹

給与の源泉徴収方法

給与計算で行われる所得税の源泉徴収や、住民税の徴収について学びます。税金の支払日についても確認していきましょう。

● 所得税の源泉徴収税額の算定

01 源泉徴収税額表
→ 120 ページ

02 給与所得者の扶養控除等（異動）申告書
→ 120、122 ページ

03 納期の特例
→ 126 ページ

給与から天引きする源泉徴収税額は、国税庁が公表している「源泉徴収税額表」を使って金額を求めます。源泉徴収税額表は、給与の支給額（非課税となる通勤手当を除きます）から社会保険料を控除した金額と、従業員から提出してもらう「給与所得者の扶養控除等（異動）申告書」に記載された扶養親族の人数の交わる甲欄の金額を徴収税額とします。なお、申告書の提出がない場合は乙欄の金額を用います。給与から天引きされた源泉徴収税額は、納付書を作成し、給与の支払日（徴収日）の属する月の翌月 10 日までに納付します。一定規模以下の事業者で「源泉所得税の納期の特例の承認に関する申請書」を提出している場合には、半年に 1 度（1 月及び 7 月）に半年分の源泉徴収税額をまとめて納付します。

● 住民税の徴収の仕組み

04 給与支払報告書
→ 111 ページ

住民税は従業員個人の住所の市区町村に支払う税金です。住民税の納付は個人が納付書で納付する普通徴収という方法と、会社が給与を支払う際に天引きして納付する特別徴収という方法があります。特別徴収に係る税額は、給与支払報告書を会社が従業員の市区町村に送付することで市区町村が各自の税額計算を行い、毎年 5 月末までに特別徴収税額の通知書が送付されます。会社はこれを元に給与の支払時に、記載された特別徴収税額を給与から天引きし、各市区町村から送付された納付書で給与の支払日（徴収日）の属する月の翌月 10 日までに納付します。

源泉徴収税額表の使い方

（例）給与の支給額 340,000円（うち通勤手当 10,000円）
　　　社会保険料 30,000円　扶養親族2人

その月の社会保険料等控除後の給与等の金額		甲							乙
		扶 養 親 族 等 の 数							
		0人	1人	2人					
以上	未満			税					
円	円	円	円	円					円
290,000	293,000	8,040	6,420	4,800					51,600
293,000	296,000	8,140	6,520	4,910	3,290	1,670	0	0	52,300
296,000	299,000	8,250	6,640	5,010	3,400	1,790	160	0	52,900
299,000	302,000	8,420	6,740	5,130	3,510	1,890	280	0	52,900
302,000	305,000	8,670	6,860	5,250	3,630	2,010	400	0	53,500

支給額 340,000円 − 通勤手当 10,000円
− 社会保険料 30,000円＝300,000円

賞与の場合

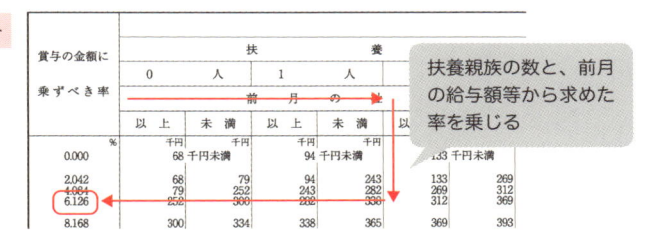

賞与の金額に乗ずべき率	扶		養			
	0 人		1 人			
	前 月 の					
	以上	未満	以上	未満		
％	千円	千円	千円	千円	千円	千円
0.000		68 千円未満		94 千円未満	133 千円未満	
2.042	68	79	94	243	133	269
4.084	79	252	243	282	269	312
6.126	252	300	282	338	312	369
8.168	300	334	338	365	369	393

扶養親族の数と、前月の給与額等から求めた率を乗じる

住民税の特別徴収の仕組み

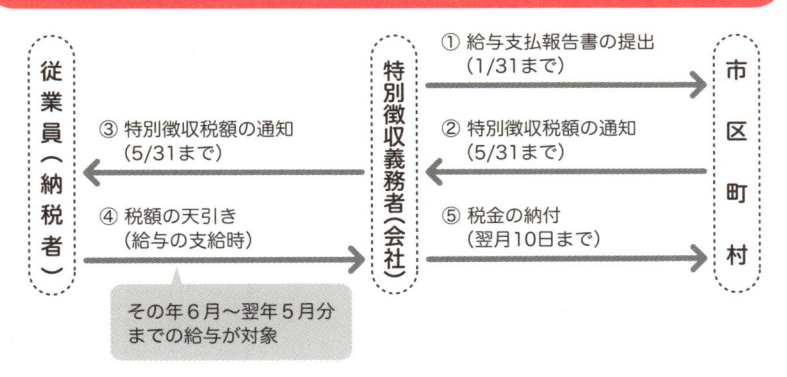

従業員（納税者） ← ③ 特別徴収税額の通知（5/31まで） ― 特別徴収義務者（会社）
特別徴収義務者（会社） → ① 給与支払報告書の提出（1/31まで） → 市区町村
市区町村 → ② 特別徴収税額の通知（5/31まで） → 特別徴収義務者（会社）
従業員（納税者） → ④ 税額の天引き（給与の支給時） → 特別徴収義務者（会社）
特別徴収義務者（会社） → ⑤ 税金の納付（翌月10日まで） → 市区町村

その年6月〜翌年5月分までの給与が対象

NOTE

「扶養控除等（異動）申告書」は、給与所得者が給与の支給を受ける会社のうちいずれか1社に提出します。この申告書が提出されていない場合には乙欄という高めの率で計算された源泉徴収税額で徴収しなければなりません。申告書がないのに甲欄で徴収した場合には徴収漏れを税務署から指摘されることもあるので注意が必要です。

労務担当の業務❺

社会保険と労働保険

社会保険と労働保険では仕組みや徴収方法が異なります。それぞれの金額の算定方法や金額の改定方法、申告方法を学習します。

● 3つの社会保険料

　社会保険料とは、公的な保険全般を指しますが、狭い意味では健康保険料、介護保険料、厚生年金保険料の3つの総称です。すべての法人は、厚生年金と全国健康保険協会（協会けんぽ）の健康保険（介護保険を含みます）か、保険機関を持つ同業者組合に加入している場合には組合健保のいずれかに加入しなければなりません。

　保険料は、通勤手当を含む給与の支給額ごとに定められた標準報酬月額を、表を使って求めます。原則として標準報酬月額は毎年7月の算定基礎届の提出により1年に1度改定されます。また、従業員を新たに採用した場合には、資格取得届に記載した標準報酬月額を用います。これらの社会保険料は、従業員と会社が折半で負担するため、会社は給与の支払時に天引きした保険料と会社負担分の保険料を毎月末に支払います。

01 算定基礎届
➡15、111ページ

● 2つの労働保険

　労働保険とは、雇用保険と労災保険の2つを指します。雇用保険料は一部を従業員が負担しますが、労災保険料はすべて会社が負担します。これらは、毎年7月10日までに前年度（4月～翌年3月）の給与の支払総額にそれぞれの保険料率を乗じた概算保険料で申告し、翌年の申告時にその年度の実際の支給額で計算した確定保険料との差額を新年度の概算保険料とともに支払います。なお、雇用保険の従業員負担額は、給与の支給額（賃金といいます）に労働者負担率を乗じて求めます。

02 労働保険
➡15、111ページ

給与から天引きする保険料の算定

● (例) 給与の月額が15万円(交通費含む)、年齢42歳の場合

1. 社会保険料

健康保険、介護保険（都道府県ごとの料率）
厚生年金（全国一律）

健康保険 12等級
厚生年金 8等級

折半額で天引き

（給与天引き額）健康保険＋介護保険 8,640円　厚生年金 12,840円

※原則1年間固定。昇給や給与体系の変更などで給与の大幅な改定がある場合には「月額変更届」を提出して改定します。

2. 雇用保険料

負担者 / 事業の種類	① 労働者負担 失業等給付の保険料率のみ	② 事業主負担	失業等給付の保険料率	雇用保険二事業の保険料率	①＋② 雇用保険料率
一般事業	5/1000	8.5/1000	5/1000	3.5/1000	13.5/1000

その月の支給額×5/1000

（給与天引き額）150,000円×5/1000＝750円

※その月の支給額（時間外賃金などの基準外賃金も含みます）に負担率を乗じて求めます。

NOTE

社会保険の被保険者は正社員であるかどうかに限らず、所定労働時間や所定労働日数が一般社員の4分の3以上である場合には適用対象者に該当します。これに対し雇用保険は1週間の労働時間が20時間以上で31日以上の雇用見込がある場合に被保険者となります。労災保険についてはすべての労働者が加入しなければなりません。

労務担当の業務❺

年末調整の考え方とスケジュール

概算で徴収された源泉徴収税額を正しい税額に計算し直し、確定させるのが年末調整です。計算方法や必要書類を押さえましょう。

●給与に係る所得税額の確定が年末調整！

前述のとおり源泉徴収税額表を用いて算定され、天引きされた源泉徴収税額[01]は、その従業員のその年の給与に係る所得税の概算金額による前払税金に該当します。給与に係る所得税額は、**源泉徴収簿**に記載された給与を元に計算された**給与所得控除後の給与等の金額**から、扶養控除などの**人的控除額**や生命保険や地震保険の支払額などを元に計算される**物的控除額**といった**所得控除額**を差し引いた金額に所得税率を乗じて求めます。

この計算は、1年を通じて支払いを受けた給与の総額が確定しないと計算できないことから、月々の給与では概算金額を源泉徴収税額表の税額で徴収し、年末に確定税額との差額をその年の最後の給与の支払時に精算します。この一連の作業を「**年末調整**」といいます。

●年末調整に必要な書類

年末調整には、その年12月31日の状況を記載した「**給与所得者の扶養控除等（異動）申告書**[02]」と必要な控除証明書を添付した「**給与所得者の保険料控除申告書兼配偶者特別控除申告書**」を従業員から回収し、これらの申告書を元に控除額の計算を行います。年末調整で住宅ローン控除の適用を受けたい従業員からは、「**給与所得者の住宅借入金等特別控除申告書**」と金融機関から発行された「**住宅取得資金に係る借入金の年末残高等証明書**」も回収します。年末調整では中途入社した従業員の前職分の給与も精算の対象に含まれますので前職の**源泉徴収票**[03]の提出も受けなければなりません。

---

01 源泉徴収税額
→ 116ページ

02 給与所得者の扶養控除等（異動）申告書
→ 116、122ページ

03 源泉徴収票
→ 122ページ

年末調整の計算の流れ

〈必要な書類及び計算表〉

①給与の総額を算定
- 年間給与支払額＋賞与＋前職の給与支給額
- 源泉徴収簿
- 前職がある場合には前職の源泉徴収票

②給与所得控除後の給与等の金額を算定
- 表を使って算定
- 「年末調整等のための給与所得控除後の給与等の金額」の表

③所得控除額の算定
- 給与所得者の扶養控除等（異動）申告書
- 給与所得者の保険料控除申告書兼配偶者特別控除申告書

④課税所得金額の算定
- ②－③（千円未満切捨）

⑤税額の算定
- 速算表で算定
- 年末調整のための算出所得税額の速算表

⑥住宅借入金等特別控除額の算定
- 給与所得者の住宅借入金等特別控除申告書
- 住宅取得資金に係る借入金の年末残高等証明書

⑦年調年税額の算定
- ⑤－⑥

⑧超過額又は不足額の算定
- 源泉徴収税額－⑦

その他所得控除に必要な書類
- ●社会保険料控除
  国民年金の支払期間がある場合は日本年金機構が発行する控除証明書
- ●生命保険料控除・地震保険料控除
  保険会社が発行する控除証明書

第4章 専門分野を作っていこう！

NOTE

所得税額は所得から所得控除額を控除して計算しますが、所得控除は年末まで状況が確定しないため、年末に確定した所得控除額を元に税額を計算します。なお、住宅借入金等特別控除（住宅ローン控除）は、適用初年度は確定申告が必要なため、年末調整では取り扱えないことに注意しましょう。

労務担当の業務❼

源泉徴収簿と源泉徴収票

各従業員の源泉徴収の内容は、源泉徴収簿で管理し、年末調整を行います。この結果として源泉徴収票を作成します。

● 年末調整の準備として源泉徴収簿を作成する

年末調整の業務は、その年の給与の支給について記載する源泉徴収簿を元に行われます。源泉徴収簿は月々の源泉徴収税額を左側の欄に記載し、右上の欄には「給与所得者の扶養控除等（異動）申告書」に記載されている扶養親族などの情報を記載します。

扶養控除等申告書の情報は年末調整だけでなく、毎月の源泉徴収についても必要となりますので、その年の最初の給与の支給時までに従業員から回収しておく必要があります。年末調整の計算内容は、右下の欄に記載します。この年末調整欄に記載された内容に基づき源泉徴収票を作成します。

● 源泉徴収票を作成する

年末調整が終わったら源泉徴収票を作成し、従業員に配布します。源泉徴収票は発行された会社で従業員がその年に源泉徴収された税額の証明書となります。確定申告などの際に添付書類として使用したり、中途退職者は再就職した会社に前職ですでに徴収されている税額の証明として提出したりします。また、公的機関などに提出する所得証明として使用されることもあります。

源泉徴収票に記載されている源泉徴収税額は、年末調整が行われている従業員については、年末調整で給与から天引きされた税額との過不足を精算しているため、正しい年税額が記載されます。中途退職や扶養控除等申告書の提出がない乙欄徴収に該当する者については、その年に概算で徴収された税額の合計額が記載されます。

01 年末調整
➡ 120 ページ

02 給与所得者の扶養控除等（異動）申告書
➡ 116、120 ページ

03 乙欄
➡ 116 ページ

源泉徴収簿の仕組み

月々の源泉徴収の状況を記載

扶養控除等申告書の内容を記載

年末調整の計算内容を記載

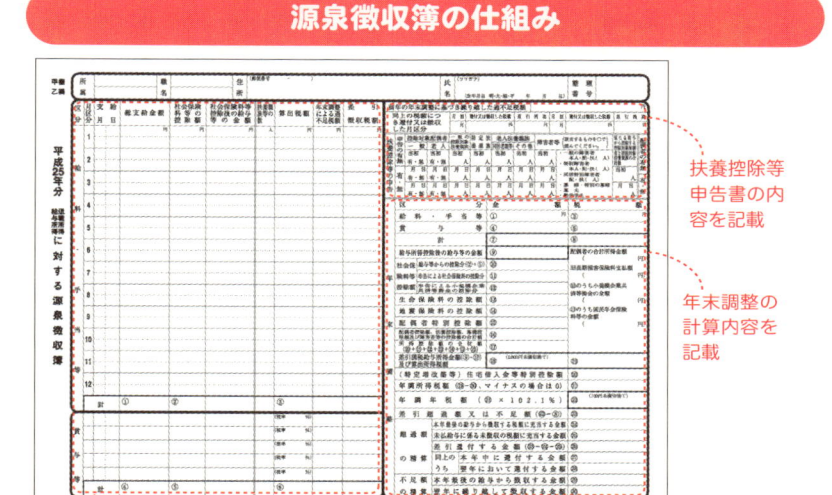

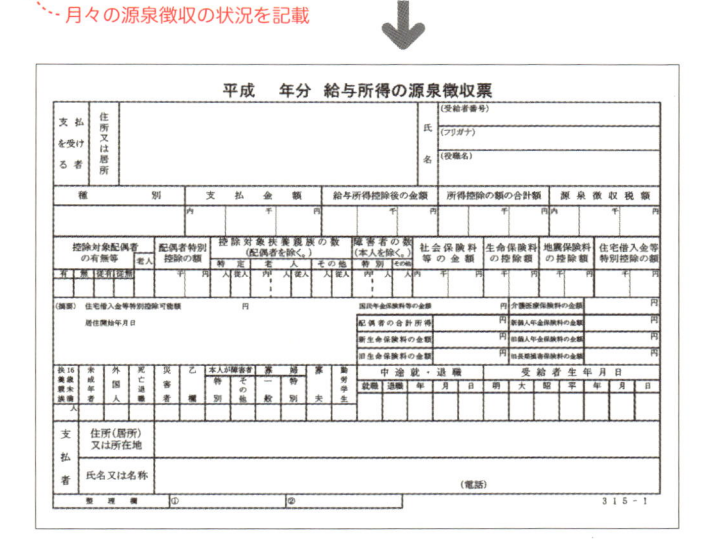

NOTE

源泉徴収票は、受給者交付用、税務署提出用の2枚が作成され、前述の給与支払報告書（住民税計算用）2枚とともに4枚を1セットで作成されます。給与支払報告書の内容は源泉徴収票と同じであり、市区町村ではこれを元に住民税の計算を行います。

第4章 専門分野を作っていこう！

労務担当の業務 ⑧

退職金の計算

退職金は源泉徴収の取扱いが特殊なため、注意が必要です。必要書類を理解し、正しく計算できるようにしましょう。

● 退職金とは？

　従業員の退職の際に支払われる退職金は、給与と違い会社に支払いの義務はなく、就業規則で支払う旨が定められている場合にのみ発生します。退職金は過去の勤務に対する功労的な意味合いや退職後の生活の保障としての側面があり、通常は退職時に一括して支払われますが、年金方式により支払われる場合もあります。なお、税務上、役員に対する退職金は、株主総会の決議等によって退職金の額が具体的に確定した日の属する事業年度の損金（費用）となるため、原則として株主総会の決議等がなければ損金に算入できません。

● 退職金の源泉徴収方法

　退職金には所得税と住民税が源泉徴収されます。給与と異なり、社会保険料や雇用保険料は徴収されません。退職金に係る所得税や住民税は、給与のように経常的に発生するものではないことから、分離課税と呼ばれる方式で、ほかの所得と切り離して税額が計算されます。源泉徴収される所得税や住民税は、確定申告による退職所得の税額の計算と同じ算式で計算されるため、源泉徴収税額と正しい税額に過不足が生じることはありませんが、「退職所得の受給に関する申告書」（住民税では「退職所得申告書」といいます）の提出がない場合には、退職金の支給額に対し所得税 20.42％、住民税 10％（都道府県 6 ％、市区町村 4 ％）の税率で一律に徴収されます。この場合には退職者が個人で確定申告を行わなければ精算されません。計算が終わったら給与と同様に源泉徴収票を発行します。

---

01 株主総会
➡ 105 ページ

02 損金
➡ 94 ページ

03 源泉徴収票
➡ 122 ページ

退職金の源泉徴収税額の計算

1. 退職所得の受給に関する申告書（退職所得申告書）を提出している場合

①退職金の金額

②退職所得控除額

勤続20年以下	勤続年数×40万円
勤続20年超	800万円＋（勤続年数－20年）×70万円
障害者になったことに起因する退職	上記のいずれかの金額＋100万円

③退職所得金額

通常の場合	（①－②）**×1/2**（千円未満切捨）
特定役員退職手当等に該当する場合	①－②（千円未満切捨）

④源泉徴収税額

所得税	③の金額を「退職所得の源泉徴収税額の速算表」に当てはめ算定
住民税	③× 6％（都道府県民税）／ 4％（市町村民税）

2. 退職所得の受給に関する申告書（退職所得申告書）を提出していない場合

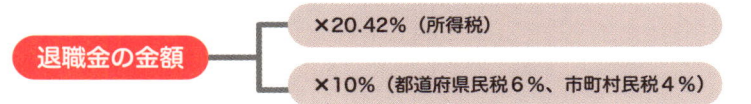

退職金の金額
- ×20.42％（所得税）
- ×10％（都道府県民税6％、市町村民税4％）

所得税・住民税統一の用紙

NOTE

特定役員退職手当等とは、役員等として勤続年数5年以下の期間で勤務した部分の退職手当です。役員は会社法の任期を考えると長期勤務にはならないことから、退職金に対する税負担を考慮する必要がないため、1/2軽減課税を適用できません。

労務担当の業務❺

報酬源泉の計算と支払調書

給与だけでなく外注先に支払う報酬についても源泉所得税の徴収が必要です。ここでは源泉徴収業務について押さえましょう。

● 報酬に関する源泉徴収

個人に報酬の支払いを行う場合には、その請負の対価から源泉所得税を差し引いて支払います。源泉徴収が必要な報酬の種類は、**所得税法**で定められています。会社は報酬から源泉所得税を差し引いた場合には、原則としてその徴収月の**翌月10日**までに納付します。

ただし、弁護士や税理士等の報酬に係る源泉所得税は、支払いをする事業者が給与の源泉について**納期の特例**[01]を選択している場合には、給与の源泉所得税とともに半年ごとにまとめて納付することができます。

01 納期の特例
→ 116ページ

源泉徴収の対象となった報酬がある場合には、その対象となった個人に対する1年の報酬額と源泉徴収税額を記載した「**支払調書**」を作成し、その個人に送付します。支払調書はその個人が確定申告の際に、源泉徴収額の証明書類として添付します。

● 法定調書合計表の作成

支払調書や源泉徴収票などは、一定の基準を満たすものを所轄税務署に提出しなければなりません。これらの税法で提出が求められている書類を**法定調書**といいます。

法定調書は、毎年1月31日までに前年分の「**法定調書合計表**」を作成し、提出します。法定調書合計表とともに提出する法定調書は、給与所得や退職所得[02]の源泉徴収票、報酬に係る支払調書のほかに、不動産賃貸料に係るものや、不動産の売買、あっせんに係るものなども提出します。

02 退職所得
→ 124ページ

源泉徴収が必要な報酬・料金等の範囲

区　分	源泉徴収税額
原稿料、講演料、デザイン料、著作権使用料（印税）など	報酬額×10.21% （100万円を超える部分は20.42%）
弁護士や税理士の報酬	報酬額×10.21% （100万円を超える部分は20.42%）
司法書士報酬	（報酬額－1万円）×10.21%
外交員、集金人、電力量計の検針人の報酬	（報酬額－12万円）×10.21% ※月額あたり12万円を控除
専属契約等に係る契約金	報酬額×10.21% （100万円を超える部分は20.42%）
広告宣伝のために支払う賞金等	（賞金等の額－50万円）×10.21% ※物品で支払う場合には、その物品の通常の販売価額の60%相当額を賞金等の額とします。

※税率は所得税と復興特別所得税を合わせた率

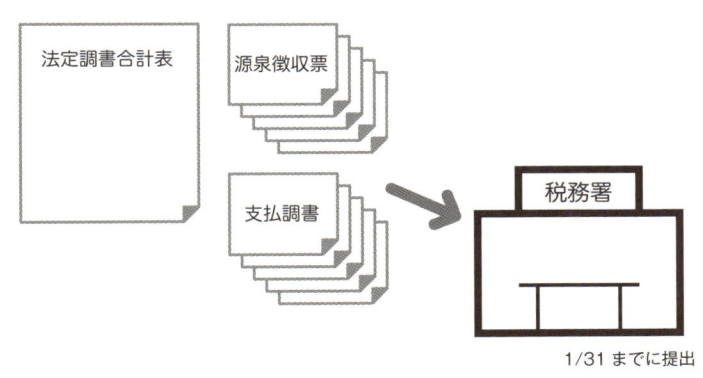

法定調書合計表　源泉徴収票　支払調書　→　税務署

1/31までに提出

NOTE

平成25年1月1日から平成49年12月31日までの間に源泉徴収される所得税については、所得税額の2.1%の復興特別所得税（復興税）を合わせて徴収することとなりました。したがって、たとえば源泉徴収税率が10%の場合には復興税を合わせて10.21%の率で源泉徴収を行います。

第4章　専門分野を作っていこう！

財務担当の業務❶

財務担当の業務

財務担当は資産や負債などの貸借対照表の管理を行います。時価評価や与信管理といった専門的な言葉を理解しながら学習しましょう。

● 財務の担当は貸借対照表の番人

　財務担当者の業務は、日々の入出金管理に始まり、債権債務の残高管理、債権に関する与信管理、有価証券や固定資産の管理など貸借対照表に計上されるあらゆる資産や負債の管理を基本とし、現金以外の資産の期末における評価や資金が足りない場合の資金繰りや資金調達を行います。特に資産の期末評価は財務の業務における重要な仕事です。資金繰りや資金調達は各部署間の調整や外部の金融機関との折衝もあることから役職者の業務となります。

01 資金繰り
➡ 208 ページ

02 資金調達
➡ 210 ページ

● 時価評価の必要性と危険性

　貸借対照表に計上される資産の期末評価の方法として、一部、時価会計が導入されています。これは、資産を期末時の時価で再評価する方法をいいます。時価会計では、保有資産の価値を期末に見直し、時価と簿価の差額を評価損益として認識し、貸借対照表や損益計算書に反映させます。時価会計が導入された背景として企業活動の国際化があります。日本の会計制度を国際基準に基づいた制度に統一することで国際間での企業比較を可能とし、海外から新たな資金調達を可能とするためです。時価会計は、企業の財政状態をタイムリーに把握できる反面、実現されていない利益を元に配当を行うこととなるため、企業の体力を弱めることとなります。そのため、原則として評価益の計上は認められず、評価損が大きく含み損が投資判断に影響を及ぼすと認められる場合に時価会計が用いられます。

03 含み損
➡ 140、142 ページ

財務担当の業務

- 入出金管理
- 与信管理
- 有価証券・固定資産管理

評価益の計上

評価益が出る場合

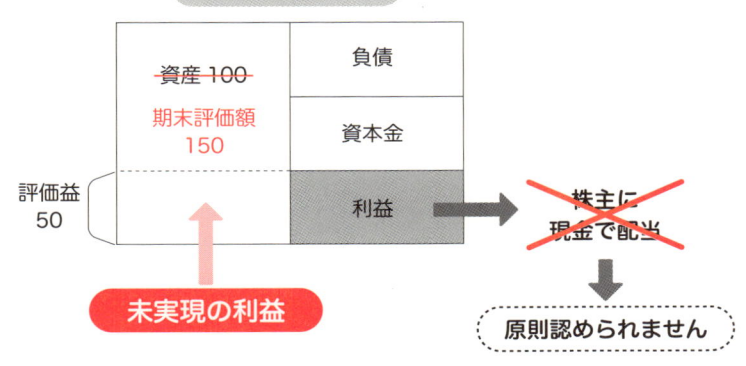

- 資産 100 → 期末評価額 150
- 負債
- 資本金
- 利益
- 評価益 50
- 未実現の利益
- 株主に現金で配当 → 原則認められません

第4章 専門分野を作っていこう！

NOTE

金融商品会計基準では、金融商品については時価で評価することが義務付けられています。金融商品は換金性が高いことから、金融商品の適正評価について適時開示を行うことを目的としているためです。金銭債権や有価証券、デリバティブ取引などについても時価で評価します。

財務担当の業務❷

売掛債権の管理方法

売掛債権は得意先ごとに売掛金元帳を作成し、管理します。回収漏れがないよう、また滞留債権がないかをチェックすることも重要です。

● 商品の受注から請求まで

第2章で学習したとおり、売掛債権の管理は、会社の資金繰りを良くし、**黒字倒産**を防ぐためにも重要な仕事です。

売掛債権の管理は商品の受注段階から始まります。商品を受注し納品したら、**納品書**を作成します。掛売りの場合には会社内部で設定した締日が1カ月ごとにあり、請求業務はその月の**締日**までに納品した商品の売上についてまとめて行います。この管理を売掛金元帳を使って取引先ごとに行います。**売掛金元帳**の作成は、**販売管理システム**を使って行います。

● 入金管理と滞留債権の管理

債権を回収した場合には、販売管理システム上で**入金消込**を行います。振込入金については、請求書のデータと金融機関の入金データとの突合を自動で行い、問題のない債権は自動的に消込がされます。したがって、担当者は、手形など振込以外の入金方法によるものや、**売上値引き**や**売上割戻**、振込手数料の負担などの販売条件による**相殺額**がある場合の処理など、自動で把握できない部分の処理を行います。月次決算の締日の前に入金データに漏れがないか確認し、残高を確定させます。決算においては、「滞留債権年齢表」を作成し、債権を年齢別に管理することで、債権の評価を行います。この評価を元に、請求漏れの把握だけでなく、**貸倒引当金**の計上や**貸倒損失**の確定事由がないかどうかをチェックします。

---

01 黒字倒産
➡ 32ページ

02 売掛金
➡ 32ページ

03 入金消込
➡ 32ページ

04 手形
➡ 40ページ

05 貸倒引当金
➡ 90ページ

売掛金の管理

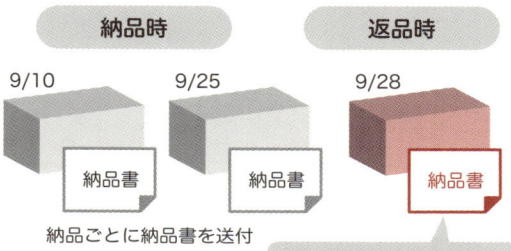

納品時
9/10 納品書
9/25 納品書
納品ごとに納品書を送付

返品時
9/28 納品書
返品や値引きの際は売上のマイナス伝票を作成します。これを赤伝といいます

請求締日
請求書
納品書をまとめて請求書を作成
手書の場合はマイナス分を赤書きします

売掛金元帳

日付	摘要	借方	貸方	残高
	前月繰越			650,000
9月10日	A商品 2個	2,400		652,400
9月25日	Y商品 16個	38,000		690,400
9月28日	Y商品 2個返品		5,380	685,020
9月29日	E口座振り込み入金		249,370	435,650
〃	振込手数料相殺		630	435,020
9月30日	手形入金		400,000	35,020

滞留債権年齢表

日付	支払期日内	1–30日	31–60日	61–90日	90日以上
七里ヶ浜商店	35,020				
由比ヶ浜酒造	275,000				
長谷工業			180,000		
腰越塗装					1,200,000

得意先ごとの残高を滞留期間で分類する

NOTE

債権回収は、回収可能性が低下していることを見落とさないことが重要なポイントです。未回収債権の金額が膨れ上がった時点で回収計画を練っても貸倒れリスクが高くなってしまうだけだからです。この滞留債権の予兆に気づくのは担当者だけですから、このような業務は担当者の実力が試される場面です。

財務担当の業務❸

手形の不渡りとファクタリング

債権回収の手段の一つである手形の割引や裏書のリスクと、リスク回避のためのファクタリング取引の特徴を押さえましょう。

● 手形の割引や裏書の管理と偶発債務

01 手形の割引
➡ 40 ページ

　手形の割引は、手形債権を担保として資金を融通してもらう**融資取引**であることから、割引が可能な金融機関は、「**銀行取引約定書**」の取り交わしがある銀行だけです。手形の割引料は手形の支払期日までの期間について金融機関の**貸出レート**を使用し算出されます。

　手形が不渡りとなり期日に決済されなかった場合には、割引を依頼した側はその**手形を買戻し**（手形代金を弁済）しなければなりません。**貸倒れリスク**があることから割引により入金があったとしても、支払期日が来るまでは**偶発債務**として別勘定で記録しておきます。貸借対照表にも偶発債務があることを**注記**します。裏書手形も不渡りとなった場合には、手形を裏書譲渡された側に買戻し請求権があるため、同様に偶発債務を記録します。なお、手形が不渡りになった場合は「不渡手形」という別勘定で管理します。

02 裏書手形
➡ 40 ページ

● 貸倒リスクのないファクタリング取引

03 貸倒れ
➡ 134 ページ

　手形の割引や裏書などの貸倒れリスクを回避するための金融サービスとして**ファクタリング**という取引があります。ファクタリングは、ファクタリング業者と呼ばれる債権の買い取り会社が手形や売掛金などの売掛債権を買い取り、その回収を行う金融サービスです。

04 与信
➡ 136 ページ

　一見、手形の割引と同様のサービスですが、ファクタリング業者は、自社の**与信判断**により買い取りの有無を決めるため、貸倒れリスクはファクタリング会社が負うこととなり、債権者はこれらの会社に債権を譲渡した段階で貸倒れリスクを回避できます。

手形の割引における偶発債務の仕訳例

1. 売掛金の回収により手形を受け取った
   （借）受取手形　1,000 ／（貸）売　掛　金　1,000

2. 受け取った手形を銀行で割り引いた
   （借）現 金 預 金　980 ／（貸）割引手形　1,000
   　　　手形売却損　　20

   〔偶発債務として別勘定で認識〕

3. 手形の支払期日に決済された
   （借）割引手形　1,000 ／（貸）受取手形　1,000

   〔決済時にマイナス〕

受け取った手形が不渡りになった場合
　　（借）不渡手形　1,000 ／（貸）受取手形　1,000
　　→「不渡手形」勘定に振替えます。

ファクタリング取引

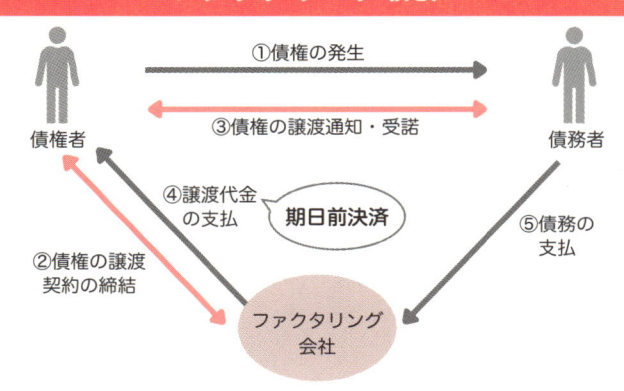

（債権者）──①債権の発生──▶（債務者）
（債権者）◀─③債権の譲渡通知・受諾──（債権者へ）

②債権の譲渡契約の締結
④譲渡代金の支払　〔期日前決済〕
⑤債務の支払

ファクタリング会社

NOTE

注記とは、貸借対照表や損益計算書の内容を読む際の注意事項であり、これをまとめた個別注記表は会社法上の計算書類として作成が義務付けられています。具体的な記載内容は、会社法の会社計算規則で定められており、偶発債務の注記もこれに含まれます。

財務担当の業務❹

債権の管理区分と貸倒引当金

貸倒引当金の具体的な計上方法と、前提となる債権の分類方法を学びます。会計上の基準と税務上の基準に大きく違いがあるので要注意。

● 期末になったら債権も評価する

　債権の簿価は**取得価額**（通常は債権金額を指します）を用います。これは債権が、債務者に対する給付を請求する権利を指すことから、債権者は何事もなければ債権金額の全額を受領する権利を持つためです。しかし、実際には債務者の信用に問題があり、全額を回収できないこともあることから、固定資産や有価証券といった資産と同様に、債権についても**回収可能かどうか**を検討し、期末に**債権の評価**を行わなければなりません。この評価を行った際の評価損の見積もりが第3章で学習した**貸倒引当金**[01]です。

　貸倒引当金は、債権の貸倒れリスクが高い債権ほど多く計上しなければならないため、右ページのような**債権の分類**を行い、それぞれの分類について自社で定めた計上基準に基づき貸倒引当金を計上します。この分類を誤ってしまうと、翌期に多額の貸倒損失を計上しなければならないため、保守的に評価する必要があります。

01 貸倒引当金
➡ 90ページ

● 税務上の計上基準

　会計上で貸倒引当金を計上することが認められていることから、税務上も計上が認められています。ただし、税法は**課税の公平**が問われるため右ページのように分類基準が法人税法で厳密に定められており、会社がこの基準以上の貸倒引当金を計上している場合には、税務上、損金（費用）[02]となりません。なお、税法では**貸倒損失**の計上基準も厳密に定められており、要件に該当しない場合には会計上、貸倒損失が計上されていても税務上は損金とできません。

02 損金
➡ 94ページ

会計上の債権の分類基準と引当額

分類	分類基準	引当額
一般債権	経営状態に重大な問題が生じていない債務者に対する債権	債権の合計額×過去の貸倒実績率
貸倒懸念債権	経営破綻の状態には至っていないが、債務の弁済に重大な問題が生じているか又は生じる可能性の高い債務者に対する債権	債権ごとに個別に貸倒れリスクを評価し、リスクの程度に応じて個別に定めた引当率で算定
破産更生債権等	経営破綻又は実質的に経営破綻に陥っている債務者に対する債権	全額（担保がある場合には処分見込額を除く）

税務上の債権の分類と繰入限度額

1. 個別評価金銭債権等

分類	分類基準	引当額
長期棚上債権	会社更生法等の決定等に基づき弁済の猶予または賦払により弁済される場合	事由が生じた事業年度終了の日の翌日から5年を経過する日までに弁済予定となっている金額以外の金額
実質基準	債務者の債務超過の状態が相当期間継続し事業に好転の見通しがないこと等により、その債権の一部の金額について取立て等の見込みがないと認められる場合	取立ての見込がないと認められる部分の金額相当額
形式基準	債務者について、会社更生法等の更生手続開始の申立て等の事由が発生している場合	金銭債権の50％相当額

2. 一括評価金銭債権

(1) 資本金1億円超の法人…過去3年間の貸倒実績率で算定
(2) 資本金1億円以下の法人…(1) 又は法定繰入率で算定した金額のいずれか

NOTE

税法は原則として確定前の損失の計上を認めていません。確定前の損失を認めてしまうことは恣意性が生じ、課税の公平が保たれないからです。そのため、例外として認めている貸倒引当金については、計上要件を厳密に定めています。

財務担当の業務❺

信用リスクの管理

債権の管理は、滞留債権が生じる前に対策を講じることが重要です。そのため取引の相手先に対する与信管理は重要性が高まっています。

● 信用できるかどうか、掛取引の最大の悩み

信用取引が全盛の現代では、「売上代金が回収できるかどうか」は、会社の運転資金を確保するうえで重要なテーマです。信用取引では、債権の貸倒れリスクを抑えることが重視されますが、リスクを極端に恐れるあまり、売上の機会を逃してしまっては会社の成長を妨げてしまいます。そこで、信用リスクの管理は売上を最大限に増やしつつ、キャッシュ・フローを増大させながら行うことが重要となります。このような適正な信用リスクの管理を**与信管理**といいます。

01 運転資金
➡ 210 ページ

02 貸倒れ
➡ 134 ページ

03 キャッシュ・フロー
➡ 160 ページ

● 入口から出口まで相手の情報を管理する

与信管理は、取引先が「信用取引の相手としてふさわしいかどうか？」という契約段階から始まります。これは、財務諸表など外部公表情報のほかに調査会社などの格付けを確認する方法で取引先を評価し、取引の可否を決定します。これを「信用調査」といいます。

次に、財務諸表や格付けなどの信用調査のデータから「いくらまで取引が可能か？」を確定させます。この取引可能枠を「与信枠」や「与信限度額」といいます。さらに、保証金の受取りや担保の設定、保証機関の利用など「回収ができなくなった場合にどう補填するか？」を取り決めます。これを「債権保全」といいます。このように契約段階から回収時までを3段階に分けて管理します。

なお、管理方法が定められていても、いつ信用リスクに晒されるかはわかりません。担当者は常にリスクに対するアンテナを張り巡らせ、対策を講じる準備しておくことが重要です。

3段階の与信管理

入口 — 契約前

信用調査 ← 信用取引の相手としてふさわしいかどうか？
- 財務諸表
- IR情報、ホームページ
- 調査会社の格付け

取引時

与信枠の設定 ← いくらまでの取引が可能か？
- 売上債権　・粗利
- 担保能力　・仕入債務
- 自己資本　・希望与信額

回収時

債権保全 ← 回収ができなくなった場合にどう補填するか？
- 保証金の受取り
- 担保の設定
- 保証機関の利用

出口

〈通常の管理〉
- 営業部門から入る会社の現況の情報には問題がないか？
- 売掛金の回収に遅延はないか？
- 商業登記の内容に変更はないか？
- 取引金融機関との関係に問題はないか？
- 3期以上連続して赤字になっていないか？

NOTE

担保は主に不動産に設定する抵当権や根抵当権(ねていとうけん)を指します。抵当権は担保すべき債権が特定されているのに対し、根抵当権は具体的な債権の特定はなく、極度額の枠内において設定者の債権すべてを対象とします。抵当権の設定は不動産登記事項であるため、登記簿を確認することで担保の設定が可能かどうか把握できます。

財務担当の業務❻

外貨建債権・債務の期末評価

外貨取引を行う会社においては為替リスクの把握も重要な仕事のひとつです。ここでは外貨建債権・債務の評価方法について学習しましょう。

● 外貨建取引の決済

　海外取引や海外支店を有する場合など、取引を外貨で行う場合があります。決済される通貨に外貨が用いられる取引を**外貨建取引**といいます。外貨建取引は原則として取引発生時の**為替相場**による**円換算額**で換算します。たとえば、1ドル100円のときに1ドルで商品を販売したとします。円換算後の100円が売上となりますが、売上代金を回収した時点でのレートが1ドル105円だった場合には、100円の売掛金を105円で回収したため5円の利益が生じています。この換算差額を**為替差損益**といいます。

● 決算時の外貨建資産・負債の換算

　決算時には、所有する外貨建資産、負債のうち、**貨幣項目**のみ決算時のレート（CR）に換算します。これは、すぐに現金化できる資産については決算時点での為替差損益がすぐに実現化されるためです。これに対し、固定資産などの**非貨幣項目**は、**取得時のレート**（HR）で換算した金額をそのまま期末の換算額とします。これらは具体的に決済や売却などで精算されるときに為替差損益を確定させます。期末に大きな損益が出ないよう、**為替予約**などを使って為替リスクをヘッジすることもあります。なお、在外支店がある場合の支店のB/S、P/Lの換算は、まず貸借対照表の資産、負債を同様に評価し、貸借差額で支店の利益を確定します。損益計算書はHRまたは**期中平均レート**（AR）で換算し、確定した損益と貸借対照表の当期純利益との差額を為替差損益とします。

01 為替予約
➡ 218ページ

売上の換算仕訳

1. 商品1つを1ドルで販売（為替レート：1ドル100円）
   （借）売　掛　金　　100　／（貸）売　　　上　　100

2. 商品代金の決済（為替レート：1ドル105円）
   （借）現　預　金　　105　／（貸）売　掛　金　　100
   　　　　　　　　　　　　　　　　為 替 差 益　　　5

支店財務諸表の換算

本店外貨建債権債務にもこれを用います

貸借対照表

借　　　方	換算レート	貸　　　方	換算レート
現　預　金	CR	買　掛　金	CR
売　掛　金	CR	借　入　金	CR
貸倒引当金	CR	社　　　債	CR
前 払 金 等	HR	前 受 金 等	HR
有 価 証 券	子会社関連会社株式HR 上記以外CR	当期純利益	貸 借 差 額
商　　　品	評価方法に応じ 原価で評価HR 時価で評価CR		
固 定 資 産	HR		

貨幣項目 ／ 非貨幣項目

損益計算書

借　　　方	換算レート	貸　　　方	換算レート
費　　　用	HR（AR）※	収益	HR（AR）
為 替 差 益	差額で確定		
当 期 純 利 益	B/Sと同額		

※減価償却費はHR

B/Sに合わせそのまま計上

NOTE

ここで用いるレートは原則として主要取引金融機関の取引日の電信売買相場の仲値（TTM）ですが、継続適用を条件に、収益または資産については取引日の電信買相場（TTB）、費用又は負債については電信売相場（TTS）によることができます。なお、ほかの合理的な相場を継続適用することも認められます。

第4章 専門分野を作っていこう！

財務担当の業務 ❼

株式の期末評価と減損処理

会社が他社の株式を保有する場合には、減損処理の適用が問題となります。投資先の株式の管理も財務担当の重要な仕事です。

● さまざまな保有目的による株式の分類

会社は、投資目的だけでなく、支配目的や事業の共同参画などさまざまな目的で他社の株式を保有します。保有する株式は、「売買目的有価証券」「子会社株式」「関連会社株式」「その他有価証券」の4つに分類されます。これらは保有期間の短いものは「有価証券」という表示科目で流動資産に、長いものは「投資有価証券」という表示科目で固定資産として貸借対照表に表示します。なお、「子会社株式」と「関連会社株式」は、利害関係者の判断に影響を及ぼす重要な株式であることから固定資産としてそのまま表示します。

● 株式を時価で評価する場合

売買目的有価証券は、取引相場（時価）がリアルタイムで把握でき、売却も時価で行われることから、期末時点の時価を評価額とします。また、取得価額も購入の都度移動平均法で把握します。子会社株式などは原則、時価評価は認められませんが、時価の下落が著しく、かつ、回復の見込みが不明又はない場合にのみ評価損を計上します。これを減損処理といいます。評価損の計上は、売却による損失確定前に計上されることから、未実現の損失を計上することによる投資判断の誤りを防止するために以前は積極的に適用されていませんでした。しかし、現在では投資額の回収の見込みがない株式を取得価額で貸借対照表に残しておくことにより多額の含み損[01]が生じることから、強制適用されています。なお、税務上はすべての株式について、原則評価損の計上を認めていません。

01 含み損
➡ 128、142ページ

株式の表示区分

勘定科目	保有目的等	表示科目	表示区分
売買目的有価証券	投資目的	有価証券	流動資産
子会社株式	支配目的で発行済み株式の50%超保有する場合	投資有価証券	固定資産（投資その他の資産）
関連会社株式	支配、提携などの目的により発行済み株式の20%以上50%以下保有する場合		
その他有価証券	上記以外の株式		

減損処理

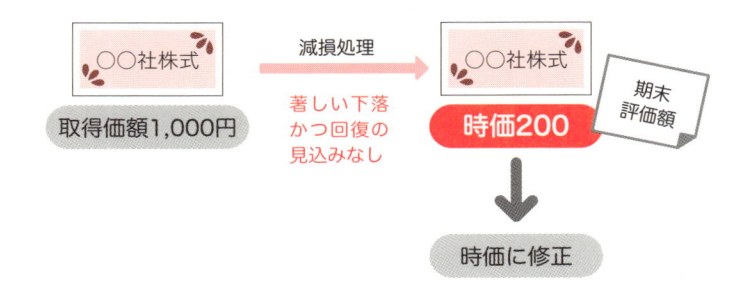

○○社株式　取得価額1,000円

→ 減損処理（著しい下落かつ回復の見込みなし）→

○○社株式　時価200　期末評価額

↓

時価に修正

損失の計上は利益の減少につながるから慎重に判断する必要があるんですね！

NOTE

有価証券にはこのほかに債券もあり、償却原価法という方法を用いて評価します。有価証券については、金融商品会計基準が適用されることから、金融投資目的ですぐに換金される株式は時価評価が強制され、事業投資目的で換金が期待できない株式は従来の取得原価主義を適用しますので、保有目的を整理しておくことが重要です。

財務担当の業務 ❽

固定資産の評価と台帳の管理

お金に関するものだけに限らず、固定資産の管理業務も専門性の高い業務です。ここでは資産の管理方法と期末の評価について確認します。

● 固定資産はモノと帳簿を合わせる

固定資産は前述のとおり長期にわたって使用される資産であるため、一度購入した資産は貸借対照表上、数年にわたり計上されることとなります。何十年も経過した後では状況がわからないものが出てくる恐れもあることから、固定資産台帳に記録し、記録と現物の使用状況が一致しているか確認しておきます。現物に固定資産台帳の番号のタグをつけておくなど瞬時に見分けができるようにしておくことも重要です。特に、廃棄した場合は、現場担当者以外に把握していないことも多く、廃棄時に処理業者などから廃棄証明をもらうなど管理方法を徹底する必要があります。

01 固定資産台帳
➡ 23 ページ

● 固定資産の期末評価

固定資産の期末帳簿価額は、取得価額からその期までの減価償却累計額を控除した残額ですが、期中の修繕により、資産の価値が増大したと認められる場合には資本的支出として固定資産の簿価に加算されます。資本的支出はあくまでも資産価値の増大部分であり、通常の維持、管理費用は修繕費となるため、請求書などで修繕の内容を確認し、資本的支出の計上漏れがないようにします。

反対に、価値が購入時よりも著しく下がることもあります。このような場合は、財務諸表上、含み損を把握できないことが問題となります。価値が下落し回復の見込みがない場合には、前述の減損処理が適用されます。特に土地は減価償却資産ではないため、適正な価値判断が求められます。

02 含み損
➡ 128、140 ページ

固定資産台帳と現物資産の管理

固定資産台帳

NO.	区分	名称	購入年月	耐用年数	取得価額
3-1	器具備品	営業所用棚	H20.4	6年	210,000
3-2	器具備品	パソコン	H22.5	4年	120,000

台帳と現物が確認できるようにしておく

台帳に合わせてタグ付

資本的支出と修繕費

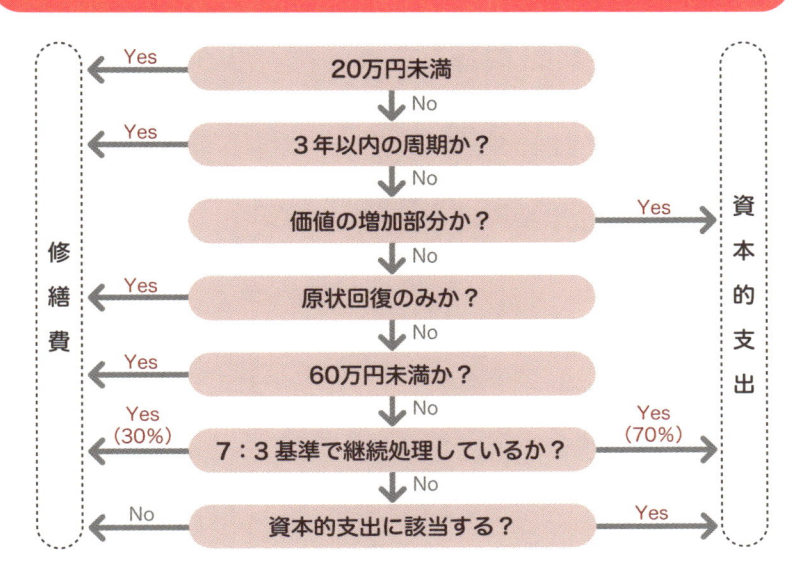

- 20万円未満 → Yes: 修繕費 / No ↓
- 3年以内の周期か？ → Yes: 修繕費 / No ↓
- 価値の増加部分か？ → Yes: 資本的支出 / No ↓
- 原状回復のみか？ → Yes: 修繕費 / No ↓
- 60万円未満か？ → Yes: 修繕費 / No ↓
- 7:3基準で継続処理しているか？ → Yes(30%): 修繕費 / Yes(70%): 資本的支出 / No ↓
- 資本的支出に該当する？ → No: 修繕費 / Yes: 資本的支出

第4章 専門分野を作っていこう！

NOTE

7:3基準とは、修繕に係る支出額のうちの30％とその支出対象となった資産の前期末取得価額の10％のいずれか少ないほうを修繕費とし、残りを資本的支出とする方法です。資本的支出とは、車のエンジンを性能のいいものに取り換えるなど、購入時よりも資産価値を高める支出をいいます。

原価管理 ❶

原価管理の目的と方法

製造業における原価管理業務は専門性が高い重要な業務です。ここでは原価管理の基礎を学んでいきましょう。

● 製造業では原価管理は専門職

　製造業では製造費の管理は重要な業務です。製品の原料や燃料費は日々価格が変動します。また、目標の利益を生みだすためには、製品の売れ行きを見ながら原料などの物的資源を投入したり、生産ラインの工員の人件費などの人的資源を割り当てたりすることが不可欠です。製造業におけるこれらの製造原価の管理は専門知識が多く、管理のための専門の人材が置かれます。原価管理担当の業務の基礎として、原価計算の基本的な考え方を押さえておきましょう。

● 原価計算の2つの目的

　原価計算を行う目的は外部公表と内部公表の2つがあります。外部公表は「財務諸表の作成」です。製造業では、通常の財務諸表に加え、原価計算の過程を示した「製造原価報告書」を作成します。

　原価計算の内部公表の目的が「原価管理」です。原価管理は、製品1つあたりの原価（標準原価）と実際にかかった原価（実際原価）を比較することで、差異分析を行い、その情報を元に事業計画や資金計画といった予算を立てる予算編成や、予算が計画どおりに達成されているか管理する予算統制に活かします。

　なお、原価計算は製造過程の無駄をタイムリーに把握する必要があることから通常1カ月単位を原価計算期間とします。また、計算単位も、受注生産のように一つひとつの製品に着目する個別原価計算や、大量生産を行うことに適した総合原価計算といった計算方法があります。

01 差異分析
➡ 148ページ

02 予算編成
➡ 198ページ

原価計算の目的

- **外部公表目的** …財務諸表の作成
- **内部公表目的** …原価管理（差異分析、予算編成、予算統制）

標準原価計算

材料費	100
労務費	20
経費	10

1個あたり130円 ←→ **35円の差異** → 1個あたり165円

実際原価計算

材料費	120
労務費	25
経費	20

- 材料の高騰？工員が多い？ → **差異分析**
- 次期は1個140円を目指そう → **予算編成**
- 今年は計画通りにいかないなあ → **予算統制**

受注生産 → **個別原価計算**

大量生産 → **総合原価計算**

第4章 専門分野を作っていこう！

NOTE

原価管理の目的には、このほかに製造機械などの購入に関する意思決定もあります。たとえば、製品の製造原価を下げるために作業を効率化できる機械の購入を検討したとします。この場合は、あと何年その機械で製造すれば購入費用が回収できるかを計算します。このように原価を把握することは、事業計画を行う上でも重要です。

原価管理❷

原価費目の分類方法

原価計算の始めの段階として製造原価に属する費目を分類します。各費目が製造原価報告書のフォームにどのように表示するか確認しましょう。

●原価の3要素と直接原価、間接原価

製造原価の計算は、すべての費目を分類するところから始めます。まず、形態別に**材料費**、**労務費**、**経費**の3つの要素に区分します。また、個々の製品に係る**直接費**と、さまざまな製品に共通して係る**間接費**に区分します。

たとえば、お菓子の製造を行うとします。材料費は小麦粉やバター、イチゴなどの食材を指し、労務費は工員の賃金、経費は外注加工費や工場の家賃、水道光熱費、製造機械の減価償却費などを指します。このうち、特定のお菓子にしか使わないイチゴは直接費であり、ほかのお菓子にも使われる小麦粉などは間接費です。また、工場の事務など間接部門に係る費用もあります。分類された費用のうち、直接費は、製造原価の計算上、その製品の原価に振り当てます。これに対し、間接費は使用した部分に係る金額を、製造する各製品の原価に振り分けます。この振り分ける作業を**配賦**（はいふ）といいます。

●変動費と固定費の把握

01 固定費
➡ 192 ページ

製造原価に含まれる費目の分類方法に**変動費**と**固定費**[01]という考え方もあります。変動費は業務量（**操業度**といいます）が増えるごとに金額が増える費目であり、工場の人件費や材料代、水道光熱費などが該当します。固定費は業務量にかかわらず一定額の支払いが生じる費用で、工場の家賃や機械のリース[02]料などが該当します。予算

02 リース
➡ 220 ページ

を立てるときなどは固定費を基礎として、変動費をどこまで正確に予測できるかがポイントとなります。

原価の3要素の分類と配賦

	直接費	間接費
材料費	直接材料費	間接材料費
労務費	直接労務費	間接労務費
経費	直接経費	間接経費

↑ その製品の原価に直接計上
↑ それぞれの製品に配賦

- ラインA: 直接費 + 間接費 → A製品原価
- 間接費 ⇅ 配賦
- ラインB: 直接費 + 間接費 → B製品原価

製造原価報告書フォーム

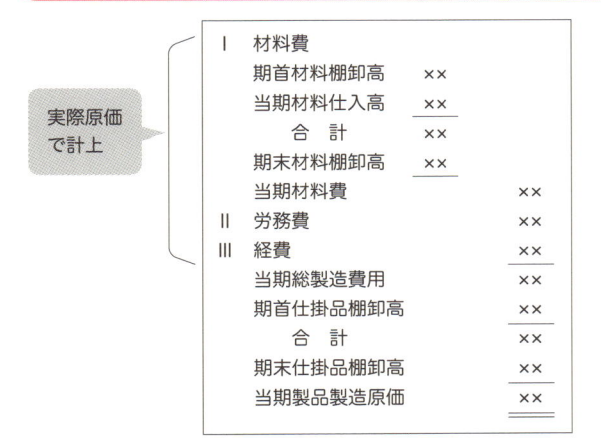

実際原価で計上

```
I  材料費
   期首材料棚卸高      ××
   当期材料仕入高      ××
       合 計          ××
   期末材料棚卸高      ××
   当期材料費                 ××
II 労務費                     ××
III 経費                      ××
   当期総製造費用             ××
   期首仕掛品棚卸高           ××
       合 計                  ××
   期末仕掛品棚卸高           ××
   当期製品製造原価           ××
```

NOTE

間接費には工場部門を担当する事務員の給与や事務所の経費も含まれます。そのため、人件費は製造原価における直接労務費となる賃金、間接労務費となる事務職員の給与、P/L上の一般管理費となる本社社員の給与と3つに分けて管理しなければなりません。賃金計算に間違いがないように、職員名簿を管理する必要があります。

第4章 専門分野を作っていこう！

原価管理❸

原価差異の分析

原価計算の目的として差異分析があります。さまざまな差異の分析が製品1円単位のコストカットに結びつきます。

● 差異分析で今後の対策

標準原価と実際原価を算定したら、その計算による情報を今後の生産性向上に活かすため次の4つの視点で差異分析を行います。

01 差異分析
➡ 144ページ

● 4つの原価差異

(1) **材料受入価格差異** 設定した材料の標準価格（調達コストや保管費用）と実際原価との差異を指します。予定よりも調達コストがかかってしまった場合には、仕入れ先や移送コストなどの調達ルートや倉庫会社などの保管委託先の変更を検討します。

(2) **直接材料費差異** 設定した材料の消費量、消費価格が実際の消費量とどの程度差があるかを確認し、不良品の程度はどうか、無駄に使いすぎていないかといった作業工程などを検討します。

(3) **直接労務費差異** 直接労務費の標準と実際の差異については、賃率差異と作業時間差異という2つの差異があります。賃率差異は、工員の賃金単価の差をいい、たとえば急な発注により予定していた単価の人員よりも高単価の人員を配置しなければならない場合に生じます。作業時間差異は、ある生産量に対し、想定していた作業時間より多くかかった場合等に発生する作業時間の差異です。

(4) **製造間接費差異** 製造間接費の標準額と実際額との差異においては、さまざまな要素があるため専門的な分析方法を用います。この差異を元に標準原価を検討します。なお、外部公表用の製造原価報告書は実際原価を採用するため、差異は最終的に各原価費目に配賦します。

02 製造原価
報告書
➡ 147ページ

原価差異の分析

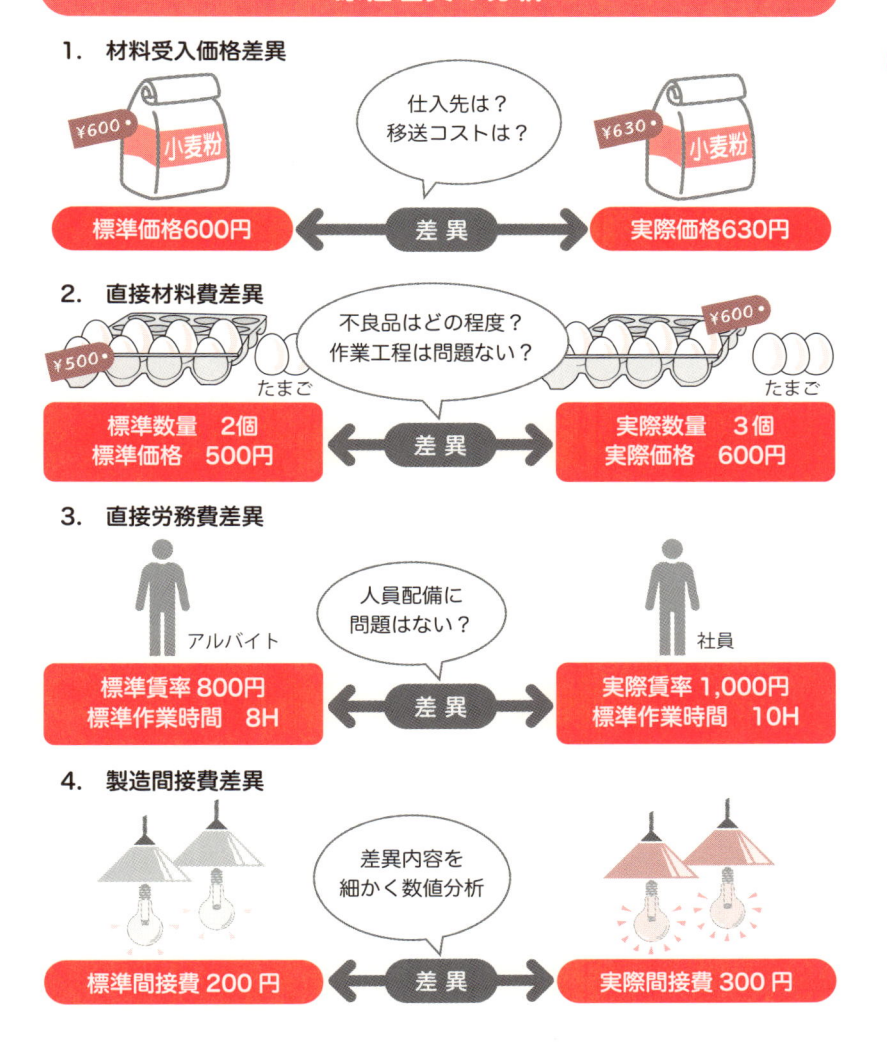

1. 材料受入価格差異

¥600 小麦粉　標準価格600円　←差異→　¥630 小麦粉　実際価格630円

仕入先は？
移送コストは？

2. 直接材料費差異

¥500 たまご
標準数量　2個
標準価格　500円
←差異→
¥600 たまご
実際数量　3個
実際価格　600円

不良品はどの程度？
作業工程は問題ない？

3. 直接労務費差異

アルバイト
標準賃率 800円
標準作業時間　8H
←差異→
社員
実際賃率 1,000円
標準作業時間　10H

人員配備に問題はない？

4. 製造間接費差異

標準間接費 200円　←差異→　実際間接費 300円

差異内容を細かく数値分析

NOTE

標準原価の計算には、製品の開発段階から競合商品を見据えた価格設定を行う必要があります。そのため、材料の調達においても製品価格を考慮することが重要となり、開発部門との連携もポイントになります。

第4章　専門分野を作っていこう！

🔍 業務連携

業務サイクルとシステム連携

各専門の業務は専用のシステムを使い管理されますが、最終的には会計システムに集約されます。システムの連携と注意点を確認します。

● 各担当が行う業務とシステム連携

ここまで各担当が専門的に行う業務を見てきましたが、外部公表用の財務諸表を作成するためには、すべての経理データを**会計システム**に計上しなければなりません。

会計システムで計上されるデータは「**仕訳**」という形で表現されますが、労務の年末調整の情報、財務の債権管理の情報、原価管理の情報、そのほか棚卸資産の管理状況や固定資産の管理状況など仕訳の枠では集計できないさまざまな情報を各担当が持っています。手書き帳簿の世界では、各担当が集計したデータの集計値で振替伝票を起こし会計システムに入力していますが、業務がシステム化されている場合には各業務システムで集計されたデータが会計システムに連携し、**自動仕訳**が生成されます。

● システム連携における注意点

各システムで個別に管理するデータは、通常、膨大なデータ量を保有しています。会計システムに自動仕訳で計上されてしまった後に数値に間違いが出ても、計上ミスを探すことはとても困難です。そのため、各担当者が個別の管理システム上での残高を正確に管理し、誤りがある場合には会計システムに計上される前に修正しておくことが重要です。それぞれの業務におけるマニュアルなどを遵守し、責任を持って業務を行いましょう。各担当者レベルでの計上ミスがシステム連携を通じて大きなミスにつながる可能性があることを理解しておきましょう。

---

01 会計システム
➡ 24 ページ

02 仕訳
➡ 28 ページ

03 年末調整
➡ 120 ページ

04 債権管理
➡ 130 ページ

05 原価管理
➡ 144 ページ

業務システムと会計システムの連携

給与管理システム
給与計算、年末調整、社会保険、勤怠管理

↕ 賃金情報

原価計算システム
材料仕入管理、原価計算情報、予算情報、予実対比データ

→ 自動仕訳

債権管理システム
金融機関の口座管理システムとの連携、手形管理、債権の回収情報、要注意取引先情報、貸倒引当金の計上管理

↕ 販売情報

販売管理システム
得意先情報、納品情報、請求書管理、債権の回収情報

→ 自動仕訳 → **会計システム**

固定資産管理システム
固定資産台帳、減価償却費の計上管理

→ 自動仕訳

在庫管理システム
在庫数管理、廃棄、減耗の管理、商品情報

↕ 在庫情報 / 販売情報

→ 自動仕訳

第4章 専門分野を作っていこう！

> **NOTE**
>
> 自社開発のシステムではシステム連携も考慮し開発されていますが、最近では市販のものでもラインで揃えることで、販売管理や給与管理などのソフトと会計ソフトがシステム連携機能を持ち、自動仕訳の生成を行うものもあります。市販ソフトを購入する場合には、自社で必要な機能を考慮し検討することが重要です。

コラム4

信用調査って何をするの？

　本章で登場した信用調査は、民間の調査会社に個別に依頼して行うものであり、大手企業では積極的に利用されています。公開会社のように財務諸表を外部に公開することのない中小企業においては、財務内容の実態をつかむことが難しいため、信用に不安がある会社については個別に調査していくしか方法がないからです。

　調査会社における信用調査は、調査先企業への直接取材を元に行われます。

　対象企業の社長や従業員と直接アポイントを取り、訪問取材を行うのですが、自社の状況のうち、積極的に話してもらえるのは調査ポイントがプラスに働くようなよいことだけ。依頼者が情報として知りたい与信に関する情報を直接聞きだすことはほぼ無理なようです。それでも取材を行う理由は、会話の中に隠されているさまざまなヒントを得るためです。

　たとえば、取引先がわからなければ、納品に来た配達業者の車や、事務所に貼ってあるカレンダーから取引先を特定し、聞き込みをします。事務所内部の設備の状態（壊れた家具の修理をしていないなど）も重要なポイントです。また、応対した従業員の顔色も社内の様子を現す重要な指標となるそうです。

　つまり、一口に信用調査といっても実態は探偵のような地道な調査によって集めたデータを採用しているのです。これにより、格付けを行ったレポートを依頼主に提供するのですが、調査の中でも重視されるのが経営者評価と世評。お金の使い方は後述する「付加価値の配分」にもあるとおり、経営者の個性が出やすい部分なので、経営者自身の金銭感覚は与信に影響する重要な要素なのです。

第5章

経営管理について学んでいこう！

この章のレベル ★★★★☆

会社の管理業務にチャレンジ！

経理業務が身についてきたら、次のステップを目指して新たな視点から仕事を見ていく必要があります。ここで学ぶのは「経営管理」です。

そろそろ部下もできてきたけど、経営管理ってどういうこと？

「だんだん後輩にも的確な指導ができるようになってきたね」

「ありがとうございます！　最初は、業務を覚えるのだけで精一杯でしたけど、だんだん仕事の意味がわかるようになってきて、面白さを感じるようになりました」

「自分で判断できる範囲も広がってきたということだね」

　さまざまな業務を経験し、伝票や帳票、資料作成を行って経理業務に自信がついてきました。このころから、上司の仕事ぶりが気になるようになります。
　いずれは目指す、上司のポジション。上司は、日々どんなことを考え、どのような業務を行っているのでしょうか？
　上司が行っている、「経営管理」という業務。上を目指すからには少しずつ学んでいかなければなりません。

外部からの管理と内部の管理、上司の仕事は幅広い

　すでに学習したように、経理の行う業務の目標のひとつが株主などの利害関係者に対する情報の開示です。外部に適正な情報を発信するには自分で満足するものを作り上げただけ

ここでの目標

- ☑ 重要な会計基準を学習しよう！
- ☑ 会計監査の仕組みについて理解しよう！
- ☑ 税金について詳しくなろう！
- ☑ 管理会計で会社の経営管理について学んでいこう！

では、客観的に適正かどうかの判断ができません。そこで、経理の外部から監査が行われます。

「そろそろ監査の対応も覚えていかないとね。そのためには、監査で行われることやその前提となる会計基準について押さえておく必要があるんだよ」

「監査…それってどんなことでしょうか」

「作成した財務諸表を株主総会で公表する前に、監査法人などの外部の専門家にチェックを受けることだよ。これにより、財務諸表の正当性が認められるんだよ」

「なるほど。専門家のお墨付きがもらえるわけですね」

このほか、会社内部で経営のモニタリングを行うのも経理の仕事です。会社の経営状況や予測、予算の管理などは管理会計を通じて行います。この章では、会社の経営管理に必要な知識を学んでいきましょう。

会計基準と監査❶

会計監査と企業会計原則

会計の基礎であり、会計基準の中心となるのが企業会計原則です。ここでは会計監査と企業会計原則との関係についてみていきましょう。

● 会計監査と会計基準の関係

会社は、事業活動の成果を「会計期間」という期間で算定し、事業活動を支援してくれた株主に株主総会で発表しなければなりません。会社法では、すべての会社に計算書類[01]と事業報告、さらにこの2つの附属明細書の開示書類[02]作成を義務付けています。加えて一定規模以上の会社には、会計監査人などの監査[03]も義務付けています。

ここまで見てきた会計上のルールは、主に計算書類を作成するための共通ルールです。会社法で明文化しているわけではなく、実務の中で発達したものから公正妥当と認められるものを要約した慣習法です。この中で、監査法人などが会計監査を行う場合に、財務諸表の適正さを判断する際の最も基本的な基準が企業会計原則です。

01 計算書類
→ 158 ページ

02 開示書類
→ 158 ページ

03 監査
→ 162 ページ

● 企業会計原則における一般原則とは？

企業会計原則は、一般原則、損益計算書原則、貸借対照表原則の3部から構成されており、このうち一般原則は会計を行うに当たって準拠すべき一般的指針を示したものです。一般原則は、上位概念である真実性の原則を始めとし、正規の簿記の原則、資本取引・損益取引区分の原則、明瞭性の原則、継続性の原則、保守主義の原則、単一性の原則の7つの基準から成り立っています。

これらは、具体的な処理基準ではなく、企業会計の概念の根幹を示す憲法のような基準です。直接的に業務に影響があるものではありませんが、会計処理の考え方を理解するうえで重要な基準ですので、内容を理解しておきましょう。

一般原則（企業会計原則）

```
              真実性の原則
  正規の簿記の原則    明瞭性の原則    保守主義の原則
  資本取引・損益取引
     区分の原則     継続性の原則    単一性の原則
```

名　称	内　容	
真実性の原則	企業の財政状態及び経営成績に関して、真実な報告をすることを要請	ここでいう真実とは「相対的真実」（減価償却の定率法、定額法などのように正しい答えが一つではないということ）を指します
正規の簿記の原則	すべての取引につき、正確な会計帳簿を作成することを要請	正確とは「網羅性」「立証性」「秩序性」を満たすものであり、一般的に複式簿記による帳簿を指します
資本取引・損益取引区分の原則	資本取引と損益取引とを明瞭に区別することを要請	これらを混同することで資本を取り崩して配当を行ってはならないことを求めています
明瞭性の原則	財務諸表の明瞭な表示を要請	一定のルールに基づいて科目を配列するなど、財務諸表作成のルールを守ることを指します
継続性の原則	処理の原則及び手続を毎期継続して適用することを要請	減価償却の償却方法など、選択した処理は正当な理由がなければ変更してはならないことを求めています
保守主義の原則	業績に不利な取引については慎重な会計処理を行うことを要請	予測される危険に対し、利益を少なく見積もるような会計処理をおこなうことを求めています
単一性の原則	異なる目的の財務諸表を作る場合であっても、その元となる会計帳簿は一つであることを要請	いわゆる裏帳簿などの作成を行わないよう求めています

NOTE

日本の会計基準は、以前は憲法のように企業会計原則をおき体系的に整備されていました。しかし、海外基準の影響を受け形骸化しているものもあり、その影響力は低下してきています。海外では会計基準はピースミール方式といって、テーマごとに設けられることが一般的です。

会計基準と監査 ❷

開示書類とは？

会社法や金融商品取引法における開示書類の内容と、株主資本等変動計算書の内容について確認しましょう。

● 決算の開示資料は B/S、P/L 以外にもある

会社法において作成が求められる**計算書類等**とは、貸借対照表、損益計算書、株主資本等変動計算書、個別注記表の4表から成る計算書類、事業報告とこれらの附属明細書を指します。すべての会社はこれらの開示書類を作成し、定時株主総会の日の1週間前から5年間本店に備え置かなければなりません。また、上場会社に関しては金融商品取引法において、「**有価証券報告書**」の作成が義務付けられています。この内容は、会社の事業や取引、株式状況を説明するとともに、キャッシュ・フロー計算書を作成し資金の動きも記載しなければなりません。報告書は、各財務局に提出されますが、原則として **EDINET** への電子提出が必要となります。

● 株主資本等変動計算書と純資産

株主資本等変動計算書は、貸借対照表の**純資産の変動状況**を表す財務諸表です。会社法の施行により、剰余金の配当は決算による利益処分とは無関係に株主総会などの決議でいつでも行うことができるようになり、期中の純資産の変動を適切に把握する必要性から作成されることとなりました。株主資本等変動計算書は、純資産を株主資本、**評価・換算差額等**、**新株予約権**の3つに区分し、それぞれの内訳や増減額を記載します。

配当については、会社法で貸借対照表の**純資産が300万円未満**の場合や、一定の**分配可能額を超える部分**については配当できないという**配当制限**の条項が定められています。

---

01 キャッシュ・フロー計算書
→ 96、160ページ

02 株主資本等変動計算書
→ 96ページ

03 新株予約権
→ 216ページ

会社法と金融商品取引法の開示の違い

	会社法	金融商品取引法
開示書類	計算書類等	有価証券報告書
開示する財務諸表の内容	貸借対照表、損益計算書、株主資本等変動計算書、個別注記表、事業報告、附属明細書	貸借対照表、損益計算書、キャッシュ・フロー計算書、株主資本等変動計算書、附属明細表
開示方法	5年間本店に備置	EDINET※への掲載

※EDINET（エディネット）とは、有価証券報告書等の開示書類に関する電子開示システムの名称です。

株主資本等変動計算書のフォーム

(単位：百万円)

	株主資本									評価・換算差額等			
	資本金	資本剰余金			利益剰余金			自己株式	株主資本合計	その他有価証券評価差額金	評価・換算差額等合計	新株予約権	純資産合計
		資本準備金	その他資本剰余金	資本剰余金合計	利益準備金	その他利益剰余金	利益剰余金合計						
						XX積立金	繰越利益剰余金							
当期首残高	700	20		20			1,200	1,200		1,920				1,920
当期変動額														
新株の発行	50									50				50
剰余金の配当							△10	△10		△10				△10
当期純利益							85	85		85				85
自己株式の処分														
当期変動額合計	50	—	—	—			75	75	—	125			—	125
当期末残高	750	20		20			1,275	1,275		2,045				2,045

NOTE

会社法施行前は、配当は剰余金（利益）の処分としてのみ行うことができたため、決算時に「利益処分案」という財務諸表で処分方法を決めていました。「役員賞与」も利益処分の内容とされていましたが、会社法では役員報酬とともに株主総会の決議で定められたものを販管費として計上できることとなっています。

会計基準と監査❸
キャッシュ・フロー計算書による資金分析

キャッシュ・フロー計算書の3つの区分による分け方と、それぞれの読み方について学習しましょう。

●キャッシュ・フロー計算書で資金の流れを把握する

01 発生主義
→ 68ページ

　貸借対照表や損益計算書は発生主義を前提としています。これにより、現金化されていない収益が計上されたり、資金の動きがない費用が計上されたりするため、資金の流れが把握できません。資金の流れは、日々の決済や投資判断を行ううえで重要であり、利益の流れとは別に把握する必要があります。この資金の流れに着目した財務諸表がキャッシュ・フロー計算書です。

●キャッシュ・フロー計算書の構造

　キャッシュ・フロー計算書は、資金の増加要因を①「営業活動によるキャッシュ・フロー（売上などの営業取引による資金の増減）」、②「投資活動によるキャッシュ・フロー（固定資産や有価証券などの投資取引による資金の増減）」、③「財務活動によるキャッシュ・フロー（借入や新株の発行、配当金の支払いなどの財務活動による資金の増減）」の3つの要素から分析します。キャッシュの動きをみることで、資金の活用方法（会社がどういう方向へ向かっているのか？）、資金を生み出す方法（何によってどれだけ稼いでいるか？）、借入金などの他人資本への依存度と返済能力（借入金に頼って自転車操業になっていないか？）などがわかります。また、利益を増やすには、営業キャッシュを増やし、その再投資が必要であることから、営業キャッシュ・フローと投資キャッシュ・フローのバランスが必要です。なお、「資金繰り表」は資金が底をつきないように管理するものであり、作成目的に違いがあります。

02 資金繰り表
→ 208ページ

間接法によるキャッシュ・フロー計算書

	金額	
Ⅰ 営業活動によるキャッシュ・フロー		
税引前当期純利益	3,380	
減価償却費	500	営業活動以外の収支
受取利息及び受取配当金	△2	
支払利息	5	
売上債権の増減額	△120	
棚卸資産の増減額	△50	現金の入出金を伴わない債権債務
仕入債務の増減額	△10	
小計	3,703	
利息の支払額	100	
法人税等の支払額	320	
営業活動によるキャッシュ・フロー	4,123	
Ⅱ 投資活動によるキャッシュ・フロー		
有形固定資産の取得による支出	△2,165	
有形固定資産の売却による収入	512	現金生み出す資産に対する収支
有価証券の取得による支出	△165	
有価証券の売却による収入	120	
投資活動によるキャッシュ・フロー	△1,698	
Ⅲ 財務活動によるキャッシュ・フロー		
短期借入金による収入	3,800	
長期借入金の返済による支出	△5,400	借入金や配当金などの財務活動の収支
配当金の支払額	△200	
投資活動によるキャッシュ・フロー	△1,800	
現金及び現金同等物の増減額	625	
現金及び現金同等物の期首残高	1,275	前期、当期の B/S 上の現預金と一致
現金及び現金同等物の期末残高	1,900	

NOTE

キャッシュ・フロー計算書には、営業活動によるキャッシュ・フローを取引の総額で作成する「直接法」と、税引前当期純利益に営業活動以外の収支や入出金を伴わない債権債務を加減算して作成する「間接法」があります。すでに作成されている B/S や P/L を元に作成できる間接法が一般的となっており、多くの企業で採用されています。

会計基準と監査④

監査の役割と重要性

会計監査の役割と、業務の有効性や効率性に関する内部統制監査についてみていきましょう。

● 監査の役割と種類

　経営者は、株主やその他の利害関係者に正しい業務や会計の報告を行わなければなりません。報告内容に虚偽があると経営能力が正確に測れなくなるからです。そのため、第三者が報告内容に虚偽がないことを確認する必要があります。この作業を監査といいます。

　監査には、取締役の業務執行全般を監査する業務監査と、財務諸表に関する事項を監査する会計監査があります。会計監査は、監査役や内部監査室など会社内部の機関が行う内部監査もありますが、会計監査人（監査法人や公認会計士）が行う外部監査への対応が経理内部では重視されます。なお、会社法や金融商品取引法で会計監査人の設置が義務付けられている会社は、決算時にこれらの監査人の監査を必ず受けます。上場会社などは四半期報告書[01]の開示が求められていることから、四半期に一度は会計監査が行われます。

01 四半期
　報告書
➡ 164 ページ

● 業務の有効性や効率性を監査する内部統制監査

　金融商品取引法では、業務の有効性や効率性を統制環境やリスクの評価と対応、ＩＴへの対応などの観点から監査する内部統制監査も義務化されています。以前は、会計監査が不正や誤りを財務諸表の適正さで判断していたのに対し、近年では不正や誤りを積極的に防止する対策を講じているかが重視されるようになりました。内部統制監査では、内部統制報告書を作成し、会計監査人の監査を受けます。内部統制は、社内の環境整備が含まれることから、会社全体で適正に業務を行う仕組みを作り指導していくことが重要です。

会計監査

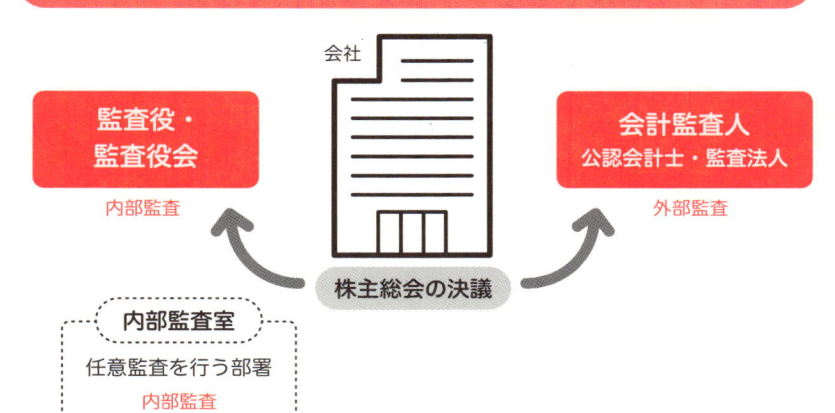

- 監査役・監査役会 — 内部監査
- 会社（株主総会の決議）
- 会計監査人 公認会計士・監査法人 — 外部監査

内部監査室
任意監査を行う部署
内部監査

第5章 経営管理について学んでいこう！

内部統制の評価の手順

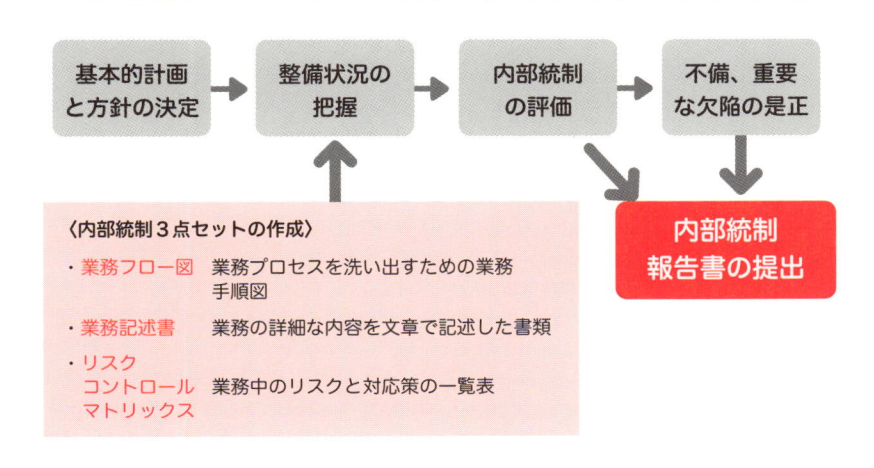

基本的計画と方針の決定 → 整備状況の把握 → 内部統制の評価 → 不備、重要な欠陥の是正 → 内部統制報告書の提出

〈内部統制3点セットの作成〉
- 業務フロー図　業務プロセスを洗い出すための業務手順図
- 業務記述書　業務の詳細な内容を文章で記述した書類
- リスクコントロールマトリックス　業務中のリスクと対応策の一覧表

NOTE

いわゆるJ−SOX（ジェイソックス）と呼ばれる内部統制に関する義務は、金融商品取引法に定める内部統制報告制度のことを指します。内部統制報告制度はアメリカなどで用いられていた制度でしたが、日本では平成20年より監査制度が開始されています。日本の内部統制監査では財務報告の信頼性を目的として行われています。

会計基準と監査❺

四半期報告書と重要性の原則

適時開示が求められる会計情報の作成には、情報の重要性の判断も必要です。

● 四半期報告書の作成

有価証券報告書を提出しなければならない上場会社については、決算時の開示だけでなく、適時開示ルールに基づく四半期報告書の開示も義務付けられています。四半期報告書は、事業年度が3カ月を超える場合に、3カ月ごとの期間（四半期・クオーター）の末日から45日以内に提出しなければなりません。

四半期報告書は、情報のスピードを考慮し、従来よりも短いサイクルで会社情報を開示するよう求めたものです。連結財務諸表作成会社の場合には連結財務諸表に関する決算情報が主な記載内容となっており、個別財務諸表の開示は求められていません。

● 細かいことは追求しない重要性の原則

会計処理は、あまりにも詳細すぎてしまうと会計データ自体が煩雑となり、重要な会計情報が埋もれてしまい、財務諸表の明瞭表示にとって、かえって障害となってしまうことがあります。そこで、財務諸表上、重要性の乏しい取引については、簡便な会計処理の採用が認められています。これが重要性の原則です。

四半期報告からもわかるように、近年の会計情報の開示はスピーディーでタイムリーな開示が求められています。重要性の低い1件の経費が確定しないことで、決算が締められないとあれば大きな損害となる可能性もあります。そのため、上場会社などは金額や取引内容の基準を設け、重要性の判断を行っています。

01 四半期
報告書
➡ 162ページ

02 連結財務
諸表
➡ 102ページ

金融商品取引法による開示

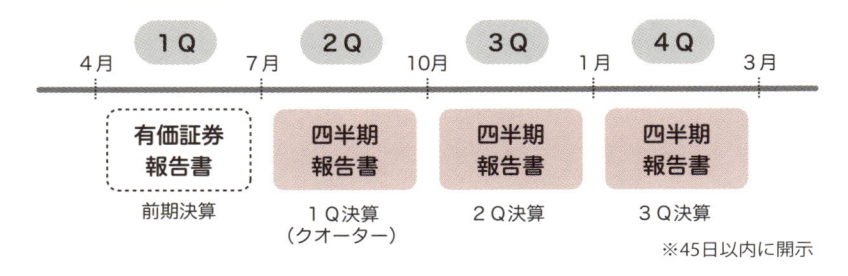

| 4月 | 1Q | 7月 | 2Q | 10月 | 3Q | 1月 | 4Q | 3月 |

- 有価証券報告書 — 前期決算
- 四半期報告書 — 1Q決算（クオーター）
- 四半期報告書 — 2Q決算
- 四半期報告書 — 3Q決算

※45日以内に開示

重要性の原則

請求書が来ていない！

請求書
文房具
4,000円

それって重要？

重要性の基準値 1,000万円

第5章 経営管理について学んでいこう！

NOTE

適時開示制度とは、金融商品取引所の規則により、重要な会社情報を上場会社から投資家に提供するためにタイムリーに伝達することが義務付けられている「重要な会社情報の開示」のことをいいます。適時とは会社が事実認識をしたタイミングをいい、株価に影響を及ぼす情報の早期開示を求めています。

税金と税効果会計 ❶

税務申告のスケジュールと税務調査

税務申告は申告・納付の期限があることからスケジューリングが重要です。

● スケジューリングの必要性

　決算を行う際の最後の業務として行われるのが**税務申告**の作業です。税金は、企業活動を行ううえで切り離せないものであり、その計算は経理業務の中でも重要な業務です。申告の作業については、必要な資料を集め、いつまでに申告データを作成すべきなのかを把握しておきましょう。納税に関しては、金額が大きくなることから会社の資金繰りに大きな影響を与えます。納期限までに申告や納付が行われないときは、**延滞税**や**加算税**といったペナルティーも課されることから、各税金の納期限を把握し、スケジューリングしておくことが必要です。

● 税務調査への対応も経理の仕事

01 法人税
➡ 168 ページ

02 消費税
➡ 174 ページ

　法人税や消費税などの申告を行う税目に関しては、申告書に記載された税額について、税務署が**任意**で**税務調査**を行うことがあります。税務調査では、申告の計算の元となった帳簿や証憑を税務署の**調査官**が実地調査します。また、取引状況を確認するため、取引の相手先を調査する**反面調査**が行われる場合もあります。

　税務調査が行われる日は、税務官の質問にその場で答える必要があり、担当者が常に対応できる体制をとります。必要であれば**顧問税理士**に立ち合いをしてもらうことも可能です。税務調査により、税務署は5年間遡って税額を修正する**更正処分**を行う権限があるため、事前に過去の期間の分も含めて帳簿などの資料を揃えておくことも重要です。

1年間の納税スケジュール（3月決算法人）

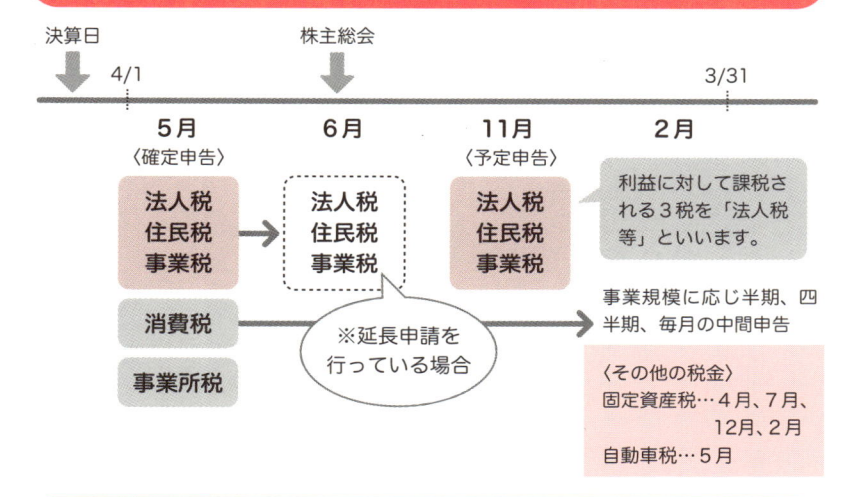

```
決算日              株主総会
 ↓                   ↓
 4/1                                              3/31
─┼────────┼────────┼─────────────┼──────
  5月      6月       11月          2月
〈確定申告〉         〈予定申告〉
```

- 5月〈確定申告〉：法人税／住民税／事業税
- 6月：法人税／住民税／事業税（※延長申請を行っている場合）
- 11月〈予定申告〉：法人税／住民税／事業税
- 消費税
- 事業所税

利益に対して課税される3税を「法人税等」といいます。

事業規模に応じ半期、四半期、毎月の中間申告

〈その他の税金〉
固定資産税…4月、7月、12月、2月
自動車税…5月

税務調査後の対応

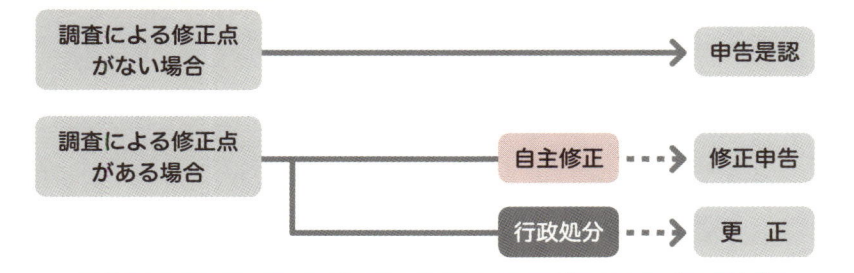

- 調査による修正点がない場合 → 申告是認
- 調査による修正点がある場合
  - 自主修正 ⇢ 修正申告
  - 行政処分 ⇢ 更正

〈修正点がある場合のペナルティー〉
- **延滞税**…申告期限から不足分の税金が納付されるまでの利息
- **過少申告加算税**…税額を過少に申告した場合のペナルティー
- **重加算税**…悪質な脱税行為によるペナルティー
  ※会社が自主的に修正申告を行った場合には加算税の対象となりません。

NOTE

税務署が行う調査はあくまでも任意調査であり、不正があるかないかにかかわらず概ね3年〜5年ごとに行われるものです。不正が発覚した場合に行われる査察とは異なります。査察は国税局による強制調査であり、国税犯則取締法に基づき行われます。国税局の査察官は、脱税者に対し検察庁に告発する権限を持ちます。

税金と税効果会計 ❷

税務会計と法人税の仕組み

税法の基準に合わせた会計処理を税務会計といい、財務会計とは目的が異なります。

● 税金を計算するための税務会計

　株主などの利害関係者に対し財務内容の開示を目的とした会計を**財務会計**といいます。これに対し、法人税法を中心とした税法の基準にあわせ、会計処理を行う方法を**税務会計**といいます。

　税法では、**課税の公平**という観点から、収益は収入を得ることが確定したもののみを計上する**権利確定主義**を用いています。同じように、費用は支払義務が確定したもののみを計上する**債務確定主義**を採用するため、財務会計上の収益や費用とはズレが生じます。たとえば、会計上は保守主義[01]の観点から損失の見込みを早めにとらえなければならず、引当金が計上されますが、税務上では確定していない損失である引当金は一部しか計上が認められません。また、本来は使用可能期間にわたり計上する減価償却費も、公平性を保つ観点から、資産の種類ごとに償却年数や償却率が法定化されています。

　このように、法人税の計算では、会計上の利益を法人税法の基準に合わせて計算し直した**所得**[02]を元に計算されます。

01 保守主義
➡ 156ページ

02 所得
➡ 94ページ

● 法人税の申告書類である別表を作成する

　法人税の申告書は、税額計算を行うための**別表一**[03]と、申告内容に関する計算過程を記載する、その他の別表から成り立ちます。課税所得を計算する**別表四**は**税務上の損益計算書**といわれ、課税所得の計算上当期の損益に含めず繰延べた損益を計上する**別表五（一）**は**税務上の貸借対照表**といわれています。この会計と税務の計上額の差異は後述する税効果会計にも影響する項目です。

03 別表
➡ 95ページ

債務確定主義

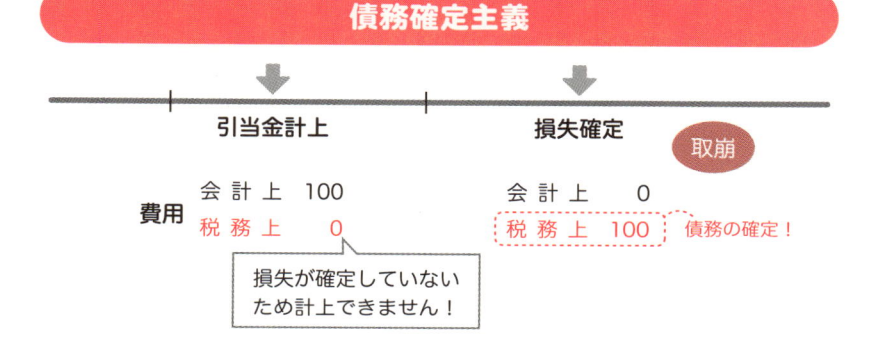

引当金計上	損失確定	取崩

費用
- 会計上 100　　会計上 0
- 税務上 0　　　税務上 100　債務の確定！

損失が確定していないため計上できません！

財務諸表と法人税の別表の関係

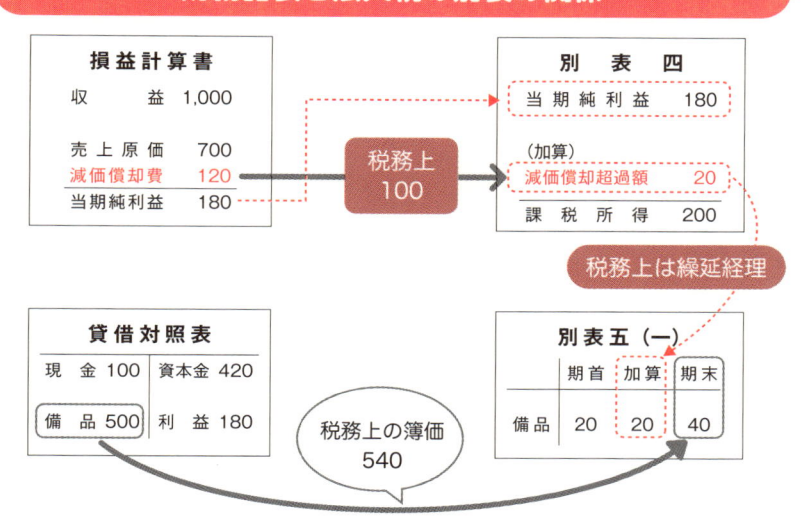

損益計算書
- 収　　益　1,000
- 売上原価　　700
- 減価償却費　120
- 当期純利益　180

税務上 100

別表四
- 当期純利益　180
- （加算）
- 減価償却超過額　20
- 課税所得　200

税務上は繰延経理

貸借対照表
- 現　金　100　資本金　420
- 備　品　500　利　益　180

税務上の簿価 540

別表五（一）

	期首	加算	期末
備品	20	20	40

NOTE

中小法人などで、会計監査人による監査の対象とならない法人は、厳密な会計基準に準じた会計処理を行う必要がないことから、一般的に税務会計による基準で会計処理が行われます。税務会計による基準を用いる場合であっても、交際費の損金不算入など税法の制度上との差異は発生するため、別表調整項目は必ず発生します。

税金と税効果会計 ❸

法人税と住民税の計算の基礎

法人税や住民税は、決算処理の最終段階として確定した決算を元に算定されます。

● 法人税等の計上は決算処理の最終段階

法人税の計算は、会計上の当期純利益から、会計上と税務上の差異である**別表調整項目**を加減算して算定するため、計算を行うにあたっては、調整項目に関する資料作成から行います。

一般的な調整項目は、右ページのとおりですが、法人税やこれを元に算定する住民税、事業税（**法人税等**）は、すべての決算整理事項の処理が行われ**正しい利益が算定された後**、決算処理の最後に計上します。税額算定のスケジュールがタイトになることから、確定した項目については順次調整金額に関する資料を作成し、調整額を把握しておくことが必要です。

なお、法人税は利益に対して課税されることから、赤字決算の場合には課税されません。ここで、**青色申告法人**は過年度の赤字があるときは**繰越欠損金**として**9年間**繰り越せます。これを控除した後の金額が課税所得となります。

● 利益に基づく住民税と基づかない住民税

住民税は、その会社の所在する都道府県に納付する**都道府県民税**と市町村に納付する**市町村民税**があります。いずれも、確定した法人税額を元に算定される**所得割**と、事業規模に応じて一律に課税される**均等割**の2つから構成されています。所得割は、赤字決算などにより法人税が算定されなければ発生しませんが、均等割は利益に関係なく毎年必ず課税されます。なお、支店などがある場合には支店の数や所在地に応じて、各自治体ごとに住民税が発生します。

---

01 別表
→ 168 ページ

02 法人税
→ 168 ページ

03 法人税等
→ 94 ページ

04 青色申告
→ 86 ページ

主な別表調整項目

調整項目	税務上の取扱い	発生事由	調整額の算定
減価償却超過額	会計上の減価償却費が税務上の償却可能限度額を超える場合に、超える部分を調整	本来固定資産計上しなければならないものを費用計上したときなど	・固定資産で費用計上されているものを確認 ・計上すべきものは償却可能限度額を計算し、調整額を算定します
貸倒引当金繰入超過額	会計上の貸倒引当金が、税法上の繰入限度額を超える場合に超える部分を調整	社内の繰入基準があるとき	法定繰入率を算定し、B/S上の残高との差額を調整額とします
その他の引当金	計上が認められません（返品調整引当金を除く）	保守主義の観点から会計上計上されているとき	B/S上の残高が全額調整額となります
評価損益	原則計上は認められません	有価証券や固定資産などの評価損益を計上しているとき	P/L上の評価損益の全額が調整額となります
繰延税金資産	計上は認められません	会計上、税効果会計を採用しているとき	B/S上の簿価の全額が調整額となります

支店などがある場合の住民税の課税権者

本店 支店
A県B市
すべて同一市内の場合
県民税：A県のみ
市民税：B市のみ

A県
本店 支店
B市 D市
同一県内の異なる市内にある場合
県民税：A県のみ
市民税：B市、D市

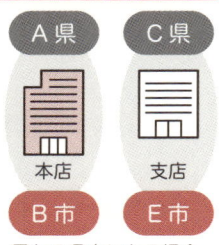

A県 C県
本店 支店
B市 E市
異なる県内にある場合
県民税：A県、C県
市民税：B市、E市

第5章 経営管理について学んでいこう！

NOTE

法人税の税率は、政策的な影響から数年に一度見直しがあります。また、住民税は、地方税法で定めた標準税率の範囲内で課税団体ごとに税率が異なります。送付された申告書を確認し、税務計算ソフトに設定された税率に間違いがないかを毎年確認しましょう。

税金と税効果会計 ❹

事業税の計算とそのほかの税金

事業税は利益に対する「所得割」と、事業規模に応じた「外形標準課税」があります。

● 所得割と地方法人特別税の関係

事業税は、都道府県に対する住民税の申告と同時に行います。事業税は、所得に対して課税される「所得割」を原則とします。所得割は所得の金額に応じて3段階の段階税率が定められています。事業税は道府県民税ですが、徴収は自治体により偏りがあることから、徴収すべき事業税の一部は所得割額に税率を乗じた「地方法人特別税」を国税として徴収し、国が財源の再分配を行っています。地方法人特別税は国税ですが、事業税の申告の一部として行われます。

01 住民税
➡ 170 ページ

● 所得がなくても課税される外形標準課税

資本金1億円を超える法人については、所得割以外に外形標準課税による課税が行われます。外形標準課税には、「付加価値割」と「資本割」の2種類の課税方法があります。付加価値割は、人件費や賃料、借入利息の支払額で算定した付加価値額に税率を乗じて求めます。資本割は税務上の資本金等に税率を乗じます。外形標準課税は、事業税の一部ですが、所得割と異なり利益（所得）に対する税金ではないため、損益計算書上は「租税公課」などの科目で販売費及び一般管理費に計上されます。

このほかに、都市の環境整備のため、一定の都市の大規模法人（床面積1,000㎡超、従業員100人超）に対して課される事業所税もあります。これらの税金は事業年度終了から2カ月以内に申告納付を行わなければなりません。

事業税の課税対象と標準税率

	課税対象		外形標準課税適用法人	外形標準課税適用法人以外
所得割	課税所得	年400万円以下	1.5%	2.7%
		年400万円超800万円以下	2.2%	4%
		年800万円超	2.9%	5.3%
付加価値割	付加価値額		0.48%	—
資本割	資本金等の額		0.20%	—
地方法人特別税	所得割額		148%	81%

〈付加価値額〉

付加価値額 ＝ 所得金額 ＋ 収益配分額

- 報酬給与額：報酬・給与＋企業年金掛金
- 純支払利子：支払利子－受取利子
- 純支払賃借料：支払賃借料－受取賃借料

損益計算書の配置

損 益 計 算 書
売上高
　⋮
販売費及び一般管理費
　租税公課 → 事業税（付加価値割・資本割）
　⋮
税引前当期純利益
　法人税等 → 法人税・住民税　事業税（所得割）
当期純利益

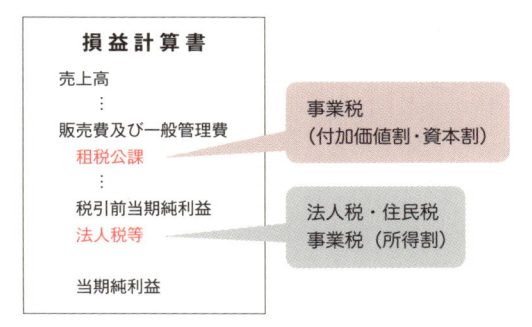

NOTE

事業所税は東京都特別区や政令指定都市などの大都市に事業所を持つ大規模法人に対して課税されます。事業所の面積に応じた事業所割と、従業員給与の金額に応じた従業員割があります。

税金と税効果会計 ⑤

消費税の仕組みと計算

消費税は、消費者の負担する税金を預かった企業が支払う間接税です。

● 消費税の仕組みと申告、納付

01 消費税
➡ 167ページ

　消費税は、消費者が商品の購入などを行ったときに課税される税金ですが、事業者は売上時に消費税を預かり、消費者に代わって国に納付します。このとき、仕入の際に支払った消費税は仕入先が納付することから、これを差し引きます。このように、消費税は消費者が負担する税金ですが、納税に関する義務は事業者に課せられています。こういった税金を**間接税**といいます。支払うべき税金は決算時に、申告納付します。

● 消費税の会計処理と区分経理

　消費税は、事業者にとって預かった税金であるため、決算を行ううえでは損益に影響されません。売上の際に預った消費税は「**仮受消費税**」として計上し、仕入や経費の支払に関して支払った消費税は「**仮払消費税**」として計上します。決算においては、集計された仮受消費税と仮払消費税を元に、税額計算を行います。

　消費税には、課税対象となる取引と、従業員の給与や慶弔費、損害保険料など消費税のかからない取引（**不課税取引**や**非課税取引**）があります。日常の仕訳入力の際に、これらを正確に区分しておかなければ正しい税額が算定できません。取引数が多ければ決算時に確認して修正することが困難であるため、日々の業務の中で注意することが重要です。なお、課税売上高5,000万円以下の小規模事業者については、売上の税額から割合計算で仕入税額を計算する**簡易課税制度**が認められています。

消費税の仕組み

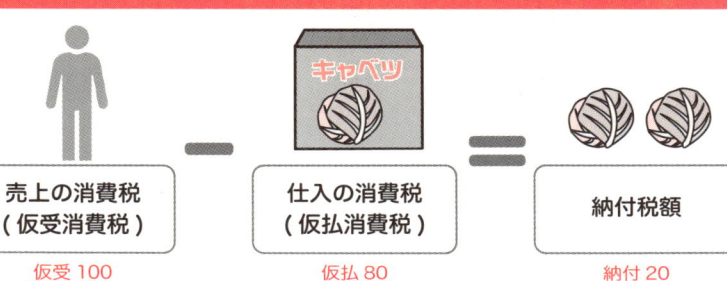

売上の消費税（仮受消費税） − 仕入の消費税（仮払消費税） = 納付税額

仮受 100　　仮払 80　　納付 20

取引の分類

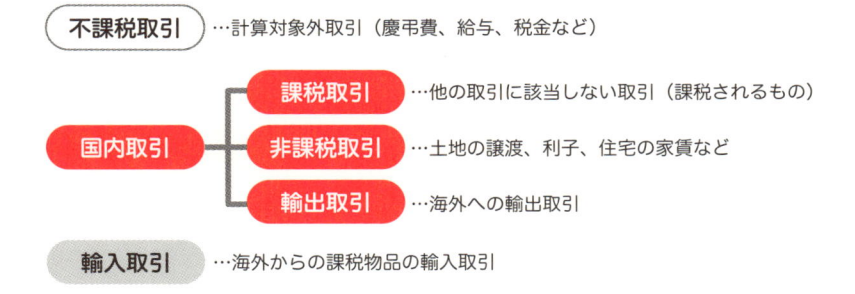

- 不課税取引 …計算対象外取引（慶弔費、給与、税金など）
- 国内取引
  - 課税取引 …他の取引に該当しない取引（課税されるもの）
  - 非課税取引 …土地の譲渡、利子、住宅の家賃など
  - 輸出取引 …海外への輸出取引
- 輸入取引 …海外からの課税物品の輸入取引

消費税の仕組み

消費税（国税）6.3％
地方消費税 1.7％

消費税 8％

消費税率8％は国税6.3％と地方消費税1.7％の合計です。

NOTE

消費税率は、平成26年4月1日より5％から8％（国税6.3％、地方税1.7％）に増税されていますが、平成27年10月1日より、さらに10％（国税7.8％、地方税2.2％）に増税されることが決定しています。税率に変更があった場合には、取引のあった時点で適用されている税率を確認し、仕訳処理する必要があります。

第5章　経営管理について学んでいこう！

税金と税効果会計 ⑥

法人税と税効果会計

会計上と税務上での収益・費用の差異を前払・未払税金として調整し、P/L に反映させるのが税効果会計です。

● 法人税等を会計上の利益に対応させる税効果会計

ここまでで学習したように会計上と税務上では収益や費用のとらえ方に差異があり、会計上の利益と税務上の所得は一致しません。両者の差異の原因は 2 つに分類され、

① 一時差異…会計上と税務上で計上時期が異なるもの
② 永久差異…会計上と税務上で取扱いが異なるもの

に分けられます。減価償却超過額のように、当期に計上した償却費で法定償却額を超えた部分は、税務上当期の損金とできないだけで、償却が終わるまでのどこかで費用化されます。このような一時的な差異を一時差異といいます。一時差異があることにより、P/L 上で税引前当期純利益からマイナスされる法人税等は会計上の利益に対応する税額にはなりません。これを税引前当期純利益に対応する金額に修正するために行われるのが税効果会計です。

01 所得
➡ 94 ページ

02 損金
➡ 94 ページ

● 差異に関する取扱い

税効果会計では、減価償却超過額などの会計上と税務上の差異に法定実効税率（利益に課税される 3 つの税金の総合的な税率として計算された税率）を乗じて算定した差異部分の税額を「法人税等調整額」として法人税等に加減算することにより、会計上の法人税等が「税引前当期純利益×法定実効税率」に修正されます。

このとき調整された差異部分の税額は、期間対応のズレ部分の税額であり、会計上の前払税金や未払税金であることから「繰延税金資産」「繰延税金負債」という科目で資産または負債に計上します。

03 減価償却
超過額
➡ 171 ページ

税効果会計とは？

税効果会計が適用されていないと？

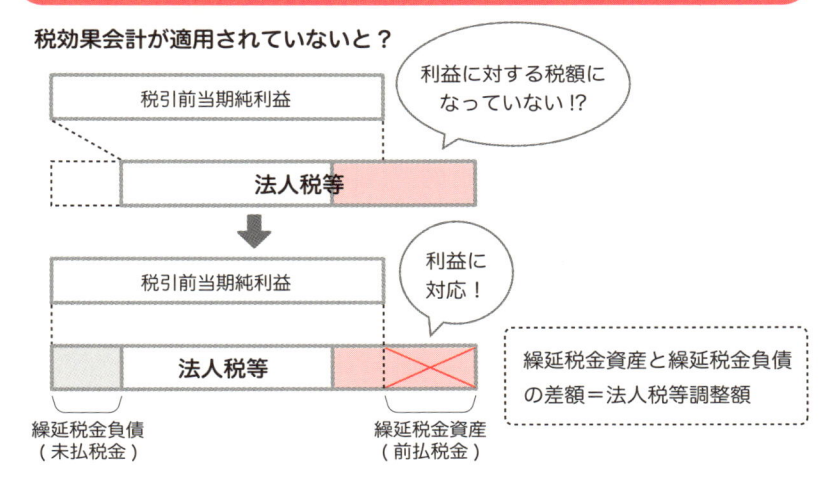

```
┌─────────────────────────────┐
│      税引前当期純利益          │
└─────────────────────────────┘
     ┌──────────────┐        利益に対する税額に
     │   法人税等    │        なっていない！？
     └──────────────┘
              ↓

┌─────────────────────────────┐
│      税引前当期純利益          │
└─────────────────────────────┘
┌──────────────────────┐      利益に
│      法人税等         │  ×   対応！
└──────────────────────┘
  繰延税金負債      繰延税金資産
  （未払税金）      （前払税金）
```

繰延税金資産と繰延税金負債の差額＝法人税等調整額

計算の具体例

（例）税引前当期純利益 1,000　減価償却超過額 200
　　　法定実効税率　40％

〈仕訳〉（借）繰 延 税 金 資 産 80　（貸）法人税等調整額 80

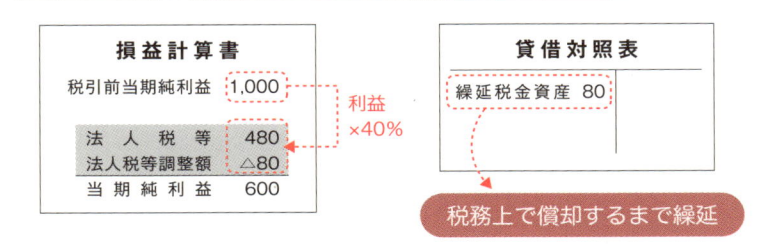

損益計算書

税引前当期純利益	1,000
法 人 税 等	480
法人税等調整額	△80
当 期 純 利 益	600

利益×40％

貸借対照表

繰延税金資産 80	

税務上で償却するまで繰延

NOTE

永久差異とは交際費の損金不算入額のように会計上と税務上の取扱いが異なるものであり、時の経過により解消されるものではありません。一時差異は、法人税額の計算上別表五（一）に簿価の修正分として繰延べる部分が対象になると押さえておきましょう。

税金と税効果会計 ❼

繰延税金資産の回収可能性の検討

繰延税金資産の計上は、将来における税金の減少効果がある場合に限られます。

●税金の支払いがあることで資産としての価値がある!?

01 一時差異
➡ 176 ページ

　一時差異となる費用は、会計上すでに計上していても、税務上の損金算入は翌期以降にズレます。税務上損金算入した会計期間においては、税務上の費用が増え、その分その期における税金の支払いが減り資金がプールされることとなります。この**将来における税金の減少分**を資産ととらえ、計上したものが**繰延税金資産**です。

02 繰延税金資産
➡ 176 ページ

　繰延税金資産が、資金のプールに役立つかどうかは、そもそも税金の支払いが発生するかどうかにかかっています。税金の支払いがないのに将来の税金の減少分による資金のプールを資産として認識することにより、当期の利益が実態よりも大きくなってしまい、それを配当として社外に分配することは、会社の資金の減少につながります。そこで出てくる考え方が、**繰延税金資産の回収可能性**です。

●将来税金が減る可能性があるのか？ということ

　計上された繰延税金資産は、その元となった費用が税務上、損金算入された時期に取り崩すこととなります。しかし、事業の状況が変わり、数年にわたる**赤字決算**が見込まれる場合は、税金そのものの支払いがなく、支払いがなければ資金のプールは見込まれないのでこれを取り崩さなければなりません。そのため、毎期の決算において、その項目が本当に将来損金算入できるかどうかの検討をします。この回収可能性の検討は、スケジュール表を使って行います。

繰延税金資産の回収可能性の検討

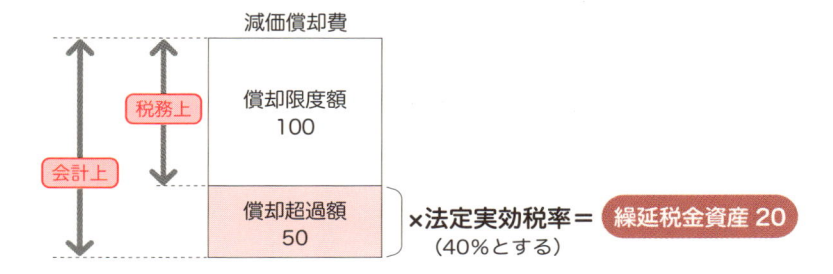

償却超過の図

- 税務上：償却限度額 100
- 会計上：償却限度額 100 ＋ 償却超過額 50

償却超過額 50 ×法定実効税率（40%とする）＝ **繰延税金資産 20**

利益が発生した場合

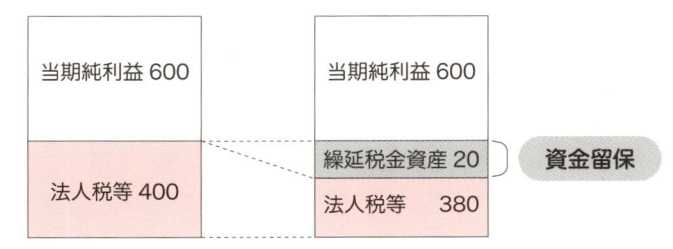

当期純利益 600	当期純利益 600
法人税等 400	繰延税金資産 20
	法人税等 380

→ 資金留保

赤字の場合

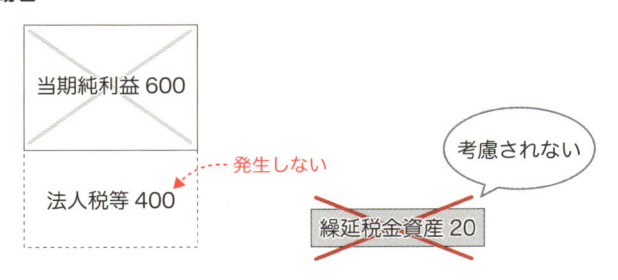

当期純利益 600 ✕（発生しない）
法人税等 400（発生しない）

繰延税金資産 20 ✕ → 考慮されない

NOTE

会計では、将来の収益や費用の見込み計上を行いますが、計上は配当可能利益の関係から慎重に行わなければなりません。繰延税金資産の計上については、「収益力に基づく課税所得の十分性」「タックスプランニングの存在」「将来加算一時差異の十分性」を要件とし、監査法人などによる会計監査の対象となります。

連結決算❶

連結決算の対象法人と決算の手順

連結決算の具体的な方法を確認していきましょう。

● 連結対象となる法人とは？

企業グループの親会社にあたる会社は連結決算を行い、**連結財務諸表**を作成しなければなりません。連結対象となる会社は親会社が株式の **50％超** を保有する子会社または、40％以上50％以下の保有でその意思決定に影響力がある子会社です。**20％以上50％以下**の保有にある会社は連結の対象にはなりませんが、**持分法**による持分法損益として損益のみを連結財務諸表に反映させます。

● 連結決算の手順と注意点

連結決算を行う前に親会社、子会社それぞれの**単体決算**を確定させます。連結決算を行う場合でも、子会社においては、個別財務諸表の作成や株主総会など、決算における一連の業務を行わなければなりません。各社の決算が確定した後で、親会社は個別財務諸表を合算して集計し、**連結消去仕訳**を行います。連結消去仕訳とは、売上と仕入など相対する取引をグループ会社間で行っている場合に、合算後同額が連結財務諸表上計上されることとなるため、これを相殺し、消去するために行う仕訳です。

会計システムを用いる場合には、この作業を自動処理で行うことも多いのですが、相殺対象となる仕訳に漏れがないように双方が確実に計上しておかなければなりません。あらかじめグループ内で取引の計上基準を定め、両者が確実に処理することを徹底させることが重要です。また、貸倒引当金の計上基準など、会計基準についても事前にグループ内で同じ基準に統一しておく必要があります。

---

01 連結財務諸表
➡ 102 ページ

02 持分法
➡ 182 ページ

03 連結決算
➡ 102 ページ

04 単体決算
➡ 102 ページ

連結対象の判定

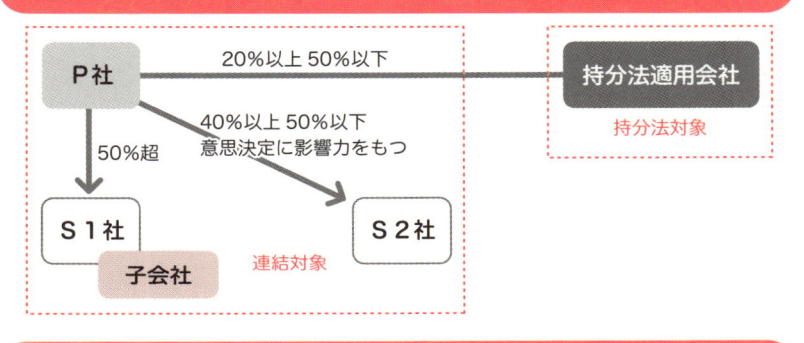

```
         20%以上 50%以下
  P社 ─────────────────────→ 持分法適用会社
   │                              持分法対象
50%超│ 40%以上 50%以下
   │  意思決定に影響力をもつ
   ↓ ↘
  S1社        S2社
  子会社      連結対象
```

連結消去仕訳

親会社計上時	（借）子会社貸付金 100 ／（貸）現 預 金 100
子会社計上時	（借）現 預 金 100 ／（貸）親会社借入金 100
連結消去仕訳	（借）親会社借入金 100 ／（貸）子会社貸付金 100

※子会社貸付金と親会社借入金が相殺

〈連結消去仕訳〉
① 投資・資本の相殺消去　親会社の「子会社株式」と子会社の「資本」の相殺
② 債権・債務の相殺消去　親会社、子会社間の売掛金と買掛金、貸付金と借入金などの債権・債務の相殺
③ 収益・費用の相殺消去　親会社、子会社間の売上と仕入などの収益・費用の相殺
④ 子会社配当金の修正　　親会社に子会社が支払った配当金の修正
⑤ 未実現利益の消去　　　親会社、子会社間の棚卸資産の売却や固定資産の売却における未実現利益の消去

NOTE

連結の作業を行ううえで最も重要なことが、グループ内部の処理の統一です。大規模な企業グループでは子会社の規模もさまざまであり、親会社と同様のシステムを導入することは資金的に不可能な場合もあります。その場合には、手作業に頼らざるを得ないため、連結決算を無理なく正確に行うには事前準備が重要なのです。

連結決算❷

のれんの計上と持分法の適用

連結による子会社や関連会社の価値の表示と、取扱いをみていきましょう。

● 投資損益から見る子会社の価値

01 連結決算
➡ 180ページ

　連結決算を適用させたことにより発生した、子会社株式の簿価と個別財務諸表上の純資産との差額は、子会社の投資価値を表す**のれん**です。この金額が大きければ、その子会社株式を取得するにあたり、所有資産だけではない投資価値を判断したこととなるため、連結貸借対照表では、**無形固定資産**として表示されます。このときに、親会社が100％の比率で所有していない子会社に関しては、子会社の純資産のうち、所有する株式の比率に相当する部分の金額だけが連結の対象となります。これ以外の少数株主が保有する株式に対応する部分の金額は、**少数株主持分**として親会社の持分とは別に表示されます。

02 無形固定
資産
➡ 86ページ

● 持分法を適用する関連会社とは？

　親会社が**20％以上50％以下**の株式を保有している会社は会計上、関連会社となり、連結対象とはなりません。関連会社の利益のみを調整し、所有する関連会社株式の持分だけ取り込む**持分法**を適用させ、損益を親会社の連結損益計算書上に反映させます。また、15％以上20％未満の持ち株数でも、営業に影響を及ぼすことができる役員や従業員が就任しているなど、**影響力基準**に該当する場合も持分法が適用されます。

　持分法では、関連会社の利益のうち、親会社の持分に相当する金額を「**持分法による投資利益（損失）**」として連結損益計算書に表示します。

連結貸借対照表とのれんの計上

（例）P社がS社の株式の60％（簿価280）を所有する場合

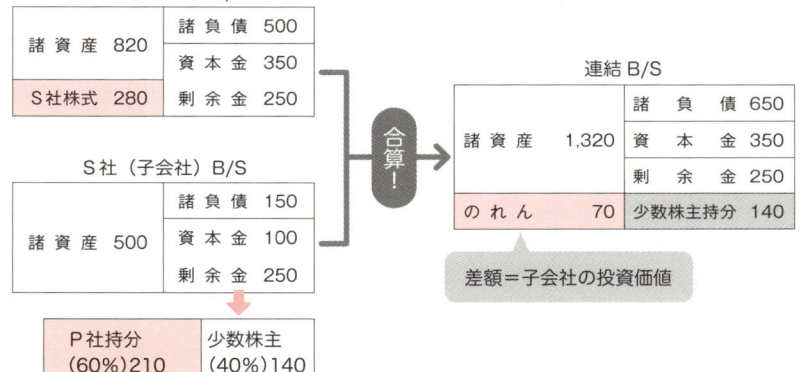

P社（親会社）B/S

諸資産 820	諸負債 500
	資本金 350
S社株式 280	剰余金 250

S社（子会社）B/S

	諸負債 150
諸資産 500	資本金 100
	剰余金 250

P社持分（60％）210 ／ 少数株主（40％）140

合算！

連結 B/S

	諸負債 650
諸資産 1,320	資本金 350
	剰余金 250
のれん 70	少数株主持分 140

差額＝子会社の投資価値

連結損益計算書と持分法による投資損益

（例）P社の保有する株式の保有割合が以下の場合

	P社（親）	S社（100％保有）	I社（20％保有）
収益	1,000	600	ー
費用	800	300	ー
利益	200	300	500

連結損益計算書

```
収  益          1,600  ┐
費  用          1,100  ┘ P社＋S社
持分法による投資利益    100  ◀────── 500×20％
税金等調整前
当期純利益        600
```

NOTE

連結決算において一番難しい作業が、子会社等の利益の配分です。子会社の帳簿を締めてから連結の決算を行い開示するまでの期間は短く、複雑な業務を時間をかけて整理する余裕はありません。事前に子会社等の株主の構成比率などを把握しておき、すぐに計算できるよう準備をしておくことが重要です。

連結決算❸

グループ法人と連結納税

100％保有子会社があるグループ法人では、連結ベースで納税を行う連結納税制度の適用が可能です。

● グループ全体で法人税を計算する連結納税

法人税などの会社に関する税金は、各単体の法人が納税義務者となりますが、連結会計が導入されているグループ法人については、申告を企業グループ単位で行う連結納税も可能です。ただし、連結納税が可能なのは親会社が株式の100％を保有する子会社との連結のみです。適用するには連結事業年度開始の3カ月前に、親会社と連結対象となる子会社が連名で税務署に申請する必要があります。

連結納税を採用した場合は、連結親法人が代表して申告を行い、納税に関する義務は、グループ各社が連帯して責任を負います。

01 グループ
➡ 102 ページ

● 連結納税のメリット、デメリット

連結納税の最大のメリットは、グループ企業間の損益の通算です。単体での申告で赤字会社と黒字会社があっても、従来は別の法人であったため、赤字会社では繰越しできない損失は切り捨てられていました。連結納税を行うことにより、グループ会社間の損益の通算や、過去に発生した繰越欠損金の通算が可能となります。ただし、繰越欠損金については、租税回避目的で赤字会社を買収することを防止するため、親会社が5年以上株式を保有している子会社に限られます。デメリットとしては、子会社などが中小法人に該当する場合であっても、税制の優遇措置（軽減税率の適用や交際費の損金算入限度額など）が利用できなくなります。ただし、親会社の保有比率100％のグループ会社の子会社はグループ法人税制が強制適用されるため、メリットのある連結納税の選択が広がっています。

損失の通算

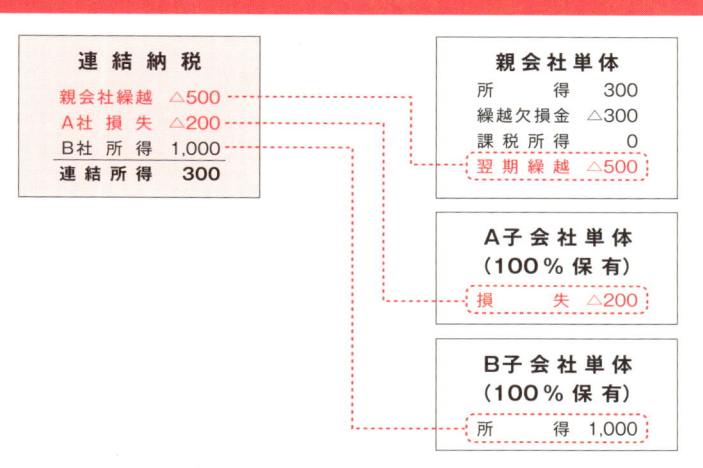

連結納税
- 親会社繰越　△500
- A社 損失　△200
- B社 所得　1,000
- 連結所得　300

親会社単体
- 所　得　　300
- 繰越欠損金　△300
- 課税所得　　　0
- 翌期繰越　△500

A子会社単体（100％保有）
- 損　失　△200

B子会社単体（100％保有）
- 所　得　1,000

連結納税の特徴

メリット	デメリット
・損失及び繰越欠損金の通算 ・連結グループ内の譲渡益の繰延 ・受取配当金の益金不算入 ・税額控除枠の拡大	・所得800万円以下の軽減税率の不適用 ・中小企業者等の交際費の定額控除限度額の不適用 ・連結加入時の時価課税の適用 ・中小企業者等の欠損金の繰り戻し還付の不適用

> 法人税では中小企業者にとってさまざまな措置を設けているので、いろいろな観点から有利かどうかの判断をすることが重要です。

NOTE

平成22年度の税制改正において新設されたグループ法人税制では、親会社が100％保有する子会社との取引について、譲渡損益の繰延や寄付金、配当金の益金不算入、中小企業者の特例の適用制限などの連結納税と同様の措置が取られますが、申告自体は単体で行うため、損益の通算ができません。

第5章　経営管理について学んでいこう！

管理会計の基礎❶

管理会計とは？

社内の経営管理のために行う、さまざまな分析に用いるツールが管理会計です。

● 過去を分析し、未来を予測する管理会計

01 財務会計
➡ 168 ページ

02 税務会計
➡ 168 ページ

会計には、これまで見てきた財務会計、税務会計のほかに、社内の経営管理に使用するデータ提供のために行われる管理会計があります。財務会計では、厳密な会計処理の基準に基づいて、細部まで正確に数字を出さないといけませんが、管理会計は現状分析やその先にある業績予測に用いるツールとして使用するため、用途に応じて大まかな数値を計上することもあります。ただし、まったく違った目的とはいえ、管理会計のための会計処理を別途行うことは不可能です。通常の会計データの入力時に管理会計用の部門や商品コードを付すことによって管理されます。

● 管理会計で管理するものとは？

03 原価計算
➡ 144 ページ

04 損益分岐点
➡ 192 ページ

05 固定費
➡ 146 ページ

06 変動費
➡ 146 ページ

管理会計で管理すべきものは、企業内で必要となる情報であるため、財務会計のようにどういった基準でどのような書類を作成しなければならないか、といった制約はありません。オーソドックスな管理方法では、原価計算や予実（予算、実績）管理、損益分岐点分析、設備投資計画などが挙げられます。

管理会計では、損益の把握を部門別に細分化し、成長部門やコスト部門を把握することで予算作成などに活かしたり、実績がぶれた要因を予実管理で探り、次の事業計画の方向性を定めたりすることも可能です。また、固定費と変動費を分けることで売上の増減に伴い、利益がどのように増減するかの予測もできます。このように財務データでは把握できないさまざまな分析に役立てます。

財務会計と管理会計の違い

	財務会計	管理会計
目的	利害関係者に対する正確な経営成績の開示	会社内部での経営管理に関する情報の開示
基準等	一般に公正妥当な会計処理の基準に基づき財務諸表を作成	社内で管理したい情報に基づき必要な帳票を作成

管理会計でわかること

部門別損益

A部門「A部門は成長したな！」

B部門「B部門は今後厳しいな…」

予実対比

B部門

	予算	実績	達成率
売上	100	80	80%
原価	60	60	100%
利益	40	20	50%

「売上が少ないのに原価かかりすぎ？」

予算作成

×期3Q予算

	A部門	B部門
売上	200	70
原価	100	63
利益	100	7

「A部門を多めにとって、B部門は少なめに…」

第5章 経営管理について学んでいこう！

NOTE

管理会計は、会社ごとに必要となる情報が異なり、財務会計における簿記や財務諸表作成のルールのように定型化できない部分も多く、経理初心者がつまづきやすい部分でもあります。管理会計を行うに当たっては、その会社が必要としている情報がなんであるかを把握することが最も重要なポイントです。

管理会計の基礎❷

部門別損益計算で事業を細分化する

部門ごとに細分した損益を把握し、変動費や固定費を分析することが管理会計の第一歩です。

● 部門別損益計算の重要性

　管理会計の基礎は、損益を細分化することです。まず行う基本的な作業が**部門別損益計算**です。その分け方は、業態によって異なりますが、一般的に①**支店別・営業所別・店舗別**、②**担当者別**、③**商品グループ別**、④**生産ライン別**などの方法があります。財務諸表上は一つの数字でしかない売上や原価も、部門別に切って**粗利**[01]や販管費を出していくことで事業ごとの経営判断も可能となります。

● 変動費と固定費を部門別に把握する

　部門別損益は、事業の展開や現場の習熟度などにより求められる情報が変わっていきます。その都度データの分類方法を検討する必要がありますが、最低限必要となる情報は、原価計算にも使われていた**変動費**[02]（商品仕入高、材料費や外注費など）と**固定費**[03]（人件費や家賃など）の分類です。これにより売上から変動費を引いた「**限界利益**」が把握できます。限界利益は変動費が仕入のみであれば粗利と同額になります。この情報をたとえば店舗別につかみ、利益率のよい店舗の実績を分析することで他店にその情報を取り入れることができます。また、限界利益よりも従業員給与などの固定費が大きい赤字店舗は、ピンポイントでてこ入れを行うことができます。

　なお、部門別損益を把握するために重要なのは、仕入先などに「**いつ、どの部門に、何を**」納品したのかを、請求書に明記してもらい、会計処理を行う際も**補助科目**や**管理コード**などにより**部門別**に仕訳を切って整理しておくことです。

---

01 粗利
→ 100 ページ

02 変動費
→ 146 ページ

03 固定費
→ 146 ページ

部門別損益計算

「売上は増えてるのになんで利益が少ないんだろう？」

損益計算書
売 上		3,200
仕 入		1,430
販 管 費		1,630
利 益		140

→ 店舗ごとに細分化

		A店舗	B店舗	C店舗	全体
変動費	売上高	1,000	800	1,400	3,200
	売上原価	420	380	630	1,430
	限界利益(率)	580(58%)	420(53%)	770(55%)	1,770(55%)
固定費	人件費	360	320	520	1,200
	家賃	100	150	180	430
	利益(率)	120(12%)	△50(△6.3%)	70(5%)	140(4.4%)

「業績のいいA店舗を分析して改善策を考えてみよう」

「B店舗の業績が悪化している!?」

〈会期処理方法〉

請求書 A店舗様 ¥50

請求書 B店舗様 ¥70

（借）仕入（A店舗） 50　（貸）現 金 120
　　　仕入（B店舗） 70

部門ごとに請求書をもらう　　**補助科目などで細分化**

NOTE

店舗別や事業別のデータをさらに細分化し、商品別に金額を把握したり、製造業であれば生産ライン別に把握したりすることでも、より問題部分が明らかになります。ただし、細分化しすぎて日常業務に支障が出てくるのでは問題があります。自社で最低限必要な情報と業務への影響を考慮しながら作成することを心がけましょう。

第5章 経営管理について学んでいこう！

管理会計の基礎❸

セグメント情報の開示と分析

セグメント情報は管理会計を前提に作成されるため、上場会社では管理会計においても情報の正確さが求められます。

●マネジメント・アプローチによるセグメント情報の開示

セグメント情報とは、損益計算書の情報を事業の種類別などに細分化した損益計算です。金融商品取引法の適用がある上場会社は、**有価証券報告書**[01]にセグメント情報の開示が義務付けられています。

セグメント情報は、従来は**インダストリー・アプローチ**と呼ばれ、あらかじめ定められた①事業の種類別、②所在地別、③海外売上高の３つのセグメントで開示する方法が採られていました。平成22年よりIFRS[02]への対応から**マネジメント・アプローチ**という手法が採られています。これは経営者の意思決定や社内の業績評価に使用されている企業活動を区分した事業単位で開示する考え方であり、従来のように決まった形式での開示を求めるものではありません。

●セグメント情報からわかること

決算における開示資料は、管理会計[03]を公表用セグメントに集計したうえで公表することになります。そのため、開示される資料は企業の経営者が把握している各事業分野の情報と同様の情報が得られることとなります。したがって、業績好調な事業や商品の把握といったプラスの情報だけでなく、不採算部門の把握や非効率な投資情報、海外投資の成否など、マイナス面での情報も詳細に把握できることとなります。

従来は管理会計用として大まかに計算していた情報もセグメント情報としての正確な開示が求められます。通常の入力業務においてもセグメント情報を正確に処理することが大切です。

---

01 有価証券報告書
→ 158ページ

02 IFRS
→ 230ページ

03 管理会計
→ 186ページ

セグメント情報の例

（例）KDDI とソフトバンクの開示するセグメントの比較

〈KDDI〉

セグメントの名称	内容
パーソナルセグメント	携帯電話や固定ブロードバンドサービス
バリューセグメント	携帯電話コンテンツや決済サービス
ビジネスセグメント	企業向けネットワークやデータセンターサービス
グローバルセグメント	海外の日本法人向け通信サービス
その他セグメント	通信関連設備の保守、コールセンター事業など

〈ソフトバンク〉

セグメントの名称	内容
国内移動通信事業	携帯電話などの移動通信サービスや端末の販売、オンラインゲームの制作・配信
国内固定電話事業	法人向け固定電話、データ通信事業、個人向けブロードバンドサービスの提供
インターネット事業	インターネット広告、電子商取引サイトの運営、会員サービス事業
その他	プロ野球球団の経営

〈両者のセグメント比較〉

KDDIが携帯電話やコンテンツ事業、ネットワーク事業というようにサービスの内容によりセグメントを分類していることに対し、ソフトバンクは携帯電話とその付随事業、固定電話とその付随事業というように、付随するサービスも含めて「携帯」「固定」という区分を行っていることがわかります。また、グローバルセグメントをおいて管理していることからKDDIにおけるグローバル事業の重要性がうかがえます。

NOTE

セグメント情報は、以前のインダストリー・アプローチではあらかじめ開示すべき区分が決められていたため、確定した財務諸表に基づきセグメントに組み替えていました。一方、マネジメント・アプローチでは会社が開示すべきセグメントの単位も定められることから、管理会計上の区分をそのまま用いて開示できることがメリットです。

管理会計の基礎❹

損益分岐点の考え方

変動費、固定費の計算を行ったら、損益分岐点を把握します。損益分岐点を考える際は比較が重要です。

● 損益分岐点分析は最も基本的な分析

会社が成長していくには売上を伸ばさなければなりません。なぜなら、売上が伸びなければ限界利益が伸びないからです。しかし、売上は順調に伸びているのになぜかお金が残らない、常に人が足りない、そんな会社を見たことはないでしょうか？

会社の業績目標として売上のみを掲げることは危険なことです。たとえば、ある店舗の業績がよいことから事業拡大のために新しい店舗を開店したとします。1店舗しかなかった店舗が2店舗に増えているのですから、当然売上は増えますが、新店舗が赤字経営をしていては既存店の売上を食い潰してしまいます。このようなことが起こらないために必要なのが損益分岐点の把握です。

● 損益分岐点を把握するには、比較が重要

損益分岐点の把握には、まず自社の固定費を知ることが必要です。損益分岐点の基準となる固定費がわからないと、適正な分岐点が把握できないからです。固定費は売上の多寡に関わらず毎月一定額が発生しますので、損益計算書の月次比較を並べて見れば適正額が把握できます。適正額よりも大幅に違う金額を計上している月があれば、原因を追究し、担当者などに事実確認をすることも重要です。

また、損益分岐点を超えないような事業がある場合には、それが一時的なものなのか、それとも経常的に超えないものなのかを判断します。このように、損益分岐点で分析を行う際には、ある程度の期間をもって比較し、適正値を把握することが重要なのです。

01 限界利益
→ 188ページ

02 固定費
→ 146ページ

03 損益計算書
→ 100ページ

損益分岐点図表

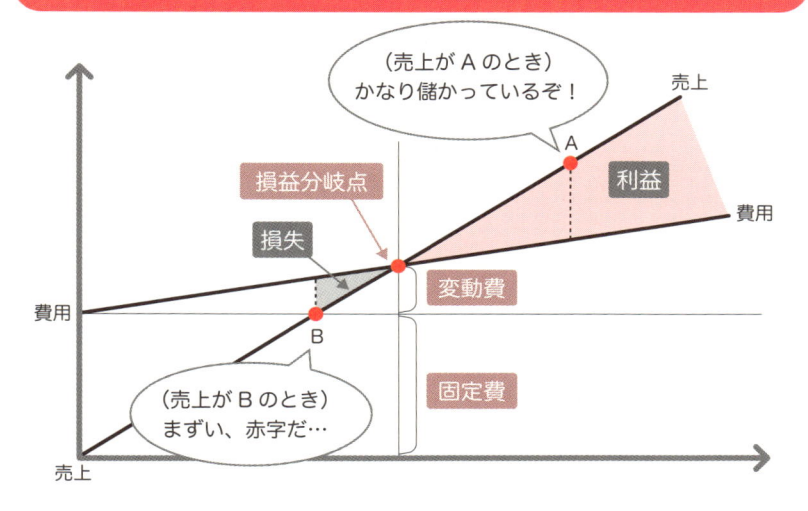

（売上がAのとき）かなり儲かっているぞ！

損益分岐点
損失
（売上がBのとき）まずい、赤字だ…

売上
費用
利益
変動費
固定費

月次損益推移表

（単位：千円）

	4月	5月	6月	7月	8月	9月
売上高	5,000	4,500	4,570	4,896	5,130	4,230
仕入高	2,507	2,256	2,292	1,756	2,572	2,120
給与	1,500	1,650	1,520	1,630	1,870	1,790
地代家賃	300	300	300	300	300	300

月単位で比較

第5章 経営管理について学んでいこう！

NOTE

変動費、固定費の概念や損益分岐点の考え方は製造原価の算定においてもそのまま使用されますが、一般的な財務分析にも適用されます。また、月次で損益を比較することは、完成した財務諸表を分析するだけでなく、異常値から入力ミスを把握することにも役立ちます。損益分岐点のような簡単な分析値は意識して確認しておくとよいでしょう。

コラム5

キャッシュ・フロー計算書は家計に置き換え理解する

　数ある財務諸表の中でも、なじみがうすく、わかりにくいイメージがあるのがキャッシュ・フロー計算書ではないでしょうか？

　キャッシュ・フロー計算書は、会社の1年の資金の動きを営業活動、投資活動、財務活動といった3つの区分の動きで把握する…というのが教科書的な説明になりますが、実際にこれを作れたとしても、各区分の金額の動きが何を意味するのかを把握できない人が多いのも事実です。

　キャッシュ・フローは会社の資金の動きですから、これを私たちの月々の家計の動きに置き換えて見てみましょう。

　「営業活動によるキャッシュ・フロー」は、月々の給料の収入と生活費の支払いです。月々の給料の収入が35万円、生活費の支払いが20万円だとすると、営業活動は＋15万円となります。仮にこれがマイナスになるということは、月々の給料では生活費が足りず、預貯金を取り崩していることを意味します。

　生活費の支払いに余裕ができたら、マイカーや住宅の購入も検討します。住宅は固定資産なので、その購入に係る資金は「投資活動によるキャッシュ・フロー」です。3,000万円のマンションを買ったら投資活動は△3,000万円。この資金は、通常、住宅ローンを組んで調達します。住宅ローンは借入金なので「財務活動によるキャッシュ・フロー」です。住宅ローンによる入金が3,000万円、第1回目の返済で△10万円を返済すると財務活動は＋2,990万円。これを合計すると15万円－3,000万円＋2,990万円＝5万円となり、今月の余剰資金は5万円だったことがわかります。会社の家計簿に当たるもの、それが「キャッシュ・フロー計算書」なのです。

第6章

経理の仕事を極めよう！

Introduction

この章のレベル ★★★★★

会社はどのように予算編成を行うの？

予算の作成は、会社の将来に大きな影響を与える重要な業務。この業務を担うことができるように、予算編成を基礎から学んでおきましょう。

管理職のポジションを意識してみよう

「最近、管理職の方々を見ているとずいぶん忙しそうですね」

「そうだね。年度予算の編成が始まる時期だからね」

　これまでは現場部門の管理や後輩への指導、自分の業務で手一杯だったはずなのに、ふと気づくと課長や部長が社内の方針作りに奔走している姿が目につきます。自分の仕事が回り、後輩たちも手がかからなくなると、これまで行ってきたさまざまな業務は、上司が社内の分析を行い、予算の作成や資金の調整を行った結果、作られた方針に基づき行われていることがわかってきます。

「経理の管理職って、会社の方向性を担う重要なポジションだということがわかってきました」

「そこに気づいたら、ステップアップが近づいている証拠。いつ管理職になっても困らないように、知識を身につけておくといいと思うよ」

ここでの目標

- ☑ 予算編成の方法を押さえよう！
- ☑ さまざまな分析方法を押さえよう！
- ☑ 資金繰りや資金調達の方法を押さえよう！
- ☑ 特殊な会計処理を押さえよう！

第6章 経理の仕事を極めよう！

予算編成とその元になる各種分析や資金繰りを学ぼう

　この章では、会社がどのような形で予算編成を行っているのかを見ていきます。予算の作成は、会社の将来のビジョンを実現するために重要な業務です。また、従業員である私たちが、社内で力を発揮し、会社の発展に貢献するための指標ともなります。

「予算編成は、会社の現状分析から始まる。だから、さまざまな分析方法を知っておく必要があるね。ほかにも、資金繰りや特殊な会計処理についても理解しておかなくちゃね」

「まだまだ勉強することばかりですね」

「為替やリース、退職給付などの判断を任せる仕事も回ってくるから、覚悟しておいてね！」

「責任重大だなあ…がんばります！」

予算と分析 ❶

予算の作成と将来のビジョン

予算の作成は、会社のビジョンを明確に数字化する作業です。

● 予算とは？

これまで、決算を通じて会社の経営成績を把握し、管理会計[01]を利用して詳細な内訳を分析するという経理業務を学んできました。しかし、これはあくまでも過去の企業活動の成果を把握しているにすぎず、会社のさらなる成長のためには目標が必要です。そのため、部署ごとに目標値を設定します。これが「予算」です。

01 管理会計
➡ 186ページ

● 中期、通期、四半期とより具体的に掘り下げる

予算編成の方法は、各部署が必要な金額を持ち寄り、数値を積み上げ会社全体の予算を作成する「ボトムアップ型」と、全体の予算を決めたうえで、部署ごとに配分していく「トップダウン型」とに分かれます。どちらのケースにおいても経営者の意思や全体のバランスを考える予算編成部門（経理）と現場部門との調整が必要なことから、一般的には両者を折衷した形が採られます。

会社は、概ね3年～5年の中期経営計画を作成します。内容は、会社のビジョンや事業構造の改革案、不動産などの大規模な設備投資計画など改善に長期間を及ぼすものです。各部署では、会社の営業年度ごとの通期予算や、四半期[02]ごとの予算で事業の実態に合わせて具体的目標を数字化していきます。また、事業の状況により、四半期ごとに検討し、修正を加えていきます。将来のビジョンや経営計画を中期経営計画で明確にすることは、従業員のモチベーションアップにもつながります。予算編成[03]は、従業員の士気を高め、管理をしていくための重要な業務なのです。

02 四半期
➡ 164ページ

03 予算編成
➡ 200ページ

中期経営計画と予算作成

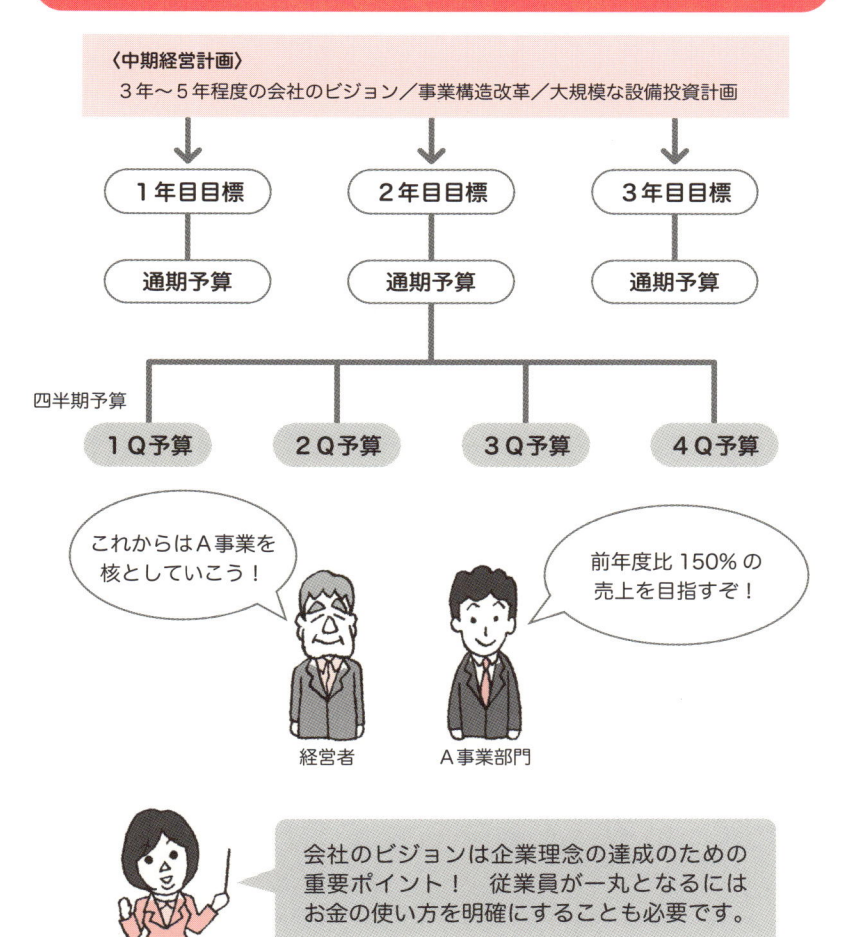

〈中期経営計画〉
3年～5年程度の会社のビジョン／事業構造改革／大規模な設備投資計画

↓ ↓ ↓

- 1年目目標 → 通期予算
- 2年目目標 → 通期予算
- 3年目目標 → 通期予算

四半期予算：1Q予算／2Q予算／3Q予算／4Q予算

経営者：「これからはA事業を核としていこう！」

A事業部門：「前年度比150％の売上を目指すぞ！」

会社のビジョンは企業理念の達成のための重要ポイント！ 従業員が一丸となるにはお金の使い方を明確にすることも必要です。

第6章 経理の仕事を極めよう！

NOTE

経営計画は5年程度の長期目標を掲げる会社も以前はありましたが、技術革新の速度が速い現在では5年前に隆盛した産業が2年～3年で衰退していることも多く、経営判断をする期間としては長すぎることから、概ね3年程度の目標を作成することが一般的となっています。企業グループでは、経営計画に沿った子会社の統廃合なども行われます。

予算と分析❷

予算編成とガイドライン

具体的な予算編成の手順と、予算の考え方について確認します。

● 経営者と従業員の意志疎通を図る

　予算の作成のポイントは、①会社の目指す姿を現したものであること、②達成が個人個人のモチベーションアップにつながること、③実現可能なものであること、の3つです。経営サイドが目標に掲げる金額を具体的な数字に落とし込んでいきますが、各部門の現場担当から見て妥当性がない金額であれば、個々のモチベーションアップにはつながりません。したがって、経営サイドと現場担当者の意志疎通を担うのが経理の重要な仕事です。予算は、概ね右ページのような手順で作成されます。会社の最大の費用は人件費です。人件費の元になるものは粗利ですから、人件費を確保したうえで、利益をあげるために妥当性のある粗利をどの程度確保するのかを計算し、そこから売上や原価を逆算していくことが重要です。

01 粗利
➡ 100ページ

● 予算は差異分析を行い、原因を追究する

　予算ができあがったら、実績と比較し、予算差異分析を行います。目的は、差異を分析することで原因をつかみ、その後の経営に活かしていくことと、従業員一人ひとりや部署の達成度に応じ、人事評価に反映することです。実績の数値を前年同期間や同業他社の数値などと比較し、分析することで差異が「特異性のあるものなのか？」「市場環境の影響によるものなのか？」「それとも誤差の範囲内であるのか？」「予算そのものに問題があるのか？」といった詳しい状況が把握できます。これを、フィードバックすることで次の予算や行動に活かせるようにします。

予算の計算方法

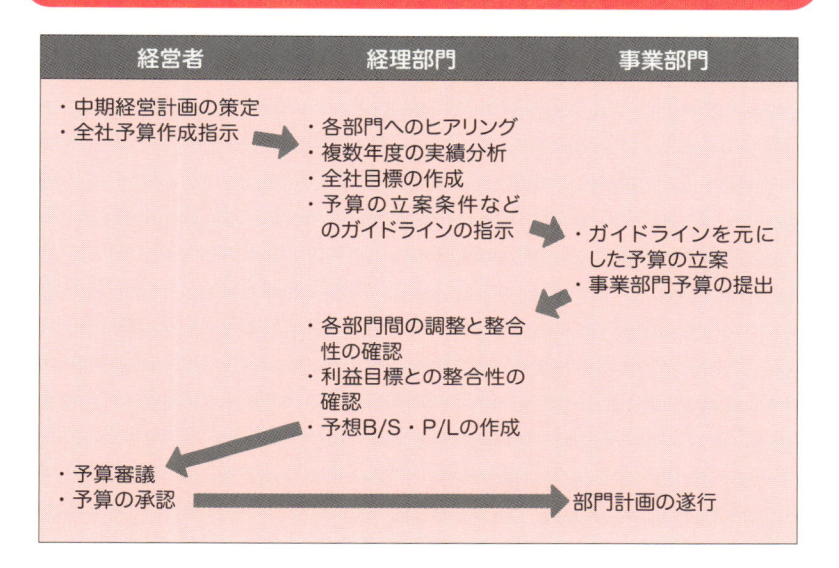

経営者	経理部門	事業部門
・中期経営計画の策定 ・全社予算作成指示 →	・各部門へのヒアリング ・複数年度の実績分析 ・全社目標の作成 ・予算の立案条件などのガイドラインの指示 →	・ガイドラインを元にした予算の立案 ・事業部門予算の提出
←	・各部門間の調整と整合性の確認 ・利益目標との整合性の確認 ・予想B/S・P/Lの作成	
・予算審議 ・予算の承認 →		部門計画の遂行

予算の計算方法

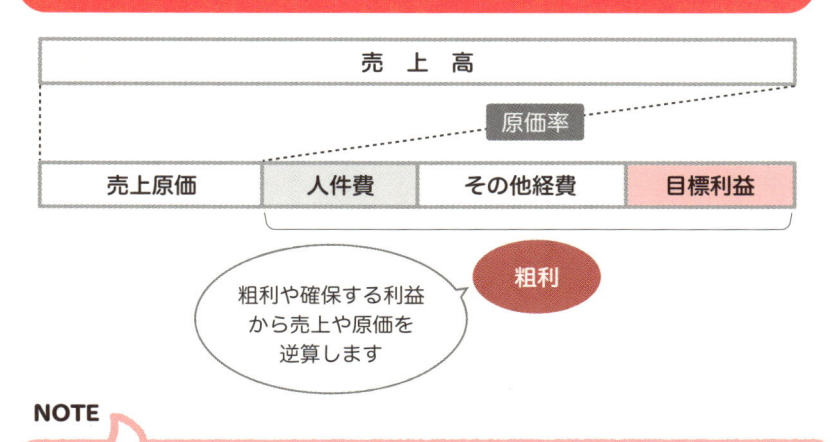

売　上　高

原価率

| 売上原価 | 人件費 | その他経費 | 目標利益 |

粗利（人件費＋その他経費＋目標利益）

粗利や確保する利益から売上や原価を逆算します

NOTE

中小企業などでは、売上目標のみを明確に掲げるケースも多いですが、売上が増えた結果、固定費である人件費も増えた場合には利益を圧縮してしまう危険性もあります。売上は、損益分岐点を使った分析なども行い、利益の創出に無理のない目標を掲げることが重要です。

予算と分析 ❸

経営指標分析と安全性の分析

安全性の指標は、無理のない資金調達が行われているのかという基準です。

● 3つの指標で経営を分析

予算編成に先立って、会社の現状を把握するために各種経営指標を用いた分析が行われます。これらの分析は、株主が投資判断をする際にも利用されるので、指標を意識した経営を行うことは、株価対策においても有効な手段です。中でも、経営において必要となるものが「安全性」「収益性」「生産性」の3つです。

01 予算編成
➡ 200 ページ

● 安全性とはどういうことか

今、手もとに1億円あるとします。これが自由に使えれば、お金に不安をもつこともないでしょう。しかし、これが借金だったらどうでしょうか？ 会社も同様に手持ちの資産がほぼ借入で賄われているようでは、経営が不安定になりがちです。これを判断する基準が自己資本比率です。また、固定資産はすぐに収益として回収されない資産ですから、これが無理なく調達できていることは重要なポイントです。固定資産の調達資金がどこから賄われているのかを現すものが、固定比率や固定長期適合率です。

02 手形の不渡り
➡ 42 ページ

さらに、手形の不渡りなどによる黒字倒産を起こさないためには、長期的な安全性だけではなく、「明日を安全に過ごせるか？」も重要なポイントです。すぐに換金できる資産をどの程度保有しているのかを現すものが、流動比率や当座比率です。このようなさまざまな視点から分析される安全性とは、「無理のない資金調達ができているのか？」を意味します。資金調達は、長期的な安全と短期的な安全のバランスを取っていくことが重要です。

安全性分析に関する指標

安全性分析＝資金調達に無理がないか？

自己資本比率 …総資本（総資産）に対する自己資本（純資産）の割合

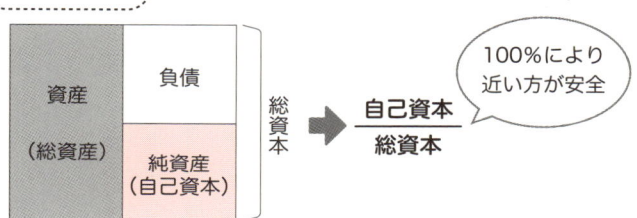

資産	負債
（総資産）	純資産（自己資本）

総資本 → $\dfrac{\text{自己資本}}{\text{総資本}}$

100％により近い方が安全

固定比率・固定長期適合率 …自己資本又は自己資本＋固定負債に対する固定資産の割合

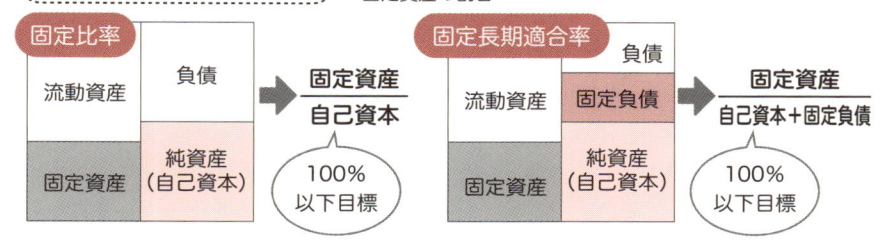

固定比率

流動資産	負債
固定資産	純資産（自己資本）

→ $\dfrac{\text{固定資産}}{\text{自己資本}}$　100％以下目標

固定長期適合率

流動資産	負債
	固定負債
固定資産	純資産（自己資本）

→ $\dfrac{\text{固定資産}}{\text{自己資本＋固定負債}}$　100％以下目標

流動比率・当座比率 …流動負債に対する流動資産又は当座資産の割合

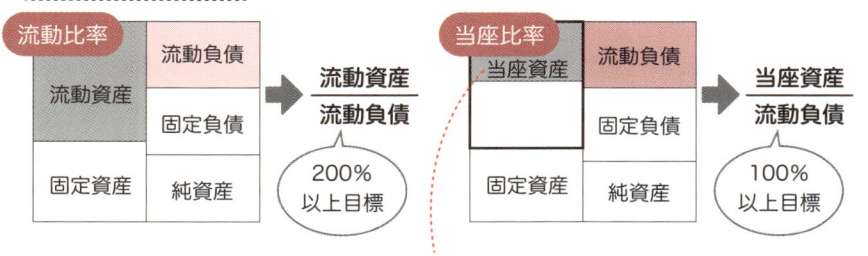

流動比率

流動資産	流動負債
	固定負債
固定資産	純資産

→ $\dfrac{\text{流動資産}}{\text{流動負債}}$　200％以上目標

当座比率

当座資産	流動負債
	固定負債
固定資産	純資産

→ $\dfrac{\text{当座資産}}{\text{流動負債}}$　100％以上目標

当座資産＝流動資産のうち現預金・売掛債権・有価証券などの即換金できる資産

NOTE

金融機関が借入の審査をする際の指標としても上記の指標が利用されていますが、特に自己資本比率は返済原資に影響があることから審査の影響を受けやすい項目です。自己資本比率は、負債の返済でも減少しますが、資金調達の際に借入に頼らず、増資を検討することも一つの方法です。

予算と分析 ❹

付加価値の創出と生産性の分析

会社が生み出す付加価値をどう効率良く配分するか。そのカギとなるのが人件費の分析です。

● 付加価値の配分方法により会社の個性が発揮される

01 付加価値
➡ 20 ページ

　会社の営業活動は、外部に支払った原価に付加価値を上乗せして販売するというサイクルを繰り返します。したがって、「**売上＝原価＋付加価値**」という算式が成り立ちます。会社が生み出した利益だけでなく、人件費や家賃、減価償却費（設備費用）、利息（金融費用）、税金もこれらの提供者などに対する**付加価値の配分**です。

　付加価値の配分方法は、会社の経営計画にも密接に結びついています。利益を出さずに人件費を手厚くし、社員を大切にする方針の会社、設備費用を増大させ事業の拡大を優先する方針の会社、ほかの費用を抑え利益を大幅に出し株主への配当を優先する会社など、配分方法には、会社の個性が現われます。

● 人件費の配分が効率のよい経営のカギ

　人件費は、会社の支払う費用の中で、最も金額が多く、予算編成の核となる部分です。人件費が過剰に増えれば、そのほかの費用や利益に資金が回らず、極端に絞れば、従業員のモチベーションに影響を与えてしまいます。そのため、効率のよい人件費の配分を検討することは付加価値の創出にとって重要な作業なのです。

　適正な人件費の判断基準の一つが**労働生産性**です。従業員一人あたりの付加価値であり、従業員の仕事の効率性の判断基準といえます。また、付加価値に占める人件費の割合を見るのが**労働分配率**です。労働分配率が高い会社は、人件費が手厚いと思われますが、過剰な人員を抱えている可能性もあり注意が必要です。

付加価値の配分

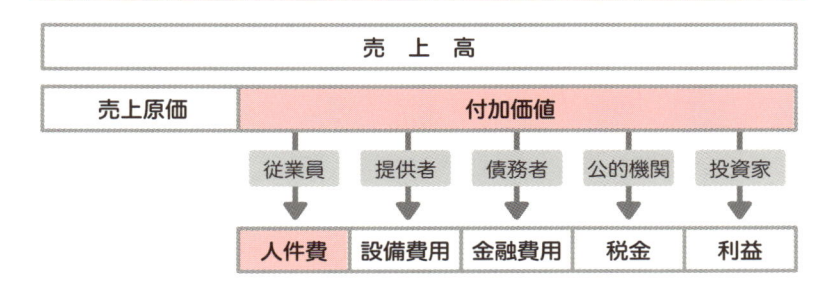

売上高	
売上原価	付加価値

付加価値の配分先：
- 従業員 → 人件費
- 提供者 → 設備費用
- 債務者 → 金融費用
- 公的機関 → 税金
- 投資家 → 利益

生産性の分析

$$労働生産性 = \frac{付加価値}{従業員数}$$

どちらが高い？

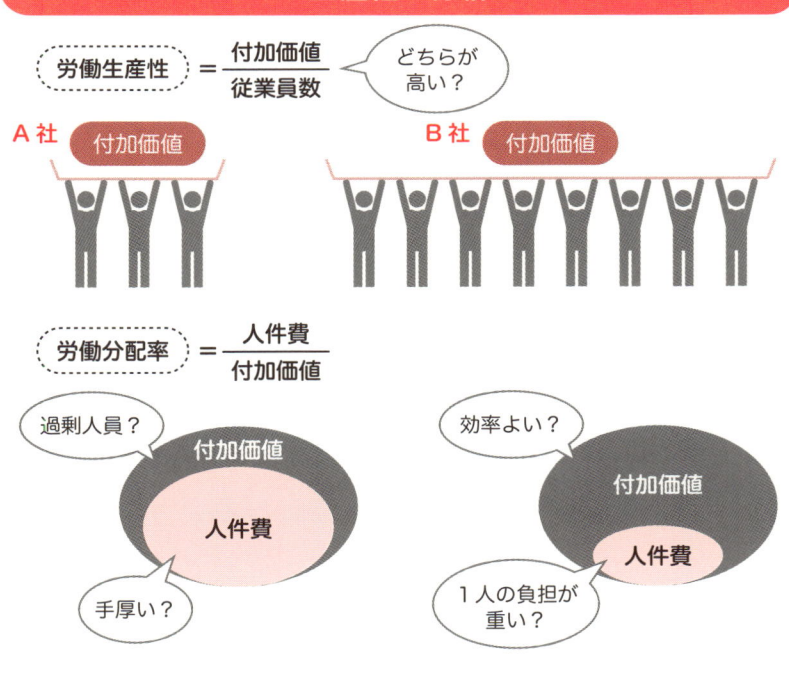

A社　付加価値
B社　付加価値

$$労働分配率 = \frac{人件費}{付加価値}$$

- 過剰人員？
- 手厚い？
- 効率よい？
- 1人の負担が重い？

NOTE

労働生産性や労働分配率は、会社の方針や事業が労働集約型か資本集約型かの区分などによっても違うので、一般化できない指標です。同業他社との比較や前年比など財務分析を行う際に利用し、複数年度にわたって比較してみていくことが重要です。

予算と分析 ⑤
利益率と回転率で見る収益力の分析

収益力とは、元手をどの程度増やせたかであり、利益率と回転率で決まります。

● 収益力とは元手をどれだけ増やせたか

　一般に「いい会社」という基準はどこにあるのでしょうか？　前述のとおり、借入があまりなく健全な経営をする会社もいい会社といえますし、従業員のモチベーションが高く生産性が高い会社もいい会社といえるでしょう。しかし、株主の立場からいえば、最も重要な点はその会社の収益力です。すなわち、「会社の生み出した付加価値をどこまで利益に回せるか？」という点です。

　会社の収益力を算定するには総資産利益率（ROA）または株主資本利益率（ROE）という指標を用います。ROAやROEは、「資本に対し、どの程度の利益を上げているのか？」の指標です。総資産は、負債と純資産の合計であり、会社の調達した資金（元手）です。収益力とは、「元手に対し、どれだけの利益を生み出したのか？」を指します。株式投資などをイメージするとわかりやすいでしょう。

● 利益率重視か、回転率重視か？

　ROAを分解すると、利益率と回転率に分かれます。回転率とは、総資産に対する売上高の割合です。薄利多売のビジネスモデルをイメージするとわかるように、一回一回の利益が薄くても、その回転率を高めることで収益力を生み出すのです。反対に回転率が低いビジネスモデルは、利益率を上げることで収益力が生まれます。これは高価なブランド品を販売するイメージです。収益力を高める方法はビジネスモデルによっても異なるため、自社のモデルに即した方法を検討することが重要です。

収益力とは？

$$総資産利益率(ROA) = \frac{利益}{総資産} \leftarrow 負債＋純資産$$

$$株主資本利益率(ROE) = \frac{利益}{株主資本}$$

元手1,000円 → 500円の利益 → 収入1,500円

$$ROA \quad \frac{500円}{1,000円} = 50\%$$

利益率と回転率

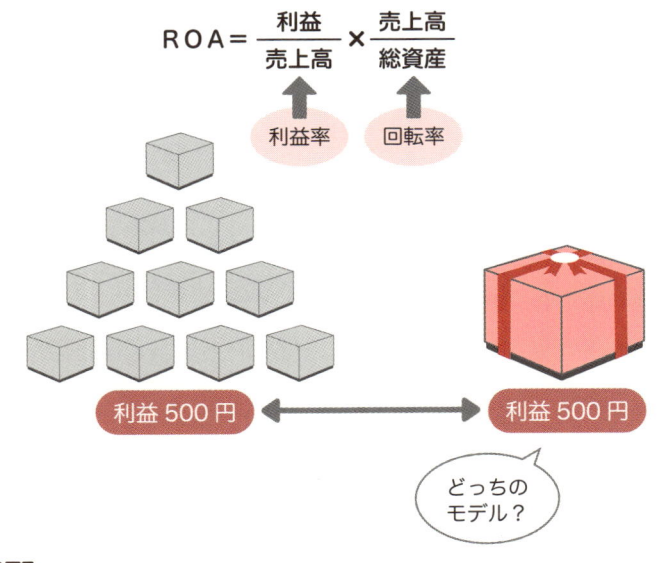

$$ROA = \frac{利益}{売上高} \times \frac{売上高}{総資産}$$

↑利益率　↑回転率

利益 500円 ⇔ 利益 500円

どっちのモデル？

第6章 経理の仕事を極めよう！

NOTE

利益と商品単価の設定には密接な関係があります。利益を増やすには売上を上げるか、費用を減らすかしかありません。利益確保のために単価を下げ回転数を上げる戦略を採る場合には、固定費を上げないように意識することが肝心です。このように、どの数値を改善すれば利益が見込まれるのかの検討が収益力アップのためには重要なのです。

資金繰りと調達❶

資金繰りの方法

資金繰りは、会社の資金を滞りなく回すために重要な業務です。

● 資金と利益が一致しない理由

会社は、商品を仕入れ、販売し、販売代金を回収し、給与や仕入の支払いを行うといったサイクルを繰り返します。信用取引中心の現在においても、資金が滞れば給与や仕入の支払いは止まってしまいます。そこで、予定されている支払いと販売代金の回収のタイミングを見計らい、資金不足が起きないように資金を正常に回していくことを**資金繰り**といいます。

企業会計では、**発生主義**による会計処理が行われるため、売上金額＝現金収入、仕入・経費の金額＝現金支払額となっていません。資金と利益は一致せず、損益計算書での資金管理はできないことから、別途**資金繰り表**を作成し、管理することが重要です。

01 資金繰り
→ 128 ページ

02 発生主義
→ 68 ページ

03 資金繰り表
→ 209 ページ

● 資金繰り表の種類と作成方法

資金繰り表は定型のフォームがあるわけではありません。1年の収支予測を把握し、予算の実行に無理がないかを確認するための「長期資金繰り表」と、金融機関などで融資申込みなどを行う際に必要となる「**3カ月予想資金繰り表**」と、単月内での収支の動きを把握し、支払業務を行うための「**日繰り表**」の3種類を用意することが望ましいといえます。資金繰り表は経常収支と財務収支に分類し、繰越額がマイナスにならないように調整します。マイナスになる場合には借入れなどの**資金調達**を検討する必要があります。日繰り表に関しては、現金出納帳のような形式で、大きな支払いなどにより一時的な資金不足がないかを確認します。

04 資金調達
→ 210 ページ

資金繰り表の種類

〈長期資金繰り表〉
(単位：千円)

	4月	5月	6月
現金売上	3,200	3,700	2,570
売掛金回収	3,000	2,900	3,800
受取手形期日取立	1,500	1,000	1,170
経常収入計	7,700	7,600	7,540
現金仕入	500	380	320
買掛金支払	1,500	1,120	1,650
支払手形決済	800	8,000	1,000
人件費支出	1,512	1,542	1,530
諸経費支出	1,490	890	1,140
経常支出計	5,802	11,932	5,640
経常収支	1,898	-4,332	1,900
借入金	0	5,000	0
定期預金解約	0	1,200	0
資産売却収入	0	0	203
財務収入計	0	6,200	203
借入金返済	120	120	120
定期預金預け入れ	150	150	150
設備投資	0	0	1,200
決算関係支出	0	215	0
財務支出計	270	485	1,470
財務収支	-270	5,715	-1,267
総合収支	1,628	1,383	633
資金残高	2,868	4,251	4,884

借入れなどで資金を準備

来月期日の手形が決済できない！

〈日繰り表〉

日付	摘要	入金予定額	出金予定額	差引残高
	前月繰越			2,821,000
5月1日	借入金返済　○○銀行		120,000	2,701,000
5月2日	電気料金		21,560	2,679,440
5月3日	電話料金		12,500	2,666,940
5月10日	リース料金支払		42,000	2,624,940
5月25日	給与支払		2,000,000	624,940
5月26日	家賃支払		300,000	324,940
5月28日	買掛金支払い		582,700	-257,760
5月31日	売掛金入金	2,800,000		2,542,240
合計		2,800,000	3,078,760	

資金ショートの恐れ！

大きな支払いの前に入金がない！？入金が月に1回しかない！

資金が足りなくなる原因を分析

請求の締日を月2回にしよう！

NOTE

資金繰りをよくするコツは「入金は早めに、支払いは遅く」を意識することです。掛売上げの入金は特定の日に集中するため、入金日の前には資金が一時的に減少します。そこで、大きな支払いは支払日を入金後に設定したり、場合によっては入金日も2回に分けて設定するなど、日繰り表を見ることで短期的な資金ショートを防ぐことが可能です。

資金繰りと調達❷

資金調達方法と運転資金の改善

資金調達の一つの手段として、運転資金の改善という方法があります。

●外からと内からの資金調達の方法

資金繰りを行った結果、資金不足がわかった場合には資金調達の方法を検討しなければなりません。外部の金融機関などからの借入による調達だけでなく、内部における資金のサイクルを検討することも重要です。すなわち、運転資金を改善する作業です。

●運転資金の改善は、入出金のタイミングが問題

運転資金とは、会社を経営するために必要な資金をいい、「売上債権＋棚卸資産－仕入債務」という算式で算定されます。売上債権は、他社に貸し付けている資金であり、棚卸資産は現金化されていない資産ですので、社内に眠らせている資金です。反対に仕入債務は他社から借りている資金です。

会社は、右ページ真ん中の図のとおり、支払日から債権の回収日までの期間の運転資金を用意しておく必要がありますが、会社が成長する過程では仕入債務の増加よりも、売上債権や棚卸資産の増加のペースが速くなる傾向にあります。そのため、気づかないうちに手もと資金の不足が生じてしまうことがあるのです。これを改善するには、入出金のタイミングを改善し、入金と出金の日数になるべくズレがないようにすることです。「回収は早めに、支払いは遅く」を意識します。右ページ下の図のように、債務の支払日よりも債権の回収日が早ければ、運転資金を持たなくても資金が回ることになります。また、余計な在庫を持たず、在庫の保有日数を減らすことも運転資金の減少につながります。

01 棚卸資産
➡ 88ページ

会社が成長すると運転資金も増加する

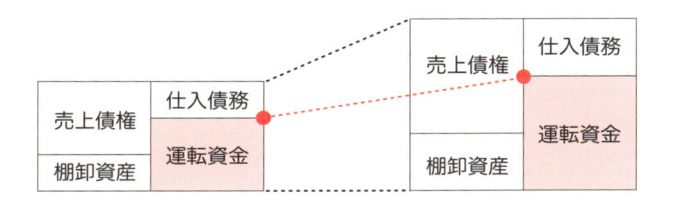

売上債権	仕入債務
棚卸資産	運転資金

	仕入債務
売上債権	運転資金
棚卸資産	

入出金サイクルの改善で資金をコントロールする

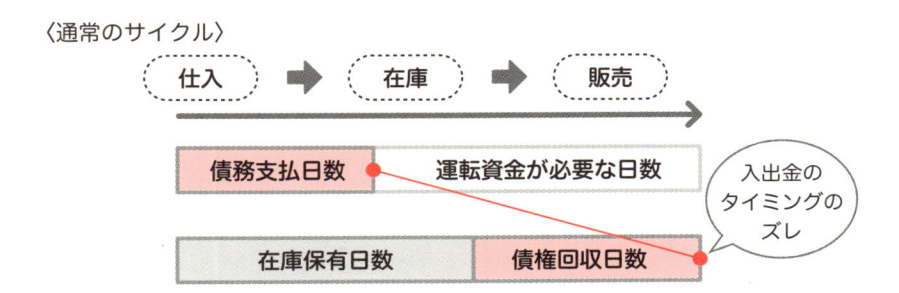

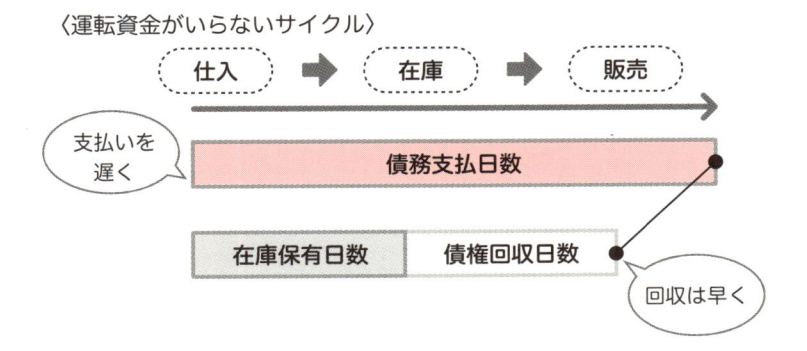

〈通常のサイクル〉

仕入 ➡ 在庫 ➡ 販売

債務支払日数	運転資金が必要な日数

在庫保有日数	債権回収日数

入出金のタイミングのズレ

〈運転資金がいらないサイクル〉

仕入 ➡ 在庫 ➡ 販売

支払いを遅く

債務支払日数

在庫保有日数	債権回収日数

回収は早く

NOTE

運転資金が最も必要ないビジネスモデルは、取引の発生前に前受金を預かる前受金ビジネスです。資金繰りは、運転資金面から考慮すると、①前受金ビジネス→②現金商売ビジネス→③掛売上ビジネスの順でよくなると考えられます。

資金繰りと調達❸

借入の種類と利用に関する注意点

金融機関からの借入には、目的や期間によってさまざまな種類があります。

● 間接金融と直接金融に分類される外部調達

資金不足の際は外部からの調達も検討します。外部からの調達は、金融機関などから借り入れる間接金融、株式や債券を発行し、株主や投資家から調達する直接金融に分類されます。

● 期間や目的による借入の特徴と注意点

借入金は契約内容により、右ページのような方法があります。事前に資金の使途などを考え、借入方法を検討する必要があります。
各契約に応じた特徴と注意点は次のとおりです。

(1) **証書借入** 固定資産の購入など、長期契約で用いられ、一定期間で分割返済していきます。固定資産の購入に伴うものは、資産の買い替えのサイクルを考え、買い替え時に新たな融資を受けることで支払いが重複しないよう、償却期間と返済期間のバランスを考えることが重要です。

(2) **当座借越** 手形の不渡り[01]が続くと銀行取引停止処分となる恐れがありますが、一時的な資金不足があっても限度額の範囲内であれば決済が可能となるため、資金ショートリスクを回避することができます。

(3) **手形借入** 短期の運転資金の不足を補う調達手段として用いられます。通常の支払手形と同様なので、支払いができない場合には不渡りとなります。そのため、返済資金を調達できなければ、期日に同額を借り換えるだけとなってしまうので、返済原資の調達手段を考え、借り入れることが重要です。

01 手形の不渡り
→ 42ページ

借入の種類

証書借入 …金銭消費貸借契約書を作成して行う借入

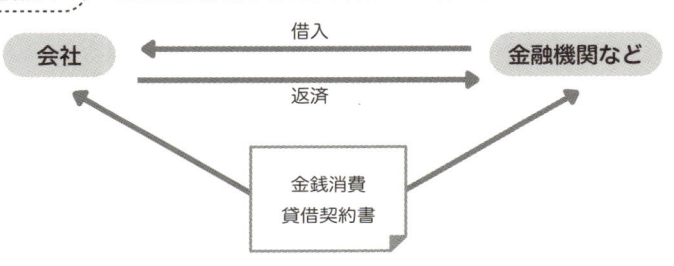

会社 ←借入― 金融機関など
会社 ―返済→ 金融機関など
金銭消費貸借契約書

当座借越 …当座借越契約により、当座残高がゼロになった際に自動的に限度額までを借入

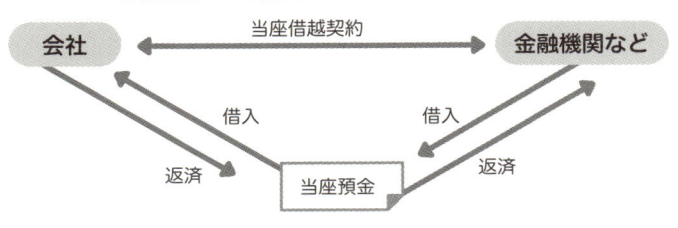

会社 ←当座借越契約→ 金融機関など
当座預金 →借入→ 会社
金融機関など →借入→ 当座預金
会社 →返済→ 当座預金
当座預金 →返済→ 金融機関など

手形借入 …金融機関宛の約束手形を発行して行う借入

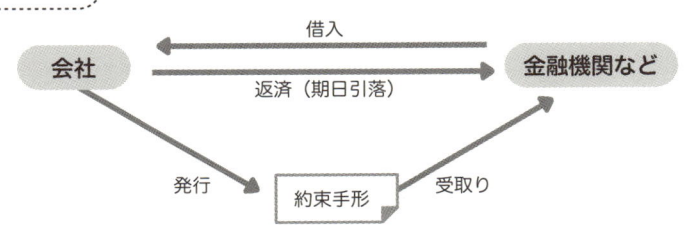

会社 ←借入― 金融機関など
会社 ―返済（期日引落）→ 金融機関など
会社 →発行→ 約束手形 →受取り→ 金融機関など

NOTE

上記以外にも借入の手段として定期預金などを担保とした「預金担保借入」もあります。また、手形割引も資金調達手段として利用できます。これらの特徴や金利負担を考え、総合的に必要な調達手段を検討することが重要です。

資金繰りと調達❹

債務保証と融資先の検討

債務保証の仕組みと融資先による分類について押さえておきましょう。

● 保証人や担保の有無と融資枠

01 担保
→ 137ページ

　金融機関からの融資を受ける際には、**保証人**や**担保**の有無が条件となることがあります。保証人とは、債務者の融資の返済が滞った際に、支払いを債権者に保証する立場の人をいいます。また、不動産を有している場合には、担保としてその不動産の提供を求められることもあります。金融機関では、これらの条件や事業の業績などを元に**融資枠**を定めています。

● 公的融資と銀行融資の特徴

　融資は、**公的融資**と**銀行融資**に分類されます。公的融資は、主に日本政策金融公庫などの**政府系金融機関**からの融資を指しますが、**信用保証協会**の保証付き融資も公的融資に分類されます。政府系金融機関では、一般の金融機関では融資を受けられない小規模の事業者を対象としています。そのため、一般に低金利で無担保、無保証で融資を受けられることとなっていますが、融資条件が細かく決められています。なお、信用保証協会は、保証人を立てる代わりに債務の保証をしてくれる公的機関です。

02 与信
→ 136ページ

　一方、民間の金融機関から受ける融資を銀行融資といいます。このうち、信用保証協会の保証がなく、直接その金融機関の責任で行う融資を**プロパー融資**といいます。プロパー融資は金融機関が**与信判断**を元に融資枠を定めるため、創業間もない会社などの融資は厳しくなります。融資枠は、金融機関ごとに定められていますので、さまざまな機関を検討することも重要です。

債務保証の仕組み

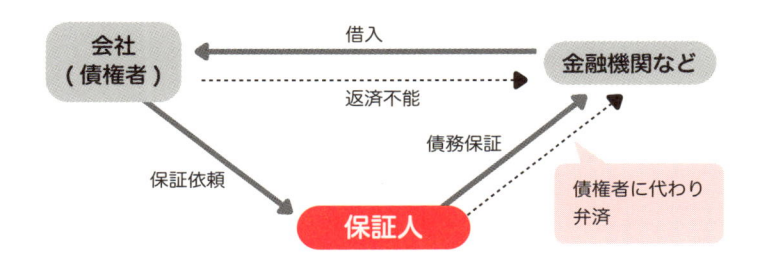

```
会社          ← 借入 ──          金融機関など
(債権者)      ‥ 返済不能 ‥→
    │                         ↑
    │ 保証依頼              債務保証
    ↓                         │
         保証人 ─────────────
                    ‥‥ 債権者に代わり弁済
```

融資先による融資の分類

公的融資
- 政府系金融機関からの融資
- 信用保証協会の保証付き融資
- 制度融資 … 地方公共団体などが信用保証協会、指定金融機関との三者協調により、地方公共団体の融資審査を元に信用保証協会の保証付きで貸し出す融資

銀行融資
- プロパー融資

その他
- 個人借入
- ノンバンク融資

第6章 経理の仕事を極めよう!

NOTE

保証人には、債権者に保証債務の履行を迫られた場合に債務者自身の主たる財産の処分などが実行されるまで債務保証を拒むことができる抗弁権(こうべんけん)が認められています。そのため、債務者と同様の保証義務を負う連帯保証人として契約されるケースが一般的です。また、債務者に代わり担保の提供を行う保証人を、物上(ぶつじょう)保証人といいます。

資金繰りと調達 ❺

増資や社債の発行による資金調達

資金調達には、事業転換や新規事業計画に有効な増資と、社債の発行という2つの手段があります。

● 増資による資金調達

01 利害関係者
➡ 11 ページ

　金融機関からの借入のほかに、外部の利害関係者から資金を直接募る直接金融という手段があります。直接金融は、主に投資家を探し、新株を発行する**増資**と**社債**の発行による方法があります。

　新株を発行する場合には、①既存の株主に持ち株数に応じた株式を発行する方法（**新株割当**）、②取引先や取引金融機関、従業員など何らかの関係がある特定の第三者に発行する方法（**第三者割当**）、③広く一般に募集して発行する方法（**公募**）の3つの方法があります。このうち第三者割当や公募による場合には、増資後に株式の持分が変わってしまい、株主総会の決議に影響が出てしまうことから、**議決権のない株式**などの種類株式を発行することも可能です。

● 社債による資金調達

02 担保
➡ 137 ページ

03 保証人
➡ 215 ページ

　社債には、募集の方法により**公募債**と**私募債**があります。公募債は証券会社などを通じ販売されますが、私募債は少数特定の投資家（50人未満）にのみ債券を発行します。私募債は担保や保証人がいらなく、利息や償還期限も自由に設定できるため、資金繰りを考えるうえではメリットのある方法です。このほかに、新株を一定の条件で取得することができる権利である「**新株予約権**」が付いた**新株予約権付社債**や、発行時に決められた価格で株式に転換できる**転換社債型新株予約権付社債**もあります。

　直接金融では多額の資金を一度に集めることができることから、事業転換や新規事業計画を考えるうえで有効な手段といえます。

株式の種類

普通株式	通常発行を受ける株式であり、株主の権利上、何も制約のない株式です
優先株式	配当や清算時の残余財産の分配において普通株よりも優先的取扱いを受ける株式をいいます。 議決権における制約を受ける場合が一般的です
劣後株式	優先株とは反対に普通株よりも配当や残余財産の分配に劣後的な取扱いを受ける株式です。 既存株主の利益を損なわないで資金を調達するために発行されます
無議決権株式	議決権のない株式をいい、優先株としての機能とは関係なく発行することができます

新株予約権付社債

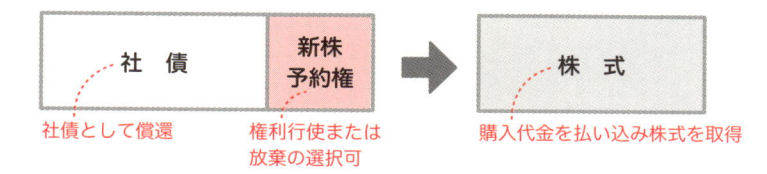

新株予約権付社債

社 債 ／ 新株予約権 → 株 式

- 社債として償還
- 権利行使または放棄の選択可
- 購入代金を払い込み株式を取得

転換社債型新株予約権付社債

社 債 ／ 新株予約権（行使） → 株 式（転換）

社債の償還を受けずに株式に転換できる

NOTE

新株予約権は、株式をあらかじめ定められた権利行使価格で購入できる権利です。転換社債型では株価がこの価格よりも上昇すれば権利行使を行い株式を購入し、下降すればそのまま社債として償還を受けるという選択が可能です。なお、新株予約権は単体で発行することも可能であり、ストックオプション制度などで利用されています。

判断の難しい会計手法❶

為替リスクのヘッジ

為替リスクを回避するもっとも有名な方法が為替予約です。

● 為替変動は企業利益を脅かすリスク

　輸出や輸入など海外との取引が中心の会社にとって、**為替リスク**は利益を左右する重要な項目です。たとえば1個100ドルの商品を輸出していた場合に、為替レートが1ドル90円のときに販売すれば9,000円の売上となるものが、1ドル70円のときに販売すれば7,000円となり、2,000円も売上が減ってしまいます。この商品を10,000個売っていればその差は2,000万円にも上ります。為替レートは、自社の努力で変えられませんから、大幅な円高や円安は企業利益に大きな影響を与えるリスクとなるのです。この為替リスクを**ヘッジ**（**回避**）するさまざまな金融取引があります。

● 為替リスクをヘッジするさまざまな取引

01 為替相場
➡ 138ページ

　為替リスクのヘッジ手段としてもっとも有名な方法が**為替予約**です。将来のある一時点に、一定の為替相場（**先物為替相場**）で、一定の金額の売買を予約する取引です。決済額が固定されるため、大幅な為替変動によるリスクは回避されます。ただし、将来あるかもしれない為替差益は放棄されてしまいます。なお、先物に対し、現時点での為替相場を**直物為替相場**といいます。

　為替に関するヘッジ手段は、このほかにも将来のある時期にある為替相場で「売買する権利」を売買する**オプション取引**や、直物為替の売買と同時に先物為替の売買を同時に行う**スワップ取引**などがあります。為替は、上昇、反転のタイミングの判断が難しいため、専門性のある業務といえるでしょう。

為替リスクと為替予約

（例）1ドルの商品を販売し、1カ月後に決済する契約

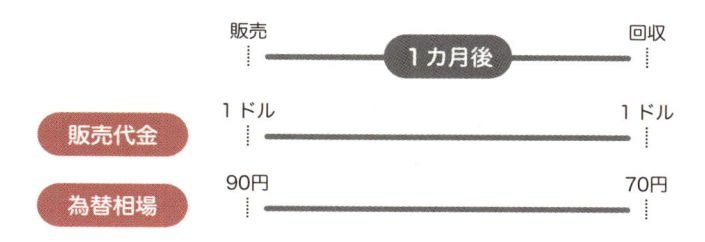

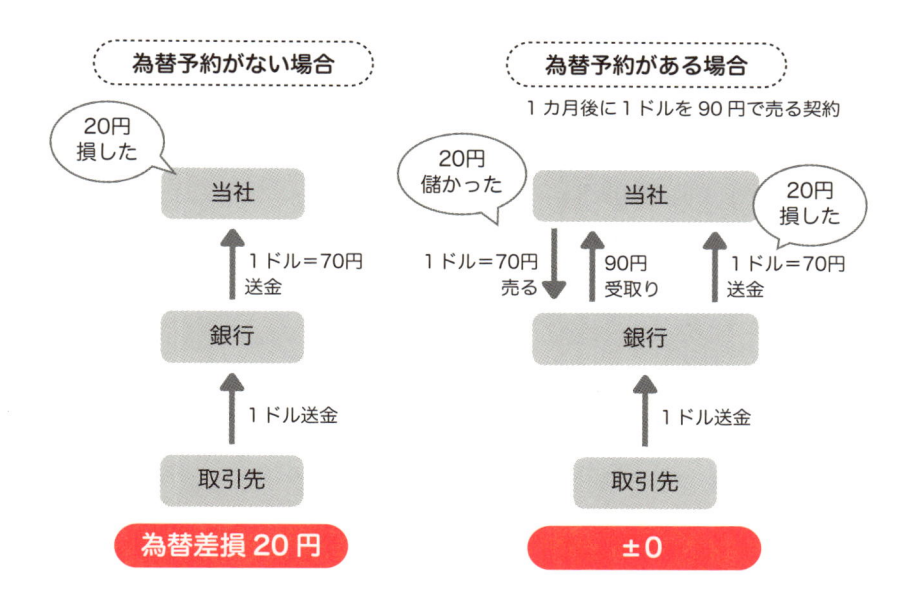

```
          販売                                    回収
           ├────────── 1カ月後 ──────────┤
販売代金    1ドル                              1ドル
           ├──────────────────────────────┤
為替相場    90円                              70円
           ├──────────────────────────────┤
```

為替予約がない場合

20円損した

当社
↑ 1ドル＝70円 送金
銀行
↑ 1ドル送金
取引先

為替差損20円

為替予約がある場合

1カ月後に1ドルを90円で売る契約

20円儲かった　当社　20円損した

1ドル＝70円 売る　90円 受取り　1ドル＝70円 送金

銀行
↑ 1ドル送金
取引先

±0

NOTE

為替予約は、指定した時期に外貨をあらかじめ売買することで、代金決済時に予測される損失を、売買で受け取る利益でヘッジする手段です。なお、円高になると輸出企業は外貨の決済額が変わらない商品でも円貨での送金金額が減るため損失となります。反対に円安の場合には輸入を行う企業は、仕入の決済金額が高くなり損失となります。

判断の難しい会計手法❷

リース会計とリース契約の検討

資産の調達方法としてのリース取引について確認しましょう。

● 売買取引と同様に取り扱うリース取引

　工場の機械や事務用の備品などの資産は、購入のほかに賃貸で調達する方法もあります。賃貸で調達する場合に、固定資産に変えて長期的に使用する場合にはリースにより調達します。リースは、契約者が選択した物件をリース会社が購入し、契約者に貸し付けます。所有権はリース会社にある状態で購入した場合とほぼ同様に使用することができます。①中途解約不能（ノン・キャンセラブル）、②物件の使用に係るすべての費用を負担（フル・ペイアウト）という2つの条件を満たすリース契約をファイナンス・リースといい、これに該当するリース資産は原則として「リース資産」として固定資産に計上し、減価償却[01]しなければなりません。ただし、契約終了時に所有権が移転されないリース取引については、一部賃貸借処理も可能です。なお、これに該当しないリース契約をオペレーティング・リースといい、いわゆるレンタルもこれに該当します。

01 減価償却
➡ 84ページ

● 購入するか？　リースで借りるか？

　資産の調達の際、購入するのか、リースで調達するのかを決めるには、両者のメリットとデメリットを把握したうえで、将来発生する費用負担も含めて検討する必要があります。使用期間が短く、一時的なものであれば、保有による固定費を考慮するとレンタルで調達するほうがメリットが大きいですが、長期的なものに関しては金利負担や契約解除時の違約金も発生する可能性があります。使用期間や負担額を計算したうえで、判断することが重要です。

リースの種類と会計処理

```
ファイナンス・     ─ 所有権移転リース ────────→  売買処理
リース             ─ 所有権移転外リース ─※────→

オペレーティング・リース ─────────────────→  賃貸借処理
```

※以下の要件のいずれも満たす場合には賃貸借処理が可能
① リース料総額＜見積現金購入価額×90％ または 解約不能期間＜耐用年数×75％
② リース期間1年未満またはリース総額300万円以下

リース契約のメリット・デメリット

メリット	デメリット
・資金調達が不要 ・銀行の借入枠を残しておくことができる ・支払額が毎月一定であり、金利変動リスクが回避できる ・固定資産税の申告・納付、保険料の支払いなどの手続きが不要となり、管理事務負担を軽減できる	・金利負担額の分、支払い総額が大きくなる ・所有権は契約終了時までリース会社にあり、自由に売買等できない ・中途解約ができないため、契約終了時までリース料の支払いが発生する ・中途解約の場合には、未経過リース料や損害金の負担が発生する ・所有権が移転しないリース契約では、契約終了時に再リース料を負担しないと使用できない

> リース契約は長期の契約なので、購入時だけでなく、リース期間全体で損益をとらえることが重要です！

NOTE

リース契約には、保有資産をリース会社に売却して、リース会社とファイナンス・リース契約を結ぶ「セール&リースバック」という手法もあります。資産の売却により一時的に資金が調達でき、その後リース料を支払うことで、実質的に金利負担とともに資金の返済を行っていることになるため、金融取引としての側面を持つリース取引です。

判断の難しい会計手法❸

退職給付会計と企業年金

退職給付会計は、発生主義により退職給付の積立不足などを認識できる会計処理です。

● 確定拠出型と確定給付型による企業年金

　退職給付には、退職一時金と退職年金があります。退職給付に関する制度は、確定拠出型制度と確定給付型制度に分類されます。確定拠出制度では、拠出した掛金（拠出額）の運用益により給付額が決まるため、給付額は給付時まで確定しませんが、拠出額は一定であることから、支出時にこれを費用処理します。確定給付型制度では、退職給付としての給付額が確定しているものの、会社が負担すべき拠出額は確定していないため、退職給付会計による負債の認識が必要となります。

● 退職に係る費用を正確に算定する、退職給付会計とは？

　従来の会計処理では、退職一時金は翌期の要支給額を退職給与引当金として引当計上し、退職年金の掛金は、拠出時に費用処理されていました。この場合、積み立てられた掛金（年金資産といいます）がB/S計上されず、正確な積立額や積立不足額が把握できないことから、平成13年以降「退職給付に係る会計基準」により、積立不足額を負債である「退職給付引当金」として認識することとなりました。これが退職給付会計です。

　退職給付会計では、退職給付の見込額のうち、発生基準に基づき当期までの金額を退職給付債務として割引現在価値で認識し、そこから年金資産の時価評価額を差し引いて退職給付引当金を算定します。このときに、退職給付債務の算定上発生した費用は、退職給付費用としてP/Lに計上します。

確定拠出型と確定給付型の違い

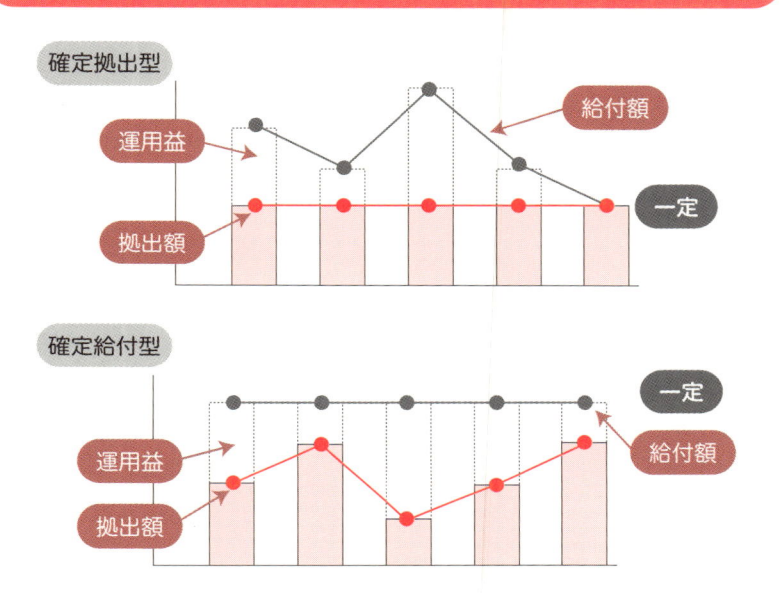

確定拠出型
- 運用益
- 拠出額
- 給付額
- 一定

確定給付型
- 一定
- 運用益
- 給付額
- 拠出額

退職給付引当金の会計処理

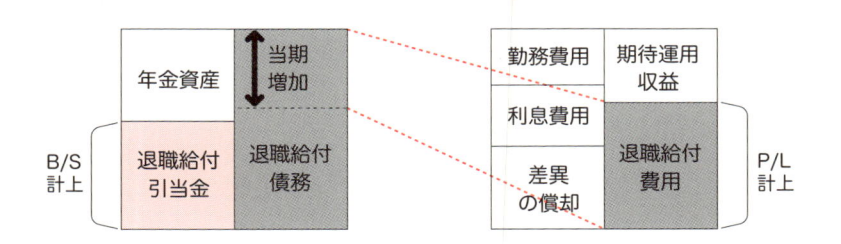

B/S計上
- 年金資産
- 退職給付引当金
- 退職給付債務（当期増加）

P/L計上
- 勤務費用
- 期待運用収益
- 利息費用
- 差異の償却
- 退職給付費用

NOTE

「勤務費用」とは、労働の対価として発生した退職給付額をいい、「利息費用」は時間の経過に伴い発生する計算上の利息のことです。また、「期待運用収益」とは年金資産の運用により生じると期待される利息を指します。これらの金額が仕訳処理される場合には、すべて「退職給付費用」勘定で計上され、退職給付債務を構成します。

判断の難しい会計手法 ❹

M&Aの戦略と手法

合併、分割、事業譲渡や株式交換などのM&Aの手法についてみていきましょう。

●会社のビジョンを左右する、M&Aのさまざまな手法

01 企業グループ
➡ 102 ページ

　企業が新たな市場へ参入するために、企業グループの再編や統合などを目的に他の企業を取得することを総称してM&Aといいます。M&Aは、合併や分割、事業譲渡、株式交換、株式移転、株式の公開買付（TOB）などさまざまな手法があります。どの手法を採用するかの検討は専門的な知識を必要とする重要な業務です。

●株式の取得とM&Aの手続き

　M&Aの手法は主に2つに分類でき、合併や株式交換、株式移転など支配する会社や部署そのものを統合する方法と、支配したい会社の株式を取得し、支配権を得る方法があります。

02 株主総会
➡ 105 ページ

　株式の取得により会社を支配するには、その会社の議決権を有する株式の2分の1超を保有する必要があります。これは、株主総会の普通決議の賛否が自由に決められるためです。また、3分の2超を得ると定款の変更などの特別決議の賛否が決められるため、完全に支配権を得ることができます。

　M&Aを行う際は、取得する会社の資産や負債の評価などの財務面での調査や、不動産等の権利関係の把握などの法務関係の調査であるデューディリジェンスを行い、価格や保証内容などを検討し、契約書に反映させます。合併契約書や株式譲渡契約書などを作成し、取締役会や株主総会の決議にかけます。これらの手続きを経て契約書に調印し、必要な決済が終了するとM&Aが成立します。経理部門では、具体的な手続きを専門家と相談し、主導します。

M&Aの手法

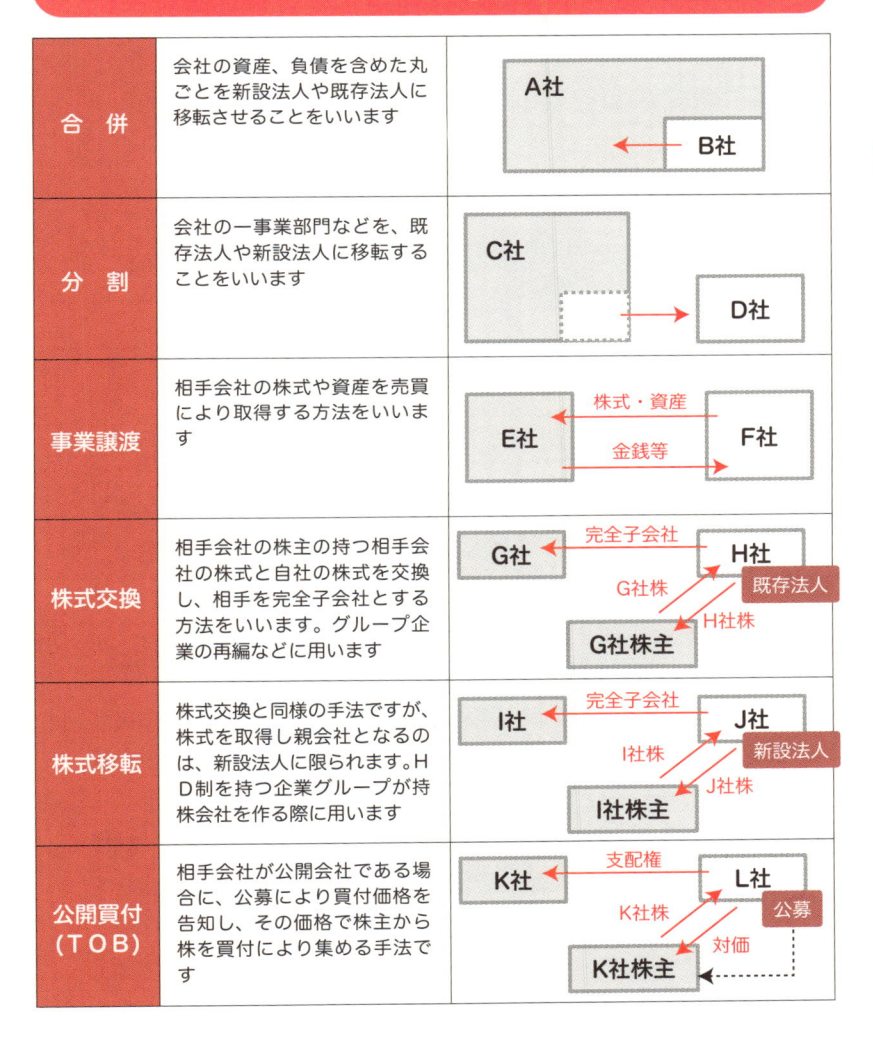

手法	説明	図
合併	会社の資産、負債を含めた丸ごとを新設法人や既存法人に移転させることをいいます	A社 ← B社
分割	会社の一事業部門などを、既存法人や新設法人に移転することをいいます	C社 → D社
事業譲渡	相手会社の株式や資産を売買により取得する方法をいいます	E社 ←株式・資産— F社、E社 —金銭等→ F社
株式交換	相手会社の株主の持つ相手会社の株式と自社の株式を交換し、相手を完全子会社とする方法をいいます。グループ企業の再編などに用います	G社 —完全子会社→ H社（既存法人）、G社株主 →G社株→ H社、H社 →H社株→ G社株主
株式移転	株式交換と同様の手法ですが、株式を取得し親会社となるのは、新設法人に限られます。HD制を持つ企業グループが持株会社を作る際に用います	I社 —完全子会社→ J社（新設法人）、I社株主 →I社株→ J社、J社 →J社株→ I社株主
公開買付（TOB）	相手会社が公開会社である場合に、公募により買付価格を告知し、その価格で株主から株を買付により集める手法です	K社 ←支配権— L社（公募）、K社株主 →K社株→ L社、L社 →対価→ K社株主

NOTE

M&Aには上記のほか、会社の経営陣が株主から株式を取得し、企業グループから独立をする際に使われるマネジメント・バイアウト（MBO）や、買収先の資産価値や収益力を見込み、資金調達を先行して行うレバレッジド・バイアウト（LBO）などがあります。TOBは、上場を廃止したり、敵対する会社を買収する際の手法としても用いられます。

第6章 経理の仕事を極めよう！

コラム6

調査官と査察官は顔つきが違う！

　税務署は、会社の経営者の多くが恐れる存在です。ある日突然会社にやってきて、会社にある書類やパソコンを根こそぎ取り上げ、裏帳簿を見つけ出す…そんなドラマの一場面を想像する方も多いのではないでしょうか？

　ですが、これは不正解。

　税務署の調査では、このような強制調査は行いません。『マルサの女』という映画で有名となった査察は、脱税を取り締まるものであり、国税局にある査察部が行う調査です。専門の査察官が脱税の実態をつかみ、裁判所の令状を元に行う強制調査です。そのため、脱税の全容が調査により判明した場合には、犯罪として検察へ告発され、裁判所へ起訴されます。

　これに対し、税務署の行う税務調査は、原則として任意調査です。調査に入るのは必ずしも脱税の実態があったり、申告内容に不審な点があったりしたからではありません。税務署の調査官は各税務署の担当職員であり、いわゆる普通の公務員です。当然のことながら新人税務官もいますし、嘱託の税務官もいます。税務調査は、納税者への事前連絡のもと、納税者への聞き取りや帳簿や証憑の閲覧を中心に行われ、強制的に指図されることはありません。

　査察に入る場合には、社内の機関（支店や工場、取引先など）に、朝一で一斉に入るため、朝から入口付近に査察官が待ち伏せ、そのときを待っています。査察官は警察官のように醸し出す空気感や顔つきから「只者ではないオーラ」を発しています。あなたの会社の入り口で、この物々しい空気感を感じたら…。

第7章

会計プロフェッショナルの
世界を知ろう！

Introduction

この章のレベル ★★★★★

会計のプロの世界とは

会計基準は時代の変化や国際化に伴い進化を続けています。会社の枠を超えた会計業界の動きにも関心を持ち、知識を身につけておきましょう。

会社を取り巻く環境は日々変化している

　インターネットやＰＣ端末の普及に伴い、以前に比べ情報のボーダレス化が進んでいます。

　以前は専門的な知識を持ち、内容に精通している者だけが取扱えた海外取引やＩＴ関連の技術も、手軽に利用できるソフトやサービスを展開する事業者が増え、今や個人レベルでのやり取りで海外との直接取引を行うことも可能です。

「会計基準も国際化に伴って変化してきたね。これは、いろいろな基準について、海外の基準と比較できるように修正する動きが出てきたというのが大きいね」

「いつまでも同じやり方で仕事をするわけにはいかなくなっているということですね」

キーワードは国際化、ＩＴ、情報セキュリティー

　国際的な業務を行う流れの中で、会計は海外とのボーダレスな取引に対応するよう向かっています。そのため、グローバルスタンダードへの理解が今後の経理業務を握るカギとなります。

ここでの目標

- ☑ 国際的な会計基準への対応について学ぼう！
- ☑ 情報セキュリティシステムについて学ぼう！
- ☑ 会計業界におけるIT化について学ぼう！

「うちのような会社でも海外とビジネスを行うようになっていくということでしょうか？」

「そうだね。それにこれからは、IT技術も日々進化し続けるから、常に最新の技術に対応できなければ、社内外での競争にもついていけなくなる心配がある。それから、情報量が増加すると、それに伴うリスクと情報セキュリティーシステムの構築も課題となってくるだろうね」

　ここでは、これらの環境に追いつき、**経理のプロとしての実績を磨いていくカギはどこにあるのか**を見ていきましょう。

「グローバル化、IT化、セキュリティー…どれも苦手な分野ばかりです。でも、これに対応できなければ他社や海外とのとの競争にどんどん振り落されてしまいますね。がんばらなくっちゃ」

「これからのわが社を担っていくのは、君たちだからね。期待しているよ！」

> 国際会計基準

国際的な会計処理とIFRS

IFRSは世界共通の会計基準であり、日本の会計基準もこれに適合されています。

● 資金調達の国際化とIFRS

　企業の国際化が進む中で、海外からの資金調達の必要性が高まり、世界共通の会計基準を導入する動きが進められています。この世界共通の会計基準の一つが**IFRS（国際財務報告基準）**です。世界では100カ国以上の国々が導入しており、アメリカでも段階適用されている背景から、日本でも平成22年3月期より任意適用が開始されました。

● IFRSの適用と特徴

　日本の会計基準をIFRSに統一する手法には、基準そのものをIFRSに変更する**アドプション**と、すでにある基準をIFRSの基準に近づける**コンバージェンス**があります。日本ではすでにコンバージェンスが進められているところです。

　IFRSへの変更が難しくなる最大の理由が、IFRSの特徴である**原則主義**です。これまで、日本の会計基準は詳細に設定された数値規準などで処理の適正さを判断していく**細則主義**を採っていましたが、IFRSで示されるのは原理原則のみで、数値的な細かい基準は会社の判断に委ねられます。そのため、経理処理に携わる一人ひとりが取引の本質を理解し、適正な会計処理を行う必要があります。また、企業の価値を現金を生み出す能力である「**公正価値**」で評価することから企業の財政状態を示すB/Sが重視されます。さらに、収益の認識に関し、「**履行義務アプローチ**」という基準を採り、従来の企業の商慣行による認識基準の違いなどを排除しています。

原則主義と細則主義

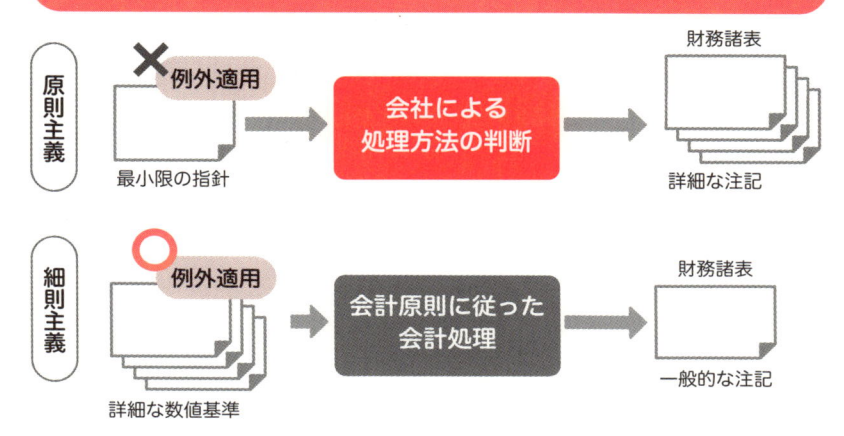

原則主義: 最小限の指針 →（×例外適用）→ 会社による処理方法の判断 → 財務諸表／詳細な注記

細則主義: 詳細な数値基準 →（〇例外適用）→ 会計原則に従った会計処理 → 財務諸表／一般的な注記

IFRSにおける財務諸表

日本の会計基準による財務諸表	IFRS基準による財務諸表
貸借対照表	財政状態計算書
損益計算書	包括利益計算書
株主資本等変動計算書	株主持分変動計算書
キャッシュ・フロー計算書	キャッシュ・フロー計算書

〈包括利益とは？〉
当期の純利益に公正価値評価に基づく資産価値の増減を加えた、これまでの日本の会計基準にない考え方です。貸借対照表に直接算入してきた有価証券の評価損益、為替換算調整勘定、土地再評価などが包括利益として計上されます。

NOTE

IFRSが原則主義を採る理由は、アメリカにおける細則主義の失敗であるといわれています。米国の会計基準は、基準や解釈指針により具体的に、詳細に基準が定められていましたが、2001年のエンロン事件などの基準の裏をかいた不正事件の発覚により、ルールによる画一的な判断をやめ、原則主義へと向かわせたといわれています。

情報とIT ❶

情報セキュリティマネジメントとプライバシーマークの取得

会社内部の情報と外部の個人情報はどちらも会社が守るべき重要な情報です。

● 自社の情報リスク管理

　経理処理のIT化が進み、日々の業務は大量の取引がデータ処理だけで蓄積されていきますが、インターネットの普及などに伴い、情報に関するリスク（紛失、漏洩、改ざんなど）は高まっています。そのため、組織（企業や部署など）において情報の機密性、完全性、可用性をバランスよく維持、改善することをコンセプトとした情報セキュリティマネジメントシステム（ISMS）の導入が奨励されています。このISMSの国際規格をISO27001といい、審査に合格し、登録された企業は、組織が保有する情報に関わるさまざまなリスクを適切に管理している企業として認定されます。

● 個人情報を取扱うプライバシーマーク

　会社内部に集まる情報は、社内で生成された情報に留まらず、顧客や従業員自身の個人情報も含まれます。個人情報は、電子媒体に限らず、書類の紛失やFAXやメールの誤送信などのアナログ媒体でも起こる可能性があり、情報の流出元を罰する個人情報保護法が平成17年4月に施行されています。また、この法律の基準よりもさらに高い基準である個人情報保護マネジメントシステム（PMS）の規格であるJIS Q 15001に適合していると認められた事業者にはプライバシーマーク（Pマーク）が付与されます。

　情報の管理は個人個人が責任を持って行動し、リスクに関する知識を深め、注意することが肝心です。また、会社側の管理体制を整えることも重要となります。

ISMSにおけるPDCAサイクル

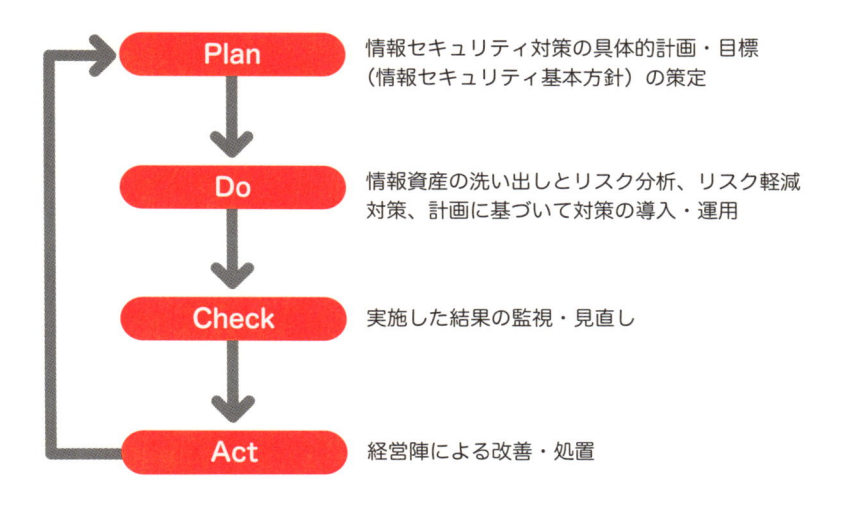

- **Plan**: 情報セキュリティ対策の具体的計画・目標（情報セキュリティ基本方針）の策定
- **Do**: 情報資産の洗い出しとリスク分析、リスク軽減対策、計画に基づいて対策の導入・運用
- **Check**: 実施した結果の監視・見直し
- **Act**: 経営陣による改善・処置

プライバシーマーク

個人情報保護マネジメントシステム（PMS）とは、個人情報を適切に扱うために計画方針を策定し(plan)、運用し(do)、それを監査し(check)、規定を見直す(act)という、PDCAサイクルの仕組みのことです。
この仕組みを適切に行っている事業者には、Pマーク制度の運用主体である JIPDEC から、Pマークが付与されます。

NOTE

ISMSの基準に用いられているのがISOとJISです。ISOは国際標準化機構という団体であり、電気分野を除く工業分野の国際的な標準である国際規格を策定するための民間の団体です。またJISは日本工業規格という、日本国内での工業に関する標準化規格です。

情報とIT❷

経理業務を取り巻く
IT化の流れ

インターネットによる記帳やさまざまな電子媒体など、経理業務はIT化が進んでいます。

●会計データ入力のIT化

　売上や仕入、在庫など会社の膨大な情報を取扱う経理では、日々の作業のIT化が進んでおり、今やパソコンを触らずして、経理業務は行えません。通常の経理業務は汎用ソフトを使い行われるか、自社の会計システムを構築して行われます。汎用ソフトは会計データ、在庫管理、販売管理、給与計算といった業務別の機能が独立しているものから、各ソフト間での連携が可能なものまであります。

　また、中小企業における会計業務は、インターネット環境を通じてソフトのインストールや端末の制約がなく、データ共有もできるクラウド型会計ソフトも一般的になってきています。

●さまざまな業務における電子化の流れ

　納税に関しては、申告データを送信する国税電子申告・納税システム（e-Tax）や、地方税ポータルシステム（eLTAX）を使った電子申告や電子納税制度も普及しています。また、定款作成などで行われる電子公証制度、登記・供託オンライン申請システムを利用したオンライン登記申請など、登記に関しても電子化が進んでいます。

　手形の世界でも、インターネットのウェブ画面上において、あたかも実際に振り出したり、割引したり、裏書譲渡したりといった取引ができる電子手形などの電子記録債権も多く利用されています。このように、さまざまなデータが電子化されていく中で、より一層データの保管方法やデータ流出の危険性の認識をもち、社内で業務フロー図を作成し、検討していくことが重要です。

クラウド型会計ソフトの仕組み

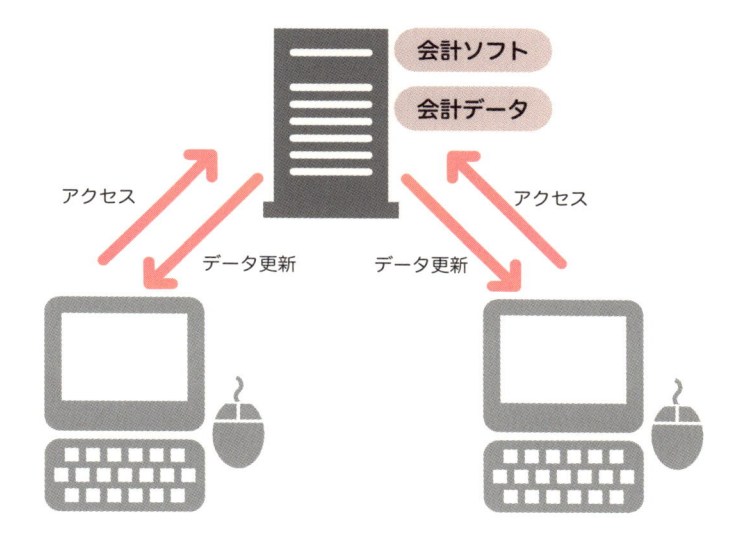

会計ソフト
会計データ

アクセス　アクセス
データ更新　データ更新

さまざまな業務の電子化

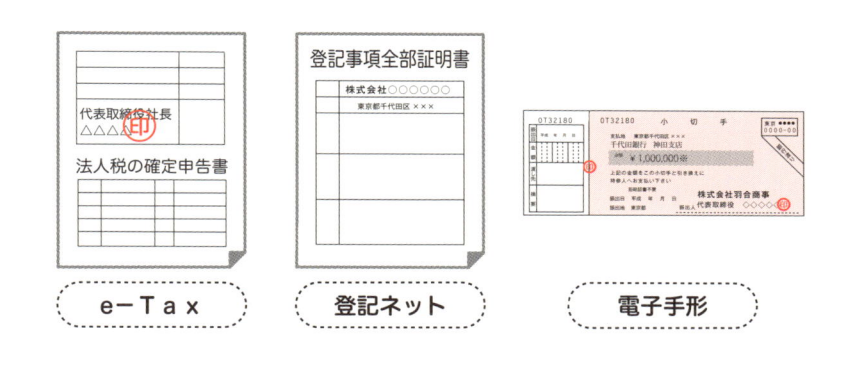

e-Tax　登記ネット　電子手形

NOTE

電子手形は、従来の手形の発行をペーパーレスにした取引であり、民間団体である電子債権記録機関の保有する記録原簿への電子的な記録を行うことで可視化され、従来の手形の割引や裏書がパソコンやファクスで行える利便性の高い決済システムです。これにより、紛失・盗難のリスクがなく、スピーディーな資金化も可能となっています。

第7章　会計プロフェッショナルの世界を知ろう！

コラム7

プロの経理の資質とは？

　ここまで、経理の行うさまざまな業務を紹介してきました。では、経理部長、またはその上のCFOといったプロの経理とはどのような資質を持った人物なのでしょうか？

　経理の行う業務は、⑴情報集積機能、⑵データ統治機能、⑶データ作成機能、⑷情報発信機能、⑸財務管理機能、⑹資金調達機能の6つの機能に分けられます。これまで見てきた業務のすべてを把握し、社内における方針を立て、その実行を監督し、改善点の指示を行う経理部門のトップには、社内の事情に精通しているだけでなく、会社を取り巻くさまざまな環境の変化を察知する能力も必要です。

　プロの経理になるためには、新人、中堅、管理職といった段階を経る中で、自身のキャリア形成のために必要な知識を積極的に収集するよう心掛けることが重要です。

　経理は数字を扱う仕事ですが、数字は人の行動を数値で表したものにすぎず、数字の背景には必ず「どこで誰がどのように動いた」という人の動きが潜んでいます。さまざまな会計基準が存在しますが、会計処理の正しさは、背景にあるものごとが仕訳という手段を通じ「正しく表現されているのか？」という点です。そのため、経理部門内部での意志の疎通だけでなく、会社内の他部署の人や外部の取引先などと積極的に会話をし、情報収集に努めることが決め手となります。

　もし、今、目の前にある仕事に行き詰まりを感じていたら…。

　それは、知識不足ではなく、コミュニケーション不足によるものなのかもしれません。知識の収集とコミュニケーションのバランス、それが、プロの経理として最も重要な資質といえるでしょう。

〈索引〉

A～Z

e-Tax	234
EDINET	158
eLTAX	234
IFRS（国際財務報告基準）	74,230
ISO	233
ISO27001	232
J-SOX	163
JIS	233
M＆A	224

ア行

青色申告	86,170
アドプション	230
粗利	100,188,200
安全性	202
一時差異	176,178
1年基準	98
一覧払い	36
一括償却資産	86
印紙税	94
インターネットバンキング	44
インプレスト・システム	58
受取手形記入帳	40
裏書手形	40
売上原価	76
売上総利益	100
売掛金	32
売掛金元帳	32,130
運転資金	210
永久差異	176,177
影響力基準	182
延滞税	166
押印	22,50
オプション取引	218
オペレーティング・リース	220

カ行

買掛金	32
買掛金元帳	32
外貨建取引	138
会議費	55,56
会計監査	14,50,162
会計監査人	162
会計期間	156
会計システム	150
外形標準課税	172
外国為替	44
介護保険料	118
開示書類	156
会社法	14
回収可能性	178
回転率	206
確定給付型制度	222
確定拠出型制度	222
掛	32
加算税	166
貸方	28
貸借一致	28
貸倒損失	130
貸倒引当金	82,90,130,134
課税の公平	168
合併	224
株式移転	224
株式交換	224
株式の公開買付（TOB）	224
株主	4
株主資本等変動計算書	96,158
株主資本利益率（ROE）	206
株主総会	6,48,104,124
科目振替	54
借方	28
為替	44
為替差損益	138
為替相場	138
為替手形	40
為替予約	218,219
為替リスク	218
簡易課税制度	174
監査	156,162
監査法人	156
慣習法	156
勘定科目	28
間接金融	212
間接費	146
管理会計	186,190
関連会社株式	140
期間損益計算	70,80
企業会計原則	156
企業集団	102
企業理念	4
議事録	48
起票	22,50
キャッシュ・フロー計算書	96,160,161
給与計算	110
給与支払報告書	116
給与所得者の扶養控除等（異動）申告書	116,120,122
給与手当	112
業務監査	162
銀行勘定調整表	36
銀行取引停止処分	42
銀行取引約定書	132
銀行融資	214
均等割	170
金融商品取引法	14
偶発債務	132
組戻し	44
クラウド型	234
繰越欠損金	170
繰延税金資産	176,178
グループ	102,224
グループ法人税制	184
黒字倒産	32,130
経営成績	100
経過勘定	70
計算書類	14,104,156,158
計算書類等	158
継続性の原則	82,156,157
経理規程	46
決裁権	22
決裁権者	26,48,50
決裁書	48,50
決済条件	30
決済日	36
決算	80
決算業務	14
決算書	6,96
決算整理	64
月次決算	64
限界利益	188,192
原価管理	144,150
原価計算	186
減価償却費	80
現金主義会計	68
現金同等物	52
健康保険	110
健康保険料	118
源泉所得税	110
源泉徴収	14
源泉徴収税額表	116
源泉徴収票	120,122,124
源泉徴収簿	120,122
原則主義	230
減損処理	140,142
権利確定主義	168
広告宣伝	92
交際費	55,56,169
公正価値	230
更正処分	166
厚生年金	110
厚生年金保険	118
公的融資	214
公募	216
公募債	216
子会社株式	140
小切手帳	38

国際財務報告基準	74
小口現金	52
個人情報保護法	232
個人情報保護マネジメントシステム（PMS）	232,233
固定資産	150
固定資産税	94
固定資産台帳	142
固定長期適合率	202
固定費	146,186,188,192
固定比率	202
個別注記表	158
雇用保険	110,118
コルレス口座	44
コンバージェンス	230

サ行

債券	141
債権管理	150
債権の評価	134
債権保全	136
財政状態	98
細則主義	230
差異分析	144,148
財務会計	168
債務確定主義	168
財務管理機能	8,12
財務諸表	6
材料受入価格差異	148
材料費	146
先日付小切手	39
残高管理	128
残高試算表	28
算定基礎届	118
仕入諸掛費	78
時価会計	128
事業譲渡	224
事業所税	94,172
事業税	94,172
事業報告	104,156,158
資金繰り	90,128
資金繰り表	160
資金調達	128
資金調達機能	8,12
自己資本比率	99,202
試算表	29,64
システム連携	150
事前確定届出給与	114
実現主義	74
実際原価	144
支店	58
自動車税	94
自動仕訳	150
支払調書	126
支払呈示期間	38,42
四半期決算	80

四半期報告書	14,164
私募債	216
資本的支出	142,143
締日	30,130
社員立替	54,64
社会保険	110
社会保険料	112
社債	216
収益性	202
収益力	206
住宅ローン控除	120
収入印紙	30,42
住民税	94,110,112,170
重要性の原則	164
少額減価償却資産	86
償却原価法	141
償却資産税	94
照査	50
証書借入	212
承認	26
消費税	94,166,174
消費税率	175
証憑	22
情報集積機能	8,10
情報セキュリティマネジメントシステム（ISMS）	232
情報発信機能	8,10
所得	94,168
所得税	112
所得割	170
仕訳	150
新株予約権	216
新株予約権付社債	216
新株割当	216
真実性の原則	156,157
信用調査	136
信用取引	32,68,90
信用保証協会	214
信用リスク	13
スワップ取引	218
正規の簿記の原則	156,157
請求書	30
税効果会計	176
生産性	202
正常営業循環基準	98
製造間接費差異	148
製造原価	112
製造原価報告書	144
政府系金融機関	214
税務会計	168
税務申告	166
税務調査	166
セール＆リースバック	221
セグメント情報	190,191
設備投資	186

線引小切手	38
総勘定元帳	22
操業度	146
増資	216
総資産利益率（ROA）	206
租税公課	172
その他有価証券	140
損益計算書	96,100,158
損益の通算	184
損益分岐点分析	186
損益分岐点	192
損金	94

タ行

第三者割当	216
貸借対照表	96,98,158
退職給付会計	222
退職給付債務	222
退職給付に係る会計基準	222
退職給付引当金	90,222
退職給付費用	222
退職金	124
退職所得申告書	124
退職所得の受給に関する申告書	124
滞留債権年齢表	130
棚卸資産	76,82,88,150
単一性の原則	156,157
単体決算	102,180
担保	214
地方法人特別税	172
注記	132,133
中期経営計画	198
中小企業者等	86
中途解約不能	220
調査会社	136
調査官	166
帳票	26
帳簿	22
直接金融	212
直接材料費差異	148
直接費	146
直接労務費差異	148
貯蔵品	92
通勤手当	112
通知預金	34
定額資金前渡制度	52
定期同額給与	114
定期預金	34
定時株主総会	104
抵当権	137
データ作成機能	8,10
データ統治機能	8,10,46
手書き帳簿	150
手形借入	212
手形交換所	36,42

手形売却損	41	
手形割引	213	
適時開示	164	
適時開示ルール	164	
デューディリジェンス	224	
転換社債型新株予約権付社債	216	
電子公証制度	234	
電子承認	50	
電子申告	234	
電子手形	234,235	
天引き	112	
伝票	22	
登記・供託オンライン申請システム	234	
当座借越	212	
当座借越契約	34	
当座勘定照合表	36	
当座勘定取引契約	34	
当座比率	202	
当座預金	34	
特定線引小切手	38	
特別徴収	116	
取締役	104	
取締役会	48	

ナ行

内国為替	44	
内部監査	46,162	
内部統制	26	
内部統制監査	162	
内部統制報告書	162	
7：3基準	143	
荷造運賃	78	
日当	55	
入金消込	32,130	
入出金管理	128	
年金資産	222	
年度予算	48	
年末調整	110,120,150	
納期の特例	116,126	
納税準備預金	34	
納税申告書	14	
納品書	130	
のれん	182	
ノン・キャンセラブル	220	

ハ行

配当制限	158	
売買目的有価証券	140	
配賦	146	
発生主義会計	68	
発注書	30	
販売管理システム	130	
反面調査	166	
汎用ソフト	234	
ピースミール方式	157	

引当金	80	
被仕向行	44	
評価性引当金	90	
費用収益対応の原則	72,76	
標準原価	144	
費用配分の原則	72,82,84	
ファイナンス・リース	220	
ファクタリング	132	
付加価値	20,204	
付加価値の配分	204	
含み損	128,140,142	
負債性引当金	90	
附属明細書	104,156,158	
普通徴収	116	
普通預金	34	
復興特別所得税（復興税）	127	
部門別損益計算	188	
プライバシーマーク（Pマーク）	232	
振替仕訳	26	
振込手数料	32	
フル・ペイアウト	220	
プロパー融資	214	
不渡り	42	
分割	224	
分配可能額	158	
別表	168,170	
変動費	146,186,188	
返品調整引当金	90	
法人税	94,166	
法人税等	94,170	
法人税等調整額	176	
法定実効税率	176	
法定償却方法	82	
法定調査	110	
法定調書合計表	126	
法定評価方法	82	
法定福利費	114	
簿記	6	
保守主義	168	
保守主義の原則	156,157	
保証人	214,215	
補助科目	54	
補助簿	22,34	
発起人	4	

マ行

マネジメント・バイアウト（MBO）	225	
耳（小切手帳の）	36	
明瞭性の原則	156,157	
持分法	180,182	
持分法による投資利益（損失）	182	
元帳	22	

ヤ行

夜間金庫	58	
約束手形	40	
有価証券報告書	14,158,190	
融資枠	214	
預金担保借入	213	
予算	64,198	
予算差異分析	200	
予算統制	144	
予算編成	144,198,200	
予実管理	186	
与信	132	
与信管理	13,136	
与信判断	214	
与信枠	136	

ラ行

リース	146,220	
リース資産	220	
利益	4,20	
利益率	206	
利益連動給与	114	
利害関係者	22,97	
履行義務アプローチ	230	
流動比率	202	
稟議書	48,50	
臨時株主総会	104	
レバレッジド・バイアウト（LBO）	225	
連携	234	
連結決算	102,180,182	
連結財務諸表	102,164,180	
連結消去仕訳	180,181	
連結納税	184	
労災保険	110,118	
労働生産性	204	
労働分配率	204	
労働保険	118	

ワ行

割引手形	40	
割増賃金	114	

著者プロフィール
小島 孝子（こじま たかこ）
神奈川県出身。税理士。㈱日本会計支援センター取締役。
早稲田大学卒業後、会計事務所、大手レコード会社の経理部に勤務。その後、小島孝子税理士事務所を設立し、現職に至る。
税理士業務のほかに、大手税理士受験対策校の講師として、多くの受験生を合格に導く。税理士消費税法の試験対策本など著作多数。
「実務」と「教えるプロ」の両面に基づいたわかりやすい解説に定評がある。

装　丁	株式会社 デジカル
本文デザイン	株式会社 アスラン編集スタジオ
編集・DTP	株式会社 アスラン編集スタジオ
本文イラスト	いぐち かなえ
画像提供（P25,P67）	株式会社 スマイルワークス（http://www.clear-works.jp/）

3年後に必ず差が出る
20代から知っておきたい経理の教科書

2014年3月6日　初版　第1刷発行
2022年6月10日　初版　第3刷発行

著　者	小島 孝子
発行人	佐々木 幹夫
発行所	株式会社 翔泳社（https://www.shoeisha.co.jp）
印刷・製本	株式会社 シナノ

©2014 Takako Kojima

＊本書は著作権法上の保護を受けています。本書の一部または全部について（ソフトウェアおよびプログラムを含む）、株式会社翔泳社から文書による許諾を得ずに、いかなる方法においても無断で複写、複製することは禁じられています。
＊本書へのお問い合わせについては、ⅱページに記載の内容をお読みください。
＊落丁・乱丁はお取り替えいたします。03-5362-3705までご連絡ください。

ISBN978-4-7981-3494-9　　　　　　　　　　　Printed in Japan